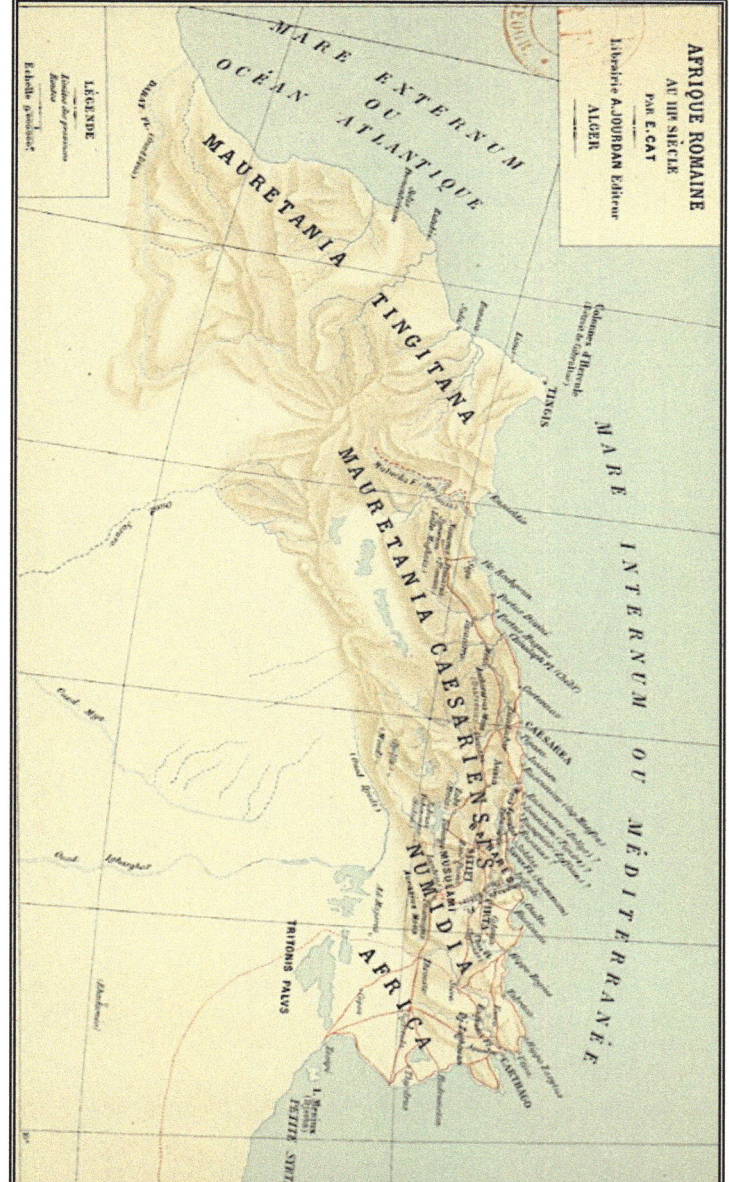

© 2020 Nas E. Boutammina
Graphisme : Nas E. Boutammina - Carte. Gallica/BNF
Edition : BoD - Books on Demand
12/14 rond-point des Champs Elysées 75008 Paris Imprimé par BoD - Books on Demand, Norderstedt ISBN : 9782322256525
Dépôt légal : novembre 2020

Dans les mêmes éditions

- Nas E. Boutammina, « Y-a-t-il eu un temple de Salomon à Jérusalem ? », Edit. BoD, Paris [France], aout 2011.
- Nas E. Boutammina, « Les ennemis de l'Islam - Le règne des Antésulmans - Avènement de l'Ignorance, de l'Obscurantisme et de l'Immobilisme », Edit. BoD, Paris [France], avril 2010, 2e édition février 2012.
- Nas E. Boutammina, « Le secret des cellules immunitaires - Théorie bouleversant l'Immunologie [The secrecy of immune cells - Theory upsetting Immunologie] », Edit. BoD, Paris [France], mars 2012.
- Nas E. Boutammina, « Le Livre bleu - I - Du discours social », Edit. BoD, Paris [France], juillet 2014.
- Nas E. Boutammina, « Le Rétablisme », Edit. BoD, Paris [France], septembre 2013, 2e édition mars 2015.
- Nas E. Boutammina, « Comprendre la Renaissance - Falsification et fabrication de l'Histoire de l'Occident », Edit. BoD, Paris [France], août 2013, 2e édition avril 2015.
- Nas E. Boutammina, « Connaissez-vous l'Islam ? », Edit. BoD, Paris [France], mars 2010, 2e édition avril 2015.
- Nas E. Boutammina, « Le Malāk, entité de l'Invisible », Edit. BoD, Paris [France], mai 2015.
- Nas E. Boutammina, « Jésus fils de Marie ou Hiyça ibn Māryām ? », Edit. BoD, Paris [France], janvier 2010, 2e édition juin 2015.
- Nas E. Boutammina, « Index Historum Prohibitorum », Edit. BoD, Paris [France], juin 2015.
- Nas E. Boutammina, « Moïse ou Moūwça ? », Edit. BoD, Paris [France], janvier 2010, 2e édition juin 2015.
- Nas E. Boutammina, « Mahomet ou Moūhammad ? », Edit. BoD, Paris [France], mars 2010, 2e édition juin 2015.
- Nas E. Boutammina, « Abraham ou Ibrāhiym ? », Edit. BoD, Paris [France], février 2010, 2e édition juin 2015.
- Nas E. Boutammina, « Musulmophobie - Origines ontologique et psychologique », Edit. BoD, Paris [France], décembre 2009, 2e édition juillet 2015.
- Nas E. Boutammina, « Les Jinn bâtisseurs de pyramides… ? », Edit. BoD, Paris [France], juin 2009, 2e édition septembre 2015.
- Nas E. Boutammina, « La Mort - Approche anthropologique et eschatologique », Edit. BoD, Paris [France], novembre 2015.

- Nas E. Boutammina, « Les contes des mille et un mythes - Volume I », [Edit. Originale 1 vol. août 1999]. Edit. BoD, Paris [France], juillet 2011, 2ᵉ édition février 2017.
- Nas E. Boutammina, « Les contes des mille et un mythes - Volume II », [Edit. Originale 1 vol. août 1999]. Edit. BoD, Paris [France], novembre 2011, 2ᵉ édition février 2017.
- Nas E. Boutammina, « Le Jinn, créature de l'Invisible », Edit. BoD, Paris [France], décembre 2010, 2ᵉ édition février 2017.
- Nas E. Boutammina, « Sociologie du Français musulman - Perspectives d'avenir ? », Edit. BoD, Paris [France], mai 2011, 2ᵉ édition février 2017.
- Nas E. Boutammina, « Judéo-christianisme - Le mythe des mythes ? », Edit. BoD, Paris [France], juin 2011, 2ᵉ édition mars 2017.
- Nas E. Boutammina, « De l'abomination de la Politique, des politiciens et des partis », Edit. BoD, Paris [France], mars 2018.
- Nas E. Boutammina, « Une société sans politicien, sans parti politique - Concours National aux Fonctions de l'Appareil Etatique [CNFAE] », Edit. BoD, Paris [France], mars 2018.
- Nas E. Boutammina, « Iblis, le Seigneur du monde », Edit. BoD, Paris [France], juin 2019.
- Nas E. Boutammina, « L'Homme caractérisation ontologique - Le Complexe CRN », Edit. BoD, Paris [France], novembre 2019.

Ouvrage traduit en version anglaise

- Nas E. Boutammina, « The Retabulism », Edit. BoD, Paris [France], février 2018.
- Nas E. Boutammina, « The Kaabaean, prototype of writing systems », Edit. BoD, Paris [France], janvier 2019.

Collection Néoanthropologie [Anthropologie de l'Islam]

- Nas E. Boutammina, « Apparition de l'Homme - Modélisation islamique - Volume I », Edit. BoD, Paris [France], août 2010, 2ᵉ édition juillet 2015.
- Nas E. Boutammina, « L'Homme, qui est-il et d'où vient-il ? - Volume II », Edit. BoD, Paris [France], octobre 2010, 2ᵉ édition juillet 2015.
- Nas E. Boutammina, « Classification islamique de la Préhistoire - Volume III », Edit. BoD, Paris [France], novembre 2010, 2ᵉ édition juillet 2015.

- Nas E. Boutammina, « Expansion de l'Homme sur la Terre depuis son origine par mouvement ondulatoire - Volume IV », Edit. BoD, Paris [France], novembre 2010, 2ᵉ édition juillet 2015.
- Nas E. Boutammina, « Le Kaabaéen prototype des systèmes d'écriture » - Volume V », Edit. BoD, Paris [France], avril 2016, 2ᵉ édition mai 2016.
- Nas E. Boutammina, « Industries, vestiges archéologiques et préhistoriques - Action aléatoire de la nature & Action intentionnelle de l'Homme » - Volume VI », Edit. BoD, Paris [France], juillet 2016.

Collection Œuvres universelles de l'Islam

- Nas E. Boutammina, « Les Fondateurs de la Chimie », Edit. BoD, Paris [France], octobre 2013.
- Nas E. Boutammina Nas E. Boutammina, « Les Fondateurs de la Pharmacologie », Edit. BoD, Paris [France], novembre 2014.
- Nas E. Boutammina, « Les Fondateurs de la Médecine », Edit. BoD, Paris [France], septembre 2011, 2ᵉ édition mars 2017.
- Nas E. Boutammina, « Les Fondateurs de la Botanique », Edit. BoD, Paris [France], mai 2017.
- Nas E. Boutammina, « Les Fondateurs de l'Agronomie », Edit. BoD, Paris [France], juin 2018.
- Nas E. Boutammina, « Les Fondateurs de la Zoologie et de la Médecine vétérinaire », Edit. BoD, Paris [France], décembre 2018.

Nas E. Boutammina

Sur la piste des Berbères

-

Psousennès II - Sheshonq I - Takélot I - Gaïa - Massinissa - Syphax - Jugurtha - Juba I - Septime Sévère - Caracalla - Geta - Macrin - Emilien - L. Quietus - Q. Lollius Urbicus - Florus - Fronton de Cirta - Apulée - Térence - M. Minucius Félix - Arnobe - Lactance - Pape Victor Ier - Tertullien - Cyprien de Carthage - Arius - Pape Miltiade - Donatus Magnus - Marcellin d'Embrun - St. Augustin d'Hippone - Adrien de Canterbury - Aedemon - Firmus - Tacfarinas - Garmul - Antalas - Iaudas - Koceïla - Dihya - Tariq Ibn-Ziyad - Tarif Ibn-Malik - Munuza - Abbas Ibn-Farnas - A.H. Al-Dinawari - A.H. Al-Qalsadi - O.I. Ibn-Imran - A.M. Ibn-Hayan - Abou Al-Qasim Zahrawi [*Abulcasis*] - A.J. Ibn Al-Jazzar [*Algazirah*] - A. Ibn al-Wafid [*Abenguefit*] - I.Y. Ibn-Zarqala [*Azarquiel*] - A.M. Ibn-Zuhr [*Avenzoar*] - A.A.M. Al-Idrisi [*Dreses*] - A.I.M. Al-Ghafiki - A. Al-Khayr Al-Ishbili - A.Z.M. Ibn Al-Awwam - M. Ibn-Rushd [*Averroès*] - A.A. Al-Nabati - A.M.A. Ibn Al-Baïtar - I.B. Al-Marrakushi - I.A.L. Ibn-Battuta - A. Ibn-Khatima

Introduction

La Berbérie fut nommée « *Libye* » par les Grecs ; quant aux Romains, ils dénomment la Tunisie actuelle « *Afrique* ». Puis, ce dernier terme a été appliqué à tout le continent. Les mercenaires syro-égyptiens, envahisseurs omeyyades, ont surnommé cette région « *Maghreb* [*Couchant*] », c'est- à-dire *Occident*, par rapport à leurs pays, situés dans le « *Machrek* [*Levant*] », l'*Orient*.

Qui sont les Berbères ? D'où viennent-ils ? Ce type de questions demeure peut-être insoluble ; néanmoins, l'examen des quantités considérables de dolmens qui parsèment la Berbérie, une corrélation se révèle entre ses monuments mégalithiques, les sépultures des Berbères ou un usage laissé par eux. De plus, il faut admettre une étroite parenté existant entre les dolmens de la Berbérie et ceux de l'Espagne, de l'ouest de la France, du Danemark et du Royaume Uni. Ainsi, *Berbères, Ibères, Celtibères*, voilà une filiation qui ne peut être guère surprenante. En l'absence de tout document précis. Pourquoi, ces faits ne se seraient-ils pas produits à une période antérieure à la Préhistoire ?

Historiquement, culturellement et géographiquement, la Berbérie est intégrée dans l'oekoumène méditerranéen. Tout au long de l'histoire, les Berbères se sont insérés dans un environnement où la géographie et le climat ont forgé leurs formes traditionnelles d'organisation sociale. Durant l'Antiquité, les Berbères se disputaient fréquemment le pouvoir [Numidie orientale et occidentale, Maurétanie] au gré des alliances avec les Romains, les Carthaginois, les Vandales, les Byzantins.

Avec l'occupation phénicienne et romaine, les Berbères sont passés de l'hostilité à la tolérance contrôlée, et de ce fait, ils ont su tirer partis des mœurs, des connaissances, des idées de ces derniers sans remettre en cause l'affirmation identitaire berbère et le fondement de leur patrimoine sociétal [Gaïa, Juba I, Massinissa, Syphax, etc.]. Toujours est-il que les facteurs anciens de résistance demeurent en général en sommeil et les éléments qui fondent la possibilité d'une révolte sont bien réels. En effet, la situation globale des Berbères reste incertaine et tout pronostic quant à leur adhésion expresse ou tacite doit être avancé avec prudence.

Déjà durant des siècles avant notre ère, des royaumes berbères se répartissaient en Berbérie, tel celui des Numides qui créèrent un État puissant doté d'une civilisation originale. C'est là un des faits dans l'histoire qui demeure voilé par l'impérialisme romain.

Aussi loin que l'on remonte dans le temps, les révolutionnaires berbères n'ont cessé de se révolter face à la succession des envahisseurs étrangers : Phéniciens, Romains, Vandales, Byzantins, mercenaires omeyyades [syro-égyptiens]. Tout au long de l'histoire, ils s'adaptèrent et surent tirer profit de la présence de certains occupants [carthaginois, romains, byzantins]. Ainsi, des Berbères intégrèrent la société égyptienne, romaine et ont fourni des Pharaons, des Empereurs, divers élites accédant au pouvoir [hauts fonctionnaires d'Etat, sénateurs, gouverneurs, généraux, etc.] et de célèbres érudits d'expressions latines. Certains théoriciens Berbères façonnèrent la religion chrétienne au plus haut niveau et plus tard [VIIIe siècle] d'autres établirent un Califat berbère et créèrent les fondements des sciences modernes.

I - La Berbérie [*Maghreb*] - Situation géopolitique

A - Généralités

1 - Situation géopolitique

Dans les limites géographiques de la *Berbérie*[1] où se distingue par pure forme une *Berbérie centrale* composé du Maroc, de l'Algérie et de la Tunisie couvrant une superficie de 3 millions de km² et un *grande Berbérie*[2] qui englobe la Mauritanie et la Libye ; l'ensemble dispose d'une superficie d'environ 5,7 millions de km². Le mot *Berbérie*[3] évoque généralement la *Berbérie centrale* qui forme avec la Libye, la Tunisie, l'Algérie et le Maroc une unité homogène [ethnique, linguistique, culturelle, culinaire, etc.]. Cet ensemble berbère concentré sur la partie nord-est du continent africain est marqué par sa proximité avec l'Europe et par son appartenance à la civilisation méditerranéenne.

2 - Relief et structure[4]

Une longue *orogenèse*[5] a constitué la région depuis les plissements primaires [calédonien et hercynien] jusqu'aux déformations du Quaternaire récent et actuel. Depuis le Tertiaire, elle relève du même phénomène géodynamique, en l'occurrence la convergence entre

---

[1] P.-R. BADUEL & AL., « États, territoires et terroirs au Maghreb », C.N.R.S., Paris, 1985.
[2] J.-F. TROIN, « Le Grand Maghreb : Algérie, Libye, Maroc, Mauritanie, Tunisie. Mondialisation et construction des territoires », Edit. Armand Colin, Collection U, 2006.
[3] Les auteurs incluent dans l'Afrique du Nord l'Égypte et excluent la Mauritanie.
[4] F. DURAND-DASTES & G. MUTIN, « Afrique du Nord, Moyen-Orient, Monde indien », in Géographie universelle, vol. 8, Belin-Reclus, Paris-Montpellier, 1995.
[5] *Orogenèse*. Genèse des reliefs ; époque au cours de laquelle a lieu ce processus.

plaques européenne et africaine. L'ère secondaire est une longue période de quiétude orogénique, de destruction des reliefs antérieurement exhaussés, parfois jusqu'à leur aplanissement, et de puissante sédimentation dans les fosses peu profondes de la mer bordière du bouclier africain. Alors que sur la plate-forme saharienne la sédimentation se poursuit, dominée par des formations continentales, au nord, dans les sillons telliens, elle s'effectue dans des fosses profondes [argiles, marnes puis flysch]. Les paroxysmes orogéniques tertiaires [plissements pyrénéens et alpins] vont ensuite mettre en place les ensembles structuraux de la Berbérie dont les mouvements plio-villafranchiens ont établi la physionomie actuelle.

Le Rif-Tell montre un relief très contrasté et une structure complexe. De la chaîne massive du Rif marocain qui domine la mer, on passe par de larges bassins à un tell algérien plus étendu et plus complexe. Celui-ci expose un double alignement de reliefs orientés sud-ouest - nord-est. Au nord, collines et chaînes de montagnes se relaient et alternent avec des dépressions littorales ou sublittorales amples [El-Macta, Mitidja] ou étroites [Jijel, Skikda]. Plus au sud, les chaînons intérieurs, moins élevés à l'ouest [Tessala, Beni-Chougrane] qu'à l'est [Biban], dominent une série de bassins telliens intérieurs [Maghnia, Tlemcen, Sidi-bel-Abbès, Mascara, Guelma, etc.] ou ceinturent de longues et larges vallées [sillon chélifien, Sahel-Soummam]. En Tunisie, l'alignement Kroumirie-Mogods, interrompu uniquement par la petite dépression de Nefza, dévale graduellement vers de vastes plaines littorales dominées par le golfe de Tunis et ses côtes basses. Au sud de la vallée de la Medjerda, des plateaux ondulés assurent le contact avec le domaine atlasique.

Au sud s'étend le domaine atlasique, composé de plaines et plateaux généralement élevés, bordés de montagnes qui s'abaissent du sud-ouest au nord-est depuis la puissante chaîne du Haut Atlas jusqu'aux chaînons de la dorsale tunisienne en passant par l'alignement de l'Atlas saharien et le bloc massif des Aurès. Au Maroc, le Moyen Atlas sépare la vallée de la Moulouya et les hauts plateaux des pays atlantiques à la topographie diversifiée constituée de plateaux et massifs étagés [Plateau central, Oudirha, Jebilete, Rehamna], de bassins et plaines intérieures [Saïs, Tadla et, plus au sud, Haouz] et de basses plaines littorales [Gharb, Chaouia, Doukkala, Abda].

En Algérie[6], les monts du Hodna s'insèrent entre, d'une part, les immenses Hautes Plaines algéro-oranaises qu'occupe au centre la vaste cuvette du chott Chergui et que bordent au nord les plateaux ondulés de Tlemcen, Daïa et Saïda, et, d'autre part, les Hautes Plaines constantinoises moins élevées, moins étendues et plus fragmentées.

En Tunisie, les Hautes Steppes, avec leurs larges plaines surélevées scindées de chaînons montagneux [djebel Selloun, djebel Nara, etc.], s'opposent aux Basses Steppes qui se déploient jusqu'à la côte orientale en dépressions closes séparées par des collines peu élevées. L'agencement structural simple du domaine atlasique atteste à la fois la rigidité du matériel constitué des calcaires compacts ou alternés de strates marneuses de la couverture secondaire et tertiaire, et l'influence du socle africain qui affleure à de nombreux endroits, particulièrement au Maroc.

Au sud de l'accident sud-atlasique en Berbérie et au contact direct de la zone méditerranéenne en Libye, le domaine saharien est fermement ancré dans le continent africain. Cerclé d'une auréole de plateaux gréseux [les Tassili], le massif cristallin de l'Ahaggar [Hoggar] en occupe la partie centrale. Plus au nord, le bassin du bas Sahara dont la couverture sédimentaire varie de 3 000 à 5 000 mètres d'épaisseur s'affaisse jusqu'au-dessous du niveau de la mer dans le chapelet des chotts qui se déploient au pied de l'Aurès. Il est recouvert par les étendues de dunes de l'Erg oriental.

---

[6] M. Côte, « L'Algérie, ou l'Espace retourné », Flammarion, Paris, 1988.

À l'ouest, le socle précambrien affleure, solidement exhaussé [Anti-Atlas] ou tabulaire à des altitudes modérées [dorsale des Reguibat] ; il est généralement recouvert de sédiments secondaires ou tertiaires remaniés au Quaternaire [hammada du Draa, du Guir, du Sud oranais, etc.].

En Libye, le socle très peu affleurant plonge sous d'épaisses séries sédimentaires secondaires et tertiaires. Le contact avec la mer s'opère en pente douce dans le golfe de Syrte. En Tripolitaine, le djebel Nefousa composé de calcaire crétacé domine une plaine littorale étroite, la Djeffarav ; à l'est le djebel al-Akhdar, plateau calcaire faillé, chute dans la mer en gradins successifs. A l'ouest, la Libye intérieure montre des paysages moins monotones que la Cyrénaïque dominée par d'immenses déserts[7] de sable ou de grandes étendues cailouteuses [reg ou sâri]. Au sud-ouest, le massif hercynien du Fezzan s'insère entre la hammada al-Hamra et la vaste cuvette de Murzuq occupée par un erg de 58 000 kilomètres carrés. Enfin, la partie centrale se différencie par d'importants épanchements volcaniques.

3 - *Climat*

La Berbérie se définit par un climat sud-méditerranéen dominé par l'alternance d'une saison sèche et d'une autre humide et froide avec de grandes nuances régionales. L'extension septentrionale des hautes pressions subtropicales explique le temps sec et chaud qui s'installe en été pour une durée plus ou moins longue et qui s'accompagne quelquefois de vents desséchants appelés *guebli, chergui* ou *chehili*, qui arrivent jusque dans les plaines côtières, accentuant les températures maximales, renforçant l'évaporation et réduisant, voire annulant, l'humidité relative. Les cycles végétatifs s'arrêtent et toute culture intensive sans irrigation est alors exclue.

---

[7] J. BISSON, « Mythes et réalités d'un désert convoité : le Sahara », L'Harmattan, Paris, 2003.

L'aridité se manifeste aussi par les faibles précipitations annuelles qui varient de 200 à 600 millimètres sur l'essentiel du territoire non saharien. Elles dépassent 800 millimètres pour atteindre localement 1,5 mètre à 2 mètres seulement dans le Rif, les hautes terres des Atlas marocains, les chaînes du Tell central et oriental algérien et la Kroumirie.

Deux sortes de circulation atmosphérique dominent. Une circulation ouest-est conduit les perturbations occidentales lointaines qui apportent des précipitations abondantes au Rif, au Maroc atlantique et à ses montagnes. Elle se heurte au Maroc oriental et dans l'Ouest algérien aux effets stabilisateurs qu'occasionne la présence fréquente d'une crête chaude à courbure anticyclonique et qu'accentuent une situation d'abri orographique et des reliefs modestes. Activées par des basses pressions méditerranéennes, ces perturbations apportent d'importantes pluies au Nord-Est algérien et au Nord tunisien. La circulation nord-sud profite à ces deux dernières régions : pluies et chutes de neige. Des masses d'air anticycloniques enfin peuvent envahir, en saison froide, les régions nord et y déterminer, parfois pour de longues périodes, un temps ensoleillé.

L'irrégularité des précipitations est une menace permanente pour l'agriculture. À l'inconstance annuelle s'adjoint la variation de la répartition saisonnière : pluies automnales tardives, sécheresse printanière ou inondation estivale. Cette irrégularité augmente dès que se réduit la tranche d'eau reçue et que s'affirment les influences continentales. Ainsi, la Berbérie souffre de défaut mais également d'excès d'eau. Les pluies prennent fréquemment la forme d'averses, d'autant moins utiles en zones steppiques et sahariennes qu'elles tombent en saison chaude, donc plus exposées à une évaporation intense.

Les effets de la continentalité se manifestent aussi par l'accroissement, du nord au sud, des contrastes thermiques tant annuels que journaliers, plus marqués en Algérie, au relief plus morcelé, et en Libye qu'en Tunisie et au Maroc, ouverts aux influences maritimes sur leurs deux façades jusqu'à de basses altitudes. S'opposent ainsi un littoral au climat doux et un intérieur aux hivers rigoureux -le gel peut y atteindre 50 jours par an, voire plusieurs mois en montagne- et aux étés chauds rendus intolérables par les bouffées du *guebli* qui souffle plus de 30 jours par an dans les Hautes Plaines algéro-marocaines, les steppes tunisiennes, et plus encore dans le golfe de Syrte. La répartition des activités agricoles s'en ressent : primeurs confinées au littoral, extension du pastoralisme sur de grandes étendues.

L'influence maritime compense l'aridité non seulement en réduisant les écarts thermiques, mais également en accroissant l'humidité relative de l'air favorisant les précipitations [littoral oranais, Djeffara tuniso-libyenne, etc.]. En Tunisie, le golfe de Gabès est quelquefois le siège de perturbations locales, le désert s'en trouve refoulé vers le sud et l'ouest. Enfin, le volume, l'altitude et l'orientation des chaînes montagneuses arrosées et longtemps couvertes de neige, notamment au Maroc et en Algérie orientale, créent des situations d'abri qui expliquent les précipitations faibles sur leurs propres versants sous le vent et dans certaines plaines telliennes [basses côtes de Tunis] et la forte continentalité qui s'établit brutalement à une faible distance de la mer : sillon chélifien, vallée moyenne de la Medjerda.

4 - *L'eau dans un milieu fragile*

Le climat influence les activités humaines, notamment agricoles, à travers l'eau, les sols et le couvert végétal. La Berbérie détient d'un potentiel hydraulique appréciable. Le Maroc y apparaît favorisé grâce aux plateaux calcaires des chaînes du Moyen et du Haut Atlas et à la couverture neigeuse qui y résiste plusieurs mois. Mais l'irrégularité et l'agressivité des oueds sont une contrainte sérieuse. Aux basses eaux dérisoires [1 m³/s] succèdent les crues parfois extraordinaires[8]. Moins irréguliers sont les oueds nord-atlantiques, particulièrement le Sebou et principalement l'Oum Rbia dont le régime pluvio-nival et le bassin versant calcaire ne permettent pas d'étiage inférieur à 20 mètres cubes par seconde et modèrent les crues (1 000 m³/s).

À mesure que l'aridité augmente, l'irrégularité s'accroit. Les oueds finissent leur course dans des dépressions fermées occupées par des sebakh, dépressions d'évaporation fortement salées qui proviennent aussi bien des phases quaternaires arides, de la faiblesse actuelle des précipitations que de la persistance des affaissements et des déformations. L'*endoréisme*[9] est fréquent et d'ampleur importante en Algérie et Tunisie méridionales [Hautes Plaines, Basses Steppes, Nord-Sahara] et sur le littoral libyen [golfe de Syrte] et s'étend jusque dans le Tell [sebakh d'Oran et de Tunis], pendant qu'au Maroc atlantique prévalent les lacs permanents comme les *aguelmane* du Moyen Atlas ou temporaires tels les *daïate* des bas plateaux et les *merdjate* du Gharb.

En zone saharienne, souvent caractérisée par l'*aréisme*[10], l'écoulement dépend des terrains traversés : l'infiltration est instantanée dans les étendues sableuses, plus importantes dans le Sahara central et les déserts libyens, alors que les crues prennent toute leur intérêt sur les substrats imperméables.

---

[8] 8 000 m³/s sur l'Ouerrha en 1963, 3 500 m³/s sur la Medjerda en 1973.
[9] *Endoréisme*. En hydrologie, l'endoréisme d'un cours d'eau ou d'un bassin versant est le fait qu'il ne se déverse pas dans une mer, mais est au contraire *clos*, retenant ses eaux [superficielles ou non] dans une cuvette fermée. Les pluies ou autre formes de précipitations qui l'alimentent ne peuvent quitter un bassin endoréique autrement que par évaporation ou infiltration.
[10] *Aréisme*. Terme d'hydrographie caractérisant une région dans laquelle il n'existe aucun réseau hydrographique organisé. Il définit des régions privées presque entièrement d'écoulement superficiel soit par suite d'une perméabilité extrême, soit à cause d'un relief inexistant [pentes nulles] dans une région peu arrosée.

Le ruissellement ne concerne qu'une partie des eaux tombées : de 10 à 25%. Le potentiel souterrain, qui n'est pas négligeable, est plus conséquent dans les zones à grandes déformations : énormes nappes aquifères du bas Sahara algéro-tunisien [la nappe du Continental intercalaire s'étend sur 600 000 km^2] et des bassins libyens d'al-Kufra [250 000 km^2] et de Syrte, suivis par les réservoirs des Hautes Plaines et des Basses Steppes. Une tectonique plus vigoureuse n'a permis la constitution dans le Nord que de petites nappes, à l'exception des zones à circulation karstique : causses oranais, Moyen Atlas, plateaux atlantiques.

La salinité des sols et des eaux superficielles et souterraines est un sérieux handicap. Son extension sur les rivages méditerranéens, particulièrement au Maroc oriental, dans l'Ouest algérien, sur les basses côtes de Tunis et dans le bassin de Syrte, s'explique par de considérables dépôts d'évaporites et de carbonates au cours du Messénien [ou *Messinien*] dans une Méditerranée fermée et plus étendue qu'actuellement. L'évaporation et l'irrigation avec des eaux chlorurées l'accentuent de nos jours.

II - Berbérie : Numidie - Maurétanie

La Berbérie forme un ensemble vaste et homogène qui se caractérise donc par des traits communs[11] !

A - La Numidie

La Numidie, une des deux subdivisons de la Berbérie [l'autre étant la Maurétanie], est un ancien royaume berbère, situé dans ce qui est actuellement l'Algérie et une partie de la Tunisie et de la Libye. Ses fondateurs sont les *Numides*, un peuple berbère[12]. Le royaume était entouré à l'ouest par le royaume de *Maurétanie*[13], à l'est par le

---

[11] C. & Y. LACOSTE, « Maghreb, peuples et civilisations », La Découverte, Paris, 2004

[12] C. LEPELLEY, « L'Afrique dans l'Occident romain : Ier siècle av. J.-C. IVe siècle ap. J.-C. », Edit. Ecole Française de Rome, 1990.

[13] *Maurétanie* [à ne pas confondre avec le pays actuel la Mauritanie] existait en tant que royaume tribal du peuple berbère *Mauri*. Cette dénomination a aussi été adoptée en latin, alors que le nom grec pour la tribu était *Maurusii*. Plus tard, le terme Mauri finira par désigner les Maures, de la côte méditerranéenne, en Afrique du Nord, au moins au IIIe siècle av. J.-C. Actuellement, le mot Maure est employé pour caractériser les habitants du Sahara occidental vivant principalement en *Mauritanie*. Selon les historiens, la côte méditerranéenne de la Maurétanie était dotée de ports commerciaux avec Carthage, avant le IVe siècle av. J.-C., mais l'intérieur était contrôlé par des tribus berbères. Certains auteurs signalent que le roi Atlas était un roi légendaire de Maurétanie. Se conférer à M.-J. RAMIN, « Atlas et l'Atlas », Annales de Bretagne et des pays de l'Ouest », vol. 84, n° 1, 1977. Le premier roi historique connu des *Mauri* est Baga qui a régné durant la deuxième guerre punique. Les *Mauri* étaient en relation étroite avec la Numidie. Bocchus Ier [110-80 av. J.-C.], était le beau-père du redoutable roi numide, Jugurtha [118-105 av. J.-C.]. La Maurétanie devint un royaume vassal de l'Empire romain en 33 av. J.-C. Les Romains ont installé Juba II [52 av. J.-C.-23] de Numidie comme leur roi-vassal. Quand ce dernier mourut en 23, son fils, Ptolémée de Maurétanie [9 av. J.-C. 40] qui fit son éducation dans le monde romain, lui succéda [A. A. BARRETT, « The Corruption of Powe », Edit. Routledge, 1989]. L'empereur Claude [10 av. J.-C.-54] annexa la Maurétanie, en tant que province romaine, en 44, sous un gouverneur impérial [*procurator Augusti*]. Les Maurétaniens furent un corps d'armée d'élite, en tant que cavalerie légère dans les légions romaines.

territoire de Carthage puis l'Afrique proconsulaire romaine[14], au nord par la mer Méditerranée et au sud par le désert du Sahara. La Numidie avait pour capitale Cirta[15] [l'actuelle ville de Constantine[16]].

---

[14] L'*Afrique* ou *Afrique proconsulaire* est une ancienne province romaine qui correspond à l'actuelle Tunisie en plus d'une partie de l'Algérie et de la Libye actuelle. La province d'Afrique ayant pour capitale Utique est constituée en 146 av. J.-C. suite à la destruction de Carthage, au terme de la troisième guerre punique. Elle fût séparée du royaume de Numidie par une ligne de démarcation la « *fossa regia* ». Rome annexe la Numidie 46 av. J.-C. sous l'appellation de « nouvelle province d'Afrique » [*Africa Nova*] pour la différencier de la première [*Africa Vetus*]. Aux environs de 40-39 av. J.-C., les deux provinces sont groupées dans celle dite d'Afrique proconsulaire et ayant Carthage pour capitale ; elle s'étend, d'ouest en est, de l'embouchure de l'*Ampsaga*, actuellement l'Oued-el-Kebir, en Algérie, au promontoire de l'Autel des frères Philènes, aujourd'hui Ras el-Ali, en Libye. En 303, cette dernière -ci est divisée par l'Empereur Dioclétien [244-311] en trois provinces : la Tripolitaine, la Byzacène et l'Afrique proconsulaire restante [*Zeugitane*]. L'Autel des frères Philènes est un lieu indiquant selon les Anciens la limite entre les Carthaginois et les populations grecques de Cyrène, qui aurait rappelé le sacrifice des frères Philène.

[15] *Cirta* est une cité antique berbère numide qui correspond au cœur historique de la ville de Constantine en Algérie. Elle est la capitale des Numides massæssyles dès le IIIe siècle av. J.-C. Elle est conquise en 203 av. J.-C. par leurs rivaux les Numides massyles menés par Massinissa [238-148 av. J.-C.] qui en fait la capitale du royaume de Numidie. Plus tard, lors de la conquête romaine elle devient la capitale de la province romaine de *Numidia cirtensis*. Cirta est restaurée au IVe siècle par l'empereur Constantin [272-337], elle prend le nom de *Constantina*, et devient la capitale de la province de *Numidia Constantina* et le siège d'un consul romain.

[16] *Constantine* est une commune du Nord-Est de l'Algérie, chef-lieu de la wilaya de Constantine. Comptant plus de *1 086 102* habitants [2018], cette métropole est la troisième ville la plus peuplée du pays. Le Grand Constantine s'étale sur un rayon d'une quinzaine de kilomètres sous forme d'une agglomération comprenant une ville mère et une série d'annexes. Constantine, l'une des plus anciennes cités du monde, est une ville importante dans l'histoire méditerranéenne. Anciennement *Cirta*, capitale de la Numidie de 300 av. J.-C. à 46 av. J.-C. elle passe, par la suite, sous la férule de Rome. C'est à l'empereur Constantin Ier qu'elle doit son nom actuel depuis 313. Durant le Moyen Âge elle subit les attaques des mercenaires syro-égyptiens au VIIIe siècle. Plus tard, selon les historiens, elle sera sous l'influence successivement des courants théologico-politiques des *aghlabides*, des *zirides*, *hammadides*, *almohades* et *hafsides*. Constantine deviendra au XVIe siècle la capitale du beylik de Constantine, siège du

Le cœur de la Numidie se situerait donc dans l'actuel Constantinois, une plaine bordée par le Hodna, la Petite Kabylie et les Aurès. Berbères sédentaires ou semi-nomades, les Numides étaient répartis en diverses tribus. Les tribus berbères de l'Extrême-Ouest de la Tunisie sont aussi considérées comme numides ; toutefois les Numides se différencient des Maures[17].

Ces derniers sont rassemblés en fédération peuplant l'Ouest de la Berbérie [Libye] et des Gétules[18] dans les confins sahariens[19].

---

pouvoir beylical et vassale de la régence d'Alger [ancien État d'Afrique du Nord, intégré au Califat turc tout en étant autonome]. Lors de la colonisation de l'Algérie par les Français elle sera prise en 1837, après un échec en 1836. Intégrée à la wilaya II, le Constantinois, par le FLN [Front de Libération Nationale - parti politique algérien], durant la guerre d'Algérie elle devient le siège de sa propre wilaya à l'indépendance du pays [1962].

[17] *Maures*. A l'origine et durant la période de l'Antiquité les Maures caractérisent les populations de Berbérie. Ils ne furent formellement distingués des Numides que lorsque les Romains eurent connaissance de l'existence de royaumes berbères à l'extrême-ouest de la Berbérie [actuel Maroc]. Peuples vivant dans les deux provinces de Maurétanie sous l'Empire romain, la *Maurétanie Tingitane* [de Tingis, actuel Tanger comme capitale] et la *Maurétanie Césarienne* [partie orientale de la Maurétanie qui correspondait à l'actuelle Algérie centrale et occidentale]. Au VIIIe siècle, les armées du général berbère Tariq Ibn-Ziyad [m. 720] conquièrent la péninsule ibérique, sous le nom d'Al-Andalus [Andalousie]. C'est le début de l'Ibérie berbéro-musulmane. À partir de cette époque, le terme « *maure* » va désigner les « musulmans », essentiellement ceux vivants en Al-Andalus, qu'ils soient d'origine berbère ou non. De nos jours, le terme désigne principalement les populations métissées berbéro-africaines vivant dans le Sahara et plus au sud, au Sahel, parlant *hassaniya* [dialecte berbéro-arabo], surtout en Mauritanie, au Sahara occidental ainsi que dans le Nord-Ouest du Mali ; dans le Sahara algérien, dans certaines zones du Sénégal et l'extrême nord du Mali et du Niger.

[18] *Gétules* [lat. *Gaetuli*] désigne un ou plusieurs peuples berbères du sud de la Berbérie. C'est certainement le peuple le plus nombreux et le moins connu ayant dominé assurément l'Algérie durant les 1500 ans de son Antiquité. Selon l'historien J. Desanges, le mot « *Gétules* » désignerait plus un mode de vie qu'un peuple précis et homogène, preuve de la « *grande souplesse onomastique* » des peuples berbères dans les sources romaines.

De nombreux rois ou « *aguellid* » régnèrent en Numidie dont les plus renommés étant Massinissa, Micipsa, Jugurtha, Juba Ier. Le royaume doit sa réussite à l'action de Massinissa, et à l'alliance avec Rome.

Les tribus de la partie orientale de la Numidie se dénommaient « *Massyles*[20] », et celles de la partie occidentale « *Massæsyles*[21] ».

Politiquement divisés en deux royaumes numides, ces derniers seront unifiés par Massinissa vers 205 av. J.-C. qui reste l'âge d'or du royaume numide. La Numidie est alors florissante, elle se compose de plusieurs villes et une civilisation originale.

L'agriculture céréalière est principalement développée dans le Constantinois et le commerce méditerranéen dans l'Ouest de la Numidie. Les *Carthaginois*[22] sont complètement écartés des places

---

Y. MODERAN, « Les Maures et l'Afrique romaine, IVe-VIIe s. », Rome, Edit. Bibliothèque des Écoles françaises d'Athènes et de Rome, 2003.
S. GSELL, « Histoire ancienne de l'Afrique du Nord. Tome V ». Edit. Librairie Hachette. 1927.
[19] C. LEPELLEY, « L'Afrique dans l'Occident romain : Ier siècle av. J.-C. IVe siècle ap. J.-C. », Edit. Ecole Française de Rome, 1990.
[20] *Massyles* ou *Massylii*. Il s'agit sont une confédération de tribus berbères située en Numidie orientale, qui a été crée par l'union de tribus plus petites au cours du IVe siècle av. J.-C. Ils étaient gouvernés par un roi. Leurs voisins étaient les puissants Massæsyles. À l'est, s'étendait le territoire de la riche, et prépondérante république carthaginoise. Les principales villes des Massyles étaient Cirta [Constantine], Tébessa [Est de l'Algérie] et Thugga [Dougga, à l'Est de la Tunisie].
N. BAGNALL, « The Punic Wars », Edit. Hutchinson, 1990.
[21] *Massæsyles* ou *Massasyles* ou encore *Masæsyles*. Il s'agit d'un peuple berbère [libyque]. C'était, avec les Massyles, l'un des deux peuples numides qui vivaient dans l'actuelle Algérie et une portion du Nord de l'actuel Maroc, jusqu'au fleuve Moulouya.
[22] *Civilisation carthaginoise* ou *civilisation punique*. C'est une ancienne civilisation située dans le bassin méditerranéen et à l'origine de l'une des plus grandes puissances commerciales, culturelles et militaires de cette région [Berbérie] dans l'Antiquité. *Punique*. Mot qui signifie « *phénicien* » en latin qui vient lui-même du grec. « *Phénicien* » est lié au mot grec « *pourpre* », une spécialité phénicienne.

littorales et de l'Est de l'Afrique et des opérations militaires sont lancées à l'est jusqu'en *Tripolitaine*[23]. Néanmoins les querelles de succession affaiblissent les Numides, et entraînent l'ingérence des Romains. La *Guerre de Jugurtha*[24] signale le déclin définitif des Numides et le royaume de Numidie est réduit de 1/3 [Est] par les Romains. Ceux-ci octroient les deux tiers Ouest au roi *Bocchus*[25] de

---

[23] *Tripolitaine* [en berbère *Trables* ; lat. *Regio Tripolitan*]. C'est une région historique de la Libye dont le nom, qui signifie en grec « *trois villes* » : Oea, Leptis Magna et Sabratha. Celles-ci sont les plus importantes de la région depuis l'Antiquité. La Tripolitaine a ensuite donné son nom à Tripoli, décomination moderne d'Oea.

[24] *Guerre de Jugurtha* [*lat. Bellum Iugurthinum*]. Il s'agit du nom d'un conflit qui opposa la République romaine et le roi numide Jugurtha entre 112 et 105 av. J.-C. Ce conflit est nommé d'après un écrit du chroniqueur et homme politique Salluste [86-35 av. J.-C.]. La *guerre de Jugurtha* a clairement révélé en ce temps les faiblesses dans la république romaine. Le fait qu'un personnage tel que Jugurtha puisse accéder au pouvoir, en soudoyant des forces romaines et des civils, illustre du déclin romain moral et éthique.

[25] *Bocchus1er* ou *Bocchus l'Ancien*. Les historiens désignent par ce nom le monarque berbère roi de Maurétanie de 110 à 80 av. J.-C. Bocchus1er prend les armes avec Jugurtha, son gendre, en 106 av. J.-C, contre les Romains. Vaincu deux fois par Marius [157-86 av. J.-C.]. Il se rapproche ensuite des Romains, traite avec Sylla, alors *questeur* [magistrat annuel responsable du règlement des dépenses et de l'encaissement des recettes publiques] sous Marius, et consent à trahir son gendre, Jugurtha, en collaborant avec les Romains à l'envoyer dans un guet-apens où il est capturé en 106 av. J.-C. Bocchus1er reçoit en récompense le pays des Massésyliens [Massaessyles] avec le titre de « *allié de Rome* ». Son fils Sosus ou Mastanesosus [80-49 av. J.-C.], lui succède à la tête de la Maurétanie. Le nom de Mastanesosus n'est connu que par un passage de « *Contre Vatinius* » de Cicéron [106-43 av. J.-C.] qui en fait un roi de Maurétanie occidentale en 62 av. J.-C. par opposition à Hiempsal II [88-60 av. J.-C.], roi de Maurétanie orientale. S'il est analogue à Sosus, ce qui est fort plausible, il s'agirait alors du successeur de Bocchus Ier et du père de Bocchus II [49-33 av. J.-C.], et de Bogud [m. 31 av. J.-C.]. Sosus a laissé des témoignages à Volubilis [capitale de la Maurétanie, fondée au IIIe siècle av. J.-C] et des monnaies de Tanger portent la légende latine : « *Rex Bocchus Sosi filius* [roi Bocchus, fils de Sosus] ».

M. EUZENNAT, « Le Roi Sosus et la dynastie maurétanienne », Edit. CNRS Editions, Paris, 1966.

Maurétanie qui trahit son gendre Jugurtha, roi de Numidie, au profit des Romains. La Numidie est donc un royaume au territoire réduit de 105 av. J.-C. à 46 av. J.-C. Le soutien de Juba Ier aux adversaires de Jules César[26] lors de la guerre civile lui est funeste. Juba Ier et les opposants de J. César sont vaincus et la Numidie est annexée par Rome pour devenir la province d'*Africa Nova*.

1 - *Étymologie du terme Numide*

L'étymologie proposée pour le mot « *Numide* » a longtemps repris celle établie dans l'Antiquité faisant dériver « *nomadia* » de l'adjectif grec « *nomados*, c'est-à-dire les « *nomades* ». De la fausseté de cette étymologie naquit la légendaire affirmation, qui devient un véritable cliché littéraire, que les Numides n'étaient que des Nomades, peules errants sans agriculture, ni villes, ni lois. Bien entendu, toutes ces remarques sont absolument fausses. Gabriel Camps[27], préhistorien français, spécialiste de l'histoire des Berbères réfute catégoriquement cette fausse étymologie fondée sur un jeu de mots et véhiculée comme un stéréotype. L'auteur[28] rappelle, comme le démontre la persistance à l'époque romaine, de tribus portant encore ce nom[29] et l'existence, dans la Mauritanie actuelle, de la population des *Nemadi*[30].

M. COLTELLONI-TRANNOY, « Rome et les rois « amis et alliés du peuple romain » en Afrique (I er siècle av. J. -C./1er siècle ap. J.-C », Presses Universitaires du Midi, 2005.
G. CAMPS, « Bocchus », in Encyclopédie berbère, n° 10, 1er avril 1991.
[26] J. CESAR est un général, homme politique et écrivain romain [100-44 av. J.-C.].
[27] G. CAMPS, « Les Numides et la civilisation punique », Antiquités africaines, n° 14, 1979.
G. CAMPS, « Berbères, mémoire et identité », Errance, 1987. Réédité en 2007, aux éditions Actes Sud.
[28] G. CAMPS, « Les Berbères, aux marges de l'Histoire », Hespérides, 1980.
[29] Une tribu numide demeurait autour de *Thubursicu Numidarum*, une autre dans la région de Bordj Medjana en Algérie [C.I.L., VIII, 8813], 8814, 8826). Une inscription de Zouarine en Tunisie [C.I.L., VIII, 16352] mentionne des Numides.
[30] G. CAMPS, « Épipaléolithique méditerranéen ». Ouvrage collectif dirigé par l'auteur. 1975.

Selon les historiens, le nom « *Numide* » apparaît d'abord chez le chroniqueur et homme politique grec Polybe[31] [IIe siècle av. J.-C.][32] pour signaler les peuples et territoires à l'ouest de Carthage incluant tout le nord de l'Algérie jusqu'au fleuve de la Moulouya, à environ 160 kilomètres à l'ouest d'Oran.

2 - Quelques mots d'histoire

Le monde berbère depuis les temps les plus reculés était ouvert aux influences des cultures du bassin méditerranéen. L'organisation de la société berbère a été construite bien avant celle de Carthage, de nombreux siècles auparavant. Aussi, les structures de l'ordre social telles que la famille, le village, la tribu et la confédération prirent naissance. C'est ainsi que, dès le Ve siècle av. J.-C., des « *aguellid* [rois] » sont apparus afin de conduire le destin des grandes confédérations berbères. L'avènement de puissantes monarchies a permis de s'opposer et de résiste, par exemple, à Carthage. Deux importantes dynasties, celles des *Massyles* et des *Massæsyles* apparaissent en Numidie, rivales, elles sont également unies dans l'adversité afin d'unifier la Numidie sous une seule autorité.

a - Deux royaumes concurrents

Il est difficile d'établir a quelle époque se sont structurés les royaumes de Numidie. Quoi qu'il en soit, l'existence du royaume *massyle* est attestée au IVe siècle av. J.-C. La Numidie se répartit entre deux royaumes[33]. Le premier celui des *massæsyle*, prenant son origine

---

[31] *Polybe* [200-118 av. J.-C.] homme d'État et chroniqueur grec. Sur le plan politique, il joua un rôle important dans l'intégration de la Grèce centrale à l'empire romain après la victoire romaine sur la ligue achéenne en 146 av. J.-C. Il est connu pour ses chroniques qui exposent l'ascension de Rome.

[32] F. BOUCHOT, « Histoire générale, t. I, Nabu Press ». Édit. Primary Source, 2013.

[33] G. CAMPS, « Berbères, mémoire et identité », Errance, 1987. Réédité en 2007, aux éditions Actes Sud.

au fleuve la Mulucha ou Moulouya[34] à l'Ampsaga [Oued-el-Kebir[35]], avec pour capitale Siga[36] [actuelle Oulhaça El Gheraba - Algérie] mais fonde Cirta [actuelle Constantine], cité inexpugnable à la limite de son territoire.

Le second, le royaume massyle, à l'est de l'Ampsaga jusqu'aux territoires carthaginois, avec pour capitale Hippo Regius[37] [actuelle Annaba à l'ouest de la frontière tunisienne].

Au cours des époques, les frontières entre Massyles et Massæsyles sont certainement fluctuantes. Carthage est toujours en quête d'une alliance avec ces rois pour enrôler des mercenaires et garantir la sécurité autour de ses comptoirs côtiers, mais les rois numides ne sont pas crédules. Ces derniers ne se considèrent pas comme des chefs vassaux, au contraire, ils vont jouer sur la rivalité entre Rome et Carthage pour consolider leurs positions. Il s'avère que pendant cette période les Massæsyles s'intéressent plus spécialement à l'Ibérie [Espagne], et qu'un important commerce s'est établi entre l'Almérie[38]

---

[34] *Moulouya*. Egalement nommé *Marwacht* en berbère, est un fleuve marocain qui prend naissance à la jonction du massif du Moyen et du Haut Atlas dans la région d'Almssid dans la province de Midelt.

[35] *Oued-el-Kebir* [ou *Oued El-Kabir*]. Grand fleuve qui coule dans l'est de l'Algérie, parcourant, de sa source à son embouchure, les wilayas respectives de Mila où il prend sa source, Sétif, Constantine et Jijel.

[36] *Siga*. Nom d'une cité antique, ancienne capitale numide du roi Syphax [250-202 av. J.-C.], dont les ruines sont situées au lieu-dit *Takembrit*, sur la rive gauche et à faible distance de l'embouchure du fleuve Tafna, commune d'Oulhaça El-Gheraba, en Algérie occidentale.

[37] *Hippone* [*lat. Hippo Regius*]. Nom antique de l'actuelle ville d'Annaba située au Nord-Est de l'Algérie. Elle devint l'une des principales cités de l'Afrique romaine. Saint Augustin [354-430] fut évêque de la ville de 395 jusqu'à sa mort en 430 alors que les Vandales [peuple germanique oriental] assiègent la ville. St Augustin est un Berbère, né en 354 à Tagaste [actuel Souk Ahras] en Algérie.

F. BRAUDEL, « Grammaire des civilisations (1963) », Edit. Flammarion, Paris, 2008..

[38] *Almería*. Ville d'Espagne, capitale de la province d'Almería en Andalousie. Port sur la mer Méditerranée.

et l'Algérie occidentale. Les Massæsyles font l'importation du métal, des poteries, cependant qu'ils exportent des métaux précieux [or, argent], des céréales et des produits d'Afrique noire [ivoire, œufs d'autruche, etc.].

Strabon, le chroniqueur rapporte que les Massæsyles, s'enrichissent de leur commerce et disposent d'importantes garnisons militaires. Les guerres successives menées par le roi Syphax contre Carthage et Rome puis contre son rival Massinissa qui va contraindre les Massæsyles à l'effondrement et ouvrir la voie à la réunification.

Quant aux Massyles dont le royaume moins étendu que les Massæsyles, sa puissance est tirée de son exploitation terrestre et la densité de ses nombreuses villes comme Cirta, Dougga[39], Tébessa[40], etc. restent prospères.

En effet, cette partie massyle a atteint un haut stade de civilisation : sol bien cultivé, élevage réputé, villes nombreuses construites, troupes régulières et organisées. La défaite de Syphax désigne Massinissa qui est proclamé roi de toute la Numidie, réunissant les territoires massæsyle et massyle.

b - Alliances avec Carthage et Rome

L'histoire démontre que de tout temps, les rois numides prirent les armes contre les tentatives d'invasion de leur territoire. Ainsi le roi massyle Gaïa [Gaya - m. 206 av. J.-C.], père de Massinissa, a ainsi déjà lutté contre les Carthaginois où il s'est emparé d'un territoire avant de devenir leur allié. C'est le cas de Syphax, roi massæsyle, qui a d'abord combattu les Carthaginois avant de s'allier à eux. À l'inverse, Massinissa, qui a offert son appui aux Carthaginois dans la péninsule

---

[39] *Dougga* ou *Thugga* site archéologique situé à Téboursouk au Nord-Ouest de la Tunisie.
[40] *Tébessa*. Ville située à l'est du pays, entre le massif de l'Aurès et la frontière algéro-tunisienne.

ibérique, va se joindre au romain Scipion [v. 235-183 av. J.-C.]. Évincé par Syphax de ses États héréditaires, Massinissa combat avec Scipion et commande son *aile droite*[41], composé d'une cavalerie d'élite.

En 203 av. J.-C., un affrontement eut lieu entre les Massæsyles et les Massyles appelé la *bataille des Grandes Plaines*[42] lors de la *deuxième guerre punique*[43] où Massinissa, chef des Massyles, participa de manière décisive à la victoire de l'Empire romain sur Carthage.

De cet évènement là, Massinissa parvint à unifier la Numidie qui s'étendit alors du fleuve Moulouya à l'ouest jusqu'à la Cyrénaïque[44] à l'est.

3 - Unification de la Numidie sous Massinissa et ses successeurs

Le personnage le plus célèbre de l'histoire numide est sans contexte Massinissa [238-148 av. J.-C.]. Il est connu à travers les sources liées aux guerres puniques, auxquelles il a pris part. Il a édifié l'unité de l'Afrique berbère[45], la Berbérie, et en a fait un État

---

[41] G. MEYNIER, « L'Algérie des origines : De la préhistoire à l'avènement de l'islam », La Découverte, 2017.
[42] *Bataille des Grandes Plaines*. Bataille qui opposa en 203 av. J.-C. l'armée romaine de Scipion l'Africain, [236-180 av. J.-C.] allié au prince numide Massinissa [202-148 av. J.-C.], face à l'armée carthaginoise. Les Carthaginois étaient conduits par Hasdrubal Gisco [m. 202] et les Numides par son gendre le roi Syphax. Scipion remporta la bataille, ce qui contraignit Carthage à rappeler Hannibal Barca [247-183 av. J.-C.] d'Italie.
[43] *Deuxième Guerre punique*. Il est le deuxième des trois conflits connus sous le nom de *guerres puniques*, qui opposent Rome à Carthage. Ce conflit a lieu de 219 av. J.-C. à 203 av. J.-C. en Europe, puis de 203 av. J.-C. à 202 av. J.-C. en Berbérie.
[44] *Cyrénaïque*. Dès la plus haute Antiquité, c'est une région fertile mais isolée située à l'ouest de l'Égypte et faisant partie de la Libye actuelle. Elle était peuplée de tribus berbères soit nomades soit sédentaires d'origine libyque mais leur histoire reste mal connue.
[45] On lui doit une phrase restée célèbre : « *l'Afrique aux Africains* ».

autonome et prospère[46]. Il met fin à la résistance du roi Massæsyles Vermina [200 av. J.-C.][47], le fils de Syphax, et s'empare de l'intégralité du pays des Massæsyles.

Massinissa expulse l'ensemble des Carthaginois de leurs comptoirs côtiers. Son sentiment profond est que les Carthaginois se sont appropriés les terres de ses ancêtres à l'Est. Dès lors, il décide de les reconquérir : entre 174 av. J.-C. et 172 av. J.-C., il reprend aux Carthaginois plus de 70 cités ou places fortes. Il récupère en 162 av. J.-C Leptis Magna[48] et la vallée de la Medjerda[49] [ou *Majerda* - Fleuve situé dans la région des Grandes Plaines].

La position de Rome face à ces évènements était de ne pas s'en mêler. Saisissant cette opportunité « *massanissienne* », les Romains veulent, d'une part, en finir avec leur rivale Carthage et, d'autre part, éviter que l'intégralité de son territoire ne bascule sous la domination numide et que la Numidie puisse devenir une grande puissance comme Carthage et, fatalement sera l'adversaire des Romains. Dès lors, Rome ne doit pas prendre ce risque et déclenche la *troisième guerre punique*[50] qui s'achève, en 176 av. J.-C., par la destruction de Carthage.

---

[46] M. KADDACHE, « L'Algérie dans l'Antiquité ». Edit. SNED, 1972.

[47] H. GÜNTER HORN & Ch. B. RÜGER, « *Die Numider* », Cologne, Habelt, 1979.

[48] *Leptis Magna* ou *Lepcis Magna*. Une des villes importantes de la république de Carthage. Sous l'Empereur romain Dioclétien [244-311], en 303, lors de la partition de l'Afrique proconsulaire, elle devient la capitale de la nouvelle province, la Tripolitaine. Ses ruines sont situées près de la ville portuaire actuelle de Khoms, à environ 120 km à l'est de Tripoli, sur l'embouchure de l'oued *Lebda* en Libye.

[49] *Medjerda* ou *Medjerdah* ou encore *Majerda*. Oued [fleuve] dont la source est située en Algérie et dont le lit est localisé essentiellement sur le territoire de la Tunisie. Il se caractérise par un écoulement permanent sur l'ensemble de son cours, ce qui lui donne le profil d'un fleuve. Ce fleuve était dénommé *Bagrada* dans l'Antiquité.
A. BESCHAOUCH, « De l'Africa latino-chrétienne à l'Ifriqiya arabo-musulmane : questions de toponymie », *CRAI*, vol. 130, n°3, 1986, pp. 530-549.

[50] *Troisième guerre punique*. Il s'agit du dernier stade d'un conflit connu sous le nom de « *guerres puniques* » et qui opposa durant plus d'un siècle Rome et Carthage.

Le règne de Massinissa est marquant notamment par la culture des céréales dans de grands domaines royaux. La céréaliculture en Numidie est ainsi bien antérieure à celle de Rome[51]. Fin stratège et habile diplomate, le monarque parvient sous sa gouvernance à garantir l'autonomie de son royaume en jouant adroitement de la rivalité régionale qui primait à l'époque tout en lui assurant une prospérité économique certaine, grâce à l'exceptionnel développement de l'agriculture et de l'élevage. Sur le plan de l'organisation politique, Massinissa installe à la tête de chaque province un gouverneur et à la tête de chaque tribu un « *amokrane* » [chef].

Massinissa s'entoure d'un conseil constitué de dix personnes qui le seconda d'une manière efficace dans sa politique et son administration générale. Parmi ces dix conseillers, trois de ses fils y tenaient une place prépondérante : Micipsa [m. 118 av. J.-C.] le suppléait dans plusieurs affaires, Gulussa [m. 145 av. J.-C.] était chargé de la direction des armées, et Mastanabal [m. 140 av. J.-C.] avait la charge du trésor royal. Afin d'accroître d'avantage l'économie et le commerce, Massinissa mis en circulation une monnaie frappée à son effigie. Le règne de Massinissa prit fin lorsqu'il mourut en 148 av. J.-C.

a - Les successeurs de Massinissa

A la mort du grand roi fondateur Massinissa s'ensuit une crise de succession, profitable pour les intérêts de Rome et emporta la Numidie dans des troubles politiques. L'héritier du trône Micipsa, fils de Massinissa, succédera au pouvoir. Pendant son règne, soucieux de la renommée grandissante de Jugurtha [160-104 av. J.-C.], petit-fils de Massinissa et ne pouvant le trucider ouvertement par peur d'une

---

[51] G. MEYNIER, « L'Algérie des origines : De la préhistoire à l'avènement de l'islam », La Découverte, 23 mars 2017.

révolte de ses sujets, décide de l'envoyer assiéger Numance [ville antique du nord de l'Hispanie, près de l'actuelle Soria], en espérant qu'il se fasse tuer, « victime » de sa bravoure[52]. Micipsa désigne Gulussa au poste de vice-roi et ministre de la Guerre et Mastanabal à celui de vice-roi et ministre de la Justice.

En 118 av. J.-C., Micipsa meurt, la Numidie fut divisée entre ses deux fils, Hiempsal Ier [m. 118 av. J.-C.] et Adherbal [m. 112 av. J.-C.], et son neveu qu'il a adopté, Jugurtha, très populaire parmi les Numides. Aussitôt après la mort de Micipsa, Hiempsal et Jugurtha entrèrent en conflit. Jugurtha le fit assassiner en 117 av. J.-C. à Thirmida [ou Tinja, ville au Nord de la Tuniusie],

Héritier du trône après la mort de son père Micipsa, Adherbal a régné conjointement avec son plus jeune frère, Hiempsal Ier [m. 118 av. J.-C.] et Jugurtha, le neveu de Massinissa. Après le meurtre de son frère [Hiempsal Ier] par Jugurtha, Adherbal se réfugie à Rome où il demande l'aide du Sénat qui l'encouragea en 117 av. J.-C. à récupérer sa part du royaume que Jugurtha spolia avec l'ancienne part de Hiempsal Ier.

A nouveau Adherbal fut dépouillé de ses domaines par Jugurtha. Rome octroie à ce dernier la reconnaissance diplomatique sur la Numidie occidentale, sous réserve de remettre Adherbal sur le trône en Numidie orientale. Jugurtha accepta dans un premier temps l'offre de Rome, puis changea d'avis. Adherbal assiégé à Cirta [Constantine], fut assassiné traîtreusement par Jugurtha en 112 av. J.-C., bien qu'il se soit placé sous la protection des Romains.

Un événement historique majeur dénommé « *Guerre de Jugurtha* [*Bellum Iugurthinum*] » opposa la République romaine et le roi numide Jugurtha entre 112 et 105 av. J.-C.

---

[52] S. GSELL, « Histoire ancienne de l'Afrique du Nord, t. VII », reimp., Osnabrück, 1972.

La *Guerre de Jugurtha* a formellement révélé l'état de la république romaine en ce temps qui démontre l'étendue de la corruption chez les officiels romains. En effet, le fait qu'un personnage tel que Jugurtha puisse accéder et demeurer au pouvoir, en achetant des forces romaines et des civils, caractérise le déclin romain moral et éthique.

Pour Jugurtha, rétablir la Numidie unifiée a été une idée fixe qui le mena à envahir la Numidie orientale en 112 av. J.-C., réunifiant de ce fait à nouveau la Numidie. Afin de concrétiser son plan, il exécuta plusieurs hommes d'affaires romains s'activant en Numidie orientale.

En représailles à ces agissements, Rome était en passe de lui déclarer la guerre, mais Jugurtha avec grande habileté réussit encore à corrompre les Sénateurs en place à Rome, consolidant sa célèbre locution « *Roma est urbs venalia* » [« *Rome est une ville à acheter* »]. Le résultat a été de réduire les hostilités à son égard de la classe politique romaine, et même de le gratifier d'un traité de paix avantageux.

Cependant, ce traité sera remis en cause lors d'importants remaniement politique que connut la classe dirigeante romaine. Exaspéré et en réponse à cet acte Jugurtha fit assassiner Adherbal. En conséquence, les dirigeants de Rome furieux exigent l'invasion de la Numidie. Rome envoie le consul Metellus [152-91 av. J.-C.] en Numidie à la tête de plusieurs légions punitives contre Jugurtha et afin de le destituer. Chose difficile à réaliser car Jugurtha parvint avec intelligence à résister pendant des années en coordonnant des tactiques militaires contre les Romains et des manœuvres politiques avec son voisin de l'ouest, le roi Bocchus Ier de Maurétanie.

Face à l'inefficacité de Metellus, Rome mandate Lucius Cornelius Sylla [138-78 av. J.-C.], en mission en Maurétanie pour négocier l'assistance de Bocchus Ier. Ce dernier trahit Jugurtha lors d'un traquenard en aidant les Romains à le capturer. Jugurtha est alors transféré à la célèbre prison de Tullianum[53]. Peu de temps après, il fut exécuté lors de la tradition du *triomphe romain*[54] en 104 av. J.-C.

Le royaume de Numidie avait pour capitale Cirta[55] qui se situe sur le site[56] de l'actuelle ville de Constantine[57], où fut mis à jour le tombeau de Massinissa[58].

B - *La Maurétanie*

La Maurétanie était un territoire de la Berbérie qui s'étendait de l'actuelle **Algérie** centrale, vers l'océan atlantique, incorporant le nord du **Maroc actuel**, et vers le sud, jusqu'aux **montagnes de l'Atlas**[59]. Les autochtones pasteurs semi-nomades, de souche originelle **berbère**, comprenant les *Mauris* et les *Massæsyles*[60].

---

[53] *Tullianum* ou *Carcer Tullianum*. Plus connu sous le nom de « *prison Mamertine* », est une ancienne prison de Rome antique, située de nos jours sous l'église San Giuseppe dei Falegnami, dans le rione [quartier historique de Rome] de Campitelli.

[54] *Triomphe* [lat.*triumphus*]. Cérémonie romaine au cours de laquelle un général vainqueur défile dans Rome à la tête de ses troupes. À défaut de ce triomphe majeur, un général vainqueur pouvait recevoir une *ovatio* [ovation]. À partir d'Auguste [63 av. J.-C.- 14], le triomphe est réservé à l'empereur et à la famille impériale.

[55] D. AUZIAS & J.-P. LABOURDETTE, « Algérie 2011 », Edit. Petit Futé, 2010.

[56] S. DEMOUGIN, « H.-G. Pflaum, un historien du XXᵉ siècle : actes du colloque international, Paris les 21, 22 et 23 octobre 2004 », Librairie Droz, 2006.

« Atlas universel d'histoire et de géographie, vol. 1 », Edit. Hachette et Cie, 1865.

« Revue africaine, Société historique algérienne », 1863.

M.A. D'AVEZAC, J. YANOSKI, L. LACROIX & M. A. DUREAU DE LA MALLE, « Afrique : Esquisse générale de l'Afrique et Afrique ancienne », Firmin Didot frères, 1844, p. 182.

[57] J. JOLLY, « L'Afrique et son environnement européen et asiatique », Edit. L'Harmattan, 2008.

[58] A. JUDAS, M. MELIX & E. VAYSSETTES, « Recueil des notices et mémoires de la Société archéologique de la province de Constantine, vol. 7 », Edit. Alessi et Arnolet, Constantine 1863.

[59] P.C. NAYLOR, « Historical Dictionary of Algeria », Edit. Rowman & Littlefield Publishers, Lanham, 2015.

[60] « Encyclopedia Britannica - Mauretania », London, 2007.

Dès les origines, la Maurétanie était un royaume tribal du peuple berbère, les *Mauri* qui est leur nom natif. La côte méditerranéenne de la Maurétanie possédait des ports de commerce avec Carthage, dès le IVe siècle av. J.-C., cependant l'intérieur était totalement contrôlé par des tribus berbères.

À l'ère carthaginoise, la Maurétanie se limitait à l'Est du fleuve Moulouya [Nord-est de l'actuel Maroc]. Postérieurement à la *guerre de Jugurtha*[61], le roi de Maurétanie, Bocchus, [80 av. J.-C.] aida les Romains à faire tomber dans un guet-apens le roi numide Jugurtha où il est capturé et suite à sa trahison il fut récompensé par une augmentation de son territoire. Ainsi, il obtient la Numidie occidentale, pays des peuples *Massaesyli*, et ceux des *Massyli*, et la région partant du fleuve Moulouya, à l'Ampsaga [actuelle *Rhummel*][62] - ce qui représente une importante partie de Algérie actuelle.

Lorsque Auguste [63 av. J.-C.-14] entra en conflit avec et Marc Antoine [83-30 av. J.-C.], Bogud [m. 31 av. J.-C.] l'un des deux fils de Bocchus qui se partage le royaume s'allia avec ce dernier, ce qui lui a valu d'être évincé par son frère ainé Bocchus II [33 av. J.-C.][63].

En 25 av. J.-C., Auguste installa en Maurétanie Juba II [52 av. J.-C.-23] le roi de Numidie, qui pris pour épouse la fille d'Antoine, et de Cléopâtre VII [69-30 av. J.-C.], Séléné II [40 av. J.-C.-5]. De cette union, naquit Ptolémée de Maurétanie [13-40 av. J.-C.] qui gouverna tout le territoire. Lorsque ce dernier fut assassiné par ordre

---

[61] Conflit qui éclata en 112 et 105 av. J.-C et qui opposa la République romaine et le roi numide Jugurtha.

[62] *Ampsaga*. Nom antique du *Rhumel* qui est le plus important cours d'eau de Constantine en Algérie.

[63] V. BRIDOUX, « Les royaumes d'Afrique du nord de la fin de la deuxième guerre punique à la mort du roi Bocchus II (201-33 av. n. è.) », Thèse de doctorat dirigée par M. Lenoir, Université Panthéon-Sorbonne, Paris, 2006.

de Caligula [12-41], l'empereur. Claude [10 av. J.-C.-54] subdivisa la Maurétanie en deux préfectures séparées par le fleuve **Moulouya** : la *Maurétanie tingitane* [7 colonies romaines] et la *Maurétanie césarienne* [21 colonies romaines].

III - Berbère et Berbérie - Notions succinctes

A - Origine des Berbères - Thèses classiques

Le déchiffrement de nombreuses inscriptions libyques révèle que les Numides parlaient la langue *berbère* et l'écrivaient en *tifinagh*[64]. Le mot « *Numide* » désigne le groupe berbère. Il provient du latin « *Numida* », terme, selon certains auteurs, procédant lui-même de l'appellation dont se qualifiaient, pensait-on, les autochtones de la Berbérie[65]. De religion animiste et polythéiste, très peu de traces directes de la religion, du mode de vie et des us et coutumes de ce peuple berbère nous sont parvenues du fait des diverses invasions que la Berbérie a subies après l'effondrement de l'Empire romain. Cependant de nombreux récits à propos des Berbères se trouvent dans les littératures grecque et romaine de l'Antiquité.

1 - Distribution géographique

L'aire historique des Berbères couvre tout la Berbérie de la Lybie à l'Atlantique, de la Méditerranée aux régions sub-sahariennes. Les zones où la présence berbère est la plus marquée sont celles de la Tunisie, de l'Algérie et du Maroc. Le Berbère est l'habitant original ou autochtone de la Berbérie. Le nom « *berbère* » provient d'un mot de l'*égyptien ancien*[66] qui signifie « *étranger* » ou des variations de ce dernier. Les Grecs et les Romains ont repris cet *exonyme*[67] avec un sens similaire.

---

[64] NAS E. BOUTAMMINA, « Le Kaabaéen prototype des systèmes d'écriture » - Volume V », Edit. BoD, Paris [France], avril 2016, 2ᵉ édition mai 2016.
[65] G. CAMPS, « Les Numides et la civilisation punique », Antiquités africaines, n° 14, 1979.
[66] A. LOPRIENO, « Ancient Egyptian : A linguistic introduction », Edit. Cambridge University Press, Cambridge, 1995.
[67] *Exonymie. Exonymie*. Est le fait qu'un groupe de personnes dénomme un autre groupe de personnes par un nom distinct du nom régulier employé par l'autre groupe

Les Romains désignaient les Berbères par *Mauri*, qui produira le nom de Maure en français, nom attribué par les Chrétiens d'Occident aux Berbères d'obédience musulmane qui soumirent la péninsule ibérique, la France méridionale et le Sud de l'Italie dont la Sicile.

L'espace géographique immense est composé de régions très diversifiées tant sur le plan des modes de vie traditionnels, des densités humaines, des cultures matérielles et des insertions géopolitiques. Quoi qu'il en soit, cette diversité apparente reste culturellement et foncièrement berbère malgré l'*arabophonisation* relative de la Berbérie. La langue « *maghrébine* » ou « *berbèrabe* » et ses expressions littéraires et coutumières demeurent le principal ciment des populations de cette aire géographique de Berbérie.

G. Camps[68] écrit : « S'il est une expression ambiguë c'est bien celle de Civilisation punique. Pour la plupart des historiens elle est la civilisation des Phéniciens d'Afrique, c'est-à-dire la civilisation de Carthage et des villes alliées ou sujettes, donc simplement une civilisation coloniale. Mais les spécialistes des origines berbères et les protohistoriens attachés aux problèmes proprement africains peuvent avoir une opinion quelque peu différente.

Voilà plus de vingt-cinq ans que je dénonce ce travers, par ailleurs fort compréhensible, qui ne fait voir dans la continuité africaine qu'une succession d'influences historiques étrangères, phénicienne, romaine, vandale, byzantine. Il fut facile à la jeune école historique maghrébine de dénoncer cette histoire entachée de colonialisme, mais nous la voyons sombrer dans le même travers lorsque, par souci

---

pour se désigner lui-même. Ce nom est l'*exonyme*. Par extension, toute dénomination d'un groupe d'individus dans une langue étrangère, si elle ne correspond pas phonétiquement au nom régulier, est un exonyme.

[68] G. CAMPS, « Les Numides et la civilisation punique », in Antiquités africaines, n° 14, 1979.

d'unité nationale ou culturelle, elle oublie elle aussi les données fondamentales du peuplement nord-africain pour ne retenir que l'apport prestigieux de l'Islam confondu avec l'arabisme. En bref, à toutes les époques, les Berbères sont les oubliés de l'Histoire. On condamne leurs ancêtres à un rôle entièrement passif lorsqu'on les imagine, dès le début de l'Histoire, recevant de l'Orient une civilisation toute formée qu'ils acceptèrent avec un plus ou moins grand enthousiasme [...].

[...] à l'arrivée de ces premiers navigateurs phéniciens, les Libyens n'étaient pas de pauvres hères, des sortes d'Aborigènes encore enfoncés dans la primitivité préhistorique. Depuis des siècles, des échanges avec les péninsules européennes et les îles, comme avec les régions orientales de l'Afrique, avaient introduit les principes d'une civilisation méditerranéenne qui, pour l'essentiel de sa culture matérielle s'est maintenue dans les massifs montagneux littoraux du Rif jusqu'aux *Mogods*[69] [...]. Les immenses nécropoles mégalithiques groupent par milliers des tombes de paysans sédentaires qui y déposèrent leur poterie[70] dont la technique, les formes et les décors demeurent étrangement identiques chez leurs descendants actuels ».

L'auteur rajoute : « Les Numides ont, en outre, été victimes d'un calembour, forme d'explication philologique très prisée des Anciens : alors que leur nom est certainement d'origine africaine comme le prouvent la persistance à l'époque romaine de tribus portant encore

---

[69] S. GSELL, « Histoire ancienne de l'Afrique du Nord, t. 5, 1927 et 6, 1928.
G. CAMPS, « Aux origines de la Berbérie. Monuments et rites funéraires protohistoriques ». Paris, 1961.
G. CAMPS, « Massinissa ou les débuts de l'Histoire ». Alger, 1961.
[70] G. CAMPS, « Recherches sur l'antiquité de la céramique modelée et peinte en Afrique du Nord ». Libyca, Archéol.-Anthr. préhist., t. 3, 1955.
G. CAMPS, « La céramique des sépultures berbères de Tiddis », t. 4, 1956.
A. DUMONT, « La poterie des Kroumirs et celle des dolmens », B. de la Soc. d'Anthropologie de Paris, t. IX, 4e série, 1898.

ce nom[71] et l'existence, dans la Mauritanie actuelle, de la population des *Nemadi*, les auteurs grecs confondirent l'ethnique africaine et leur adjectif υομαδες. De cette fausse étymologie naquit l'affirmation légendaire qui devient un véritable cliché littéraire, que les *Numides* n'étaient que des *Nomades*, populations errantes sans agriculture, ni villes, ni lois ».

Cette opinion est si profondément ancrée chez les auteurs anciens qu'ils ne sont point sensibles aux contradictions qu'apportent d'autres récits et nos historiens modernes, confortés dans la même croyance, n'hésitent pas à rejeter comme anecdote ou historiette sans valeur les récits qui pourraient aller à l'encontre de cette vérité établie.

Les origines de Carthage montrent cependant que la ville avait dû faire face non pas à une hostilité déclarée mais du moins à des exigences émanant d'une autorité constituée et non point de groupuscules nomades qu'une simple démonstration de force aurait suffi à disperser. En fait, une redevance fut payée régulièrement pour le loyer du sol couvert par la légendaire peau de bœuf [explication fantaisiste du nom de Byrsa]. Bien mieux, lorsque Elissa-Didon se sacrifia sur le bûcher, ce fut pour échapper aux exigences de Hiarbas, roi des Maxitani[72]. Eusthate dit de ce personnage qu'il était roi des Mazices. On sait que ce nom, qui fut porté par de nombreuses peuplades de l'Afrique antique[73] 4, est la transcription du berbère Amaziy-Imaziy 'en par lequel ce peuple se désigne lui-même ».

[…] Dès les origines mêmes de Carthage nous voyons donc face à face deux entités : la ville marchande orientale et une certaine souveraineté libyenne[74]. Cette souveraineté libyenne se maintint

---

[71] A. BERTHIER & R. CHARLIER, « Le sanctuaire punique d'El Hofra à Constantine ». Paris, 1955.
[72] M. FANTAR, « Téboursouk, Stèles anépigraphes et stèles à inscriptions néo-puniques ». Mém. Académie des Inscriptions et Belles Lettres, t. 16, 1974.
[73] G. CHARLES-PICARD, « Civitas mactaritana. Karthago », t. 8, 1957.
[74] J. CHABOT, « Recueil des inscriptions libyques », Paris, 1942.

effectivement pendant des siècles puisque jusqu'au milieu du Ve siècle, époque où elle se constitua un empire terrestre, Carthage continua à payer tribut pour le sol qu'elle occupait.

De la rencontre de ces deux entités, orientale et africaine, est né le fait punique. Ce n'est pas la simple transplantation sur la terre africaine de ce qui était à Sidon et à Tyr. Si la tradition punique fut si vivace chez les anciens Africains c'est que précisément elle ne leur était pas étrangère mais constituée au milieu d'eux, au sein de cités où l'onomastique sémitique n'arrive pas à cacher l'apport ethnique africain.

Considérée également comme possession carthaginoise. La troisième ville qui retiendra notre attention est Volubilis qui occupe une situation plus continentale au pied du massif du Zerhoun au Maroc. Cette ville du royaume maure existait plusieurs siècles avant le roi Juba II dont elle fut peut-être une capitale[75]. L'une des inscriptions puniques découvertes au centre de Volubilis a l'avantage de nous donner quelques lumières sur l'organisation du royaume maure et sur l'administration de la cité. Le nombre de générations indiquées permet d'affirmer que la ville existait déjà certainement au milieu du IIIe siècle et vraisemblablement bien avant. Phénomène déjà constaté à Cirta[76], Thubursicu Bure, Maktar, Dougga, les noms phéniciens alternent avec les noms berbères dans la même famille.

En plus de ces villes numides et maures ayant eu les fonctions de capitales, il faudrait citer d'autres villes qui, malgré leur nom phénicien, sont situées à l'intérieur des terres, telles Macomades, Tipasa de Numidie, Calama et Zucchabar dans la future Maurétanie

---

[75] G. CAMPS, « A propos d'une inscription punique, les suffètes de Volubilis aux HP et IIe siècles av. J.-C. ». B. Archéol. maroc, t. 4, 1960 ; p. 423-426.
J. CARCOPINO, « Le Maroc antique », Editions Gallimard, 1942.
[76] A. BERTHIER & R. CHARLIER, « Le sanctuaire punique d'El Hofra à Constantine ». Paris, 1955.

césarienne. A vrai dire toutes les villes des royaumes numide et maure, qu'elles soient littorales ou continentales, qu'elles portent un nom phénicien ou berbère, sont toutes d'authentiques foyers de culture punique. Elles le sont non seulement par les productions céramiques dites puniques que l'on retrouve aussi bien à Cirta que dans tous les comptoirs de la côte et jusque dans la lointaine Volubilis[77], mais surtout par leurs sanctuaires, leur langue écrite et vraisemblablement parlée. La langue officielle des royaumes numide et maure, même [certains auteurs disent surtout] après la destruction de Carthage, est le punique. C'est en punique que sont rédigés les dédicaces religieuses, les rares textes administratifs conservés[78], les épitaphes royales et les légendes monétaires, et non pas seulement chez les Numides de l'Est mais d'un bout à l'autre de l'Afrique du Nord.

Ce fait mérite d'autant plus d'être rappelé que les Africains possédaient un système d'écriture national suffisamment répandu pour qu'il ait survécu jusqu'à nos jours chez les Touareg qui, ironie du vocabulaire, nomment cette écriture *tifinay*, ce qui semble bien signifier « *la punique* ».

Seule la cité de Dougga tenta un moment, sous Massinissa et Micipsa, d'utiliser le libyque dans ses inscriptions officielles, fait unique dans l'état de nos connaissances. La langue punique survécut longtemps et à Carthage et aux royaumes indigènes : un demi-millénaire après la destruction de Carthage, saint Augustin dit que les paysans voisins d'Hippone parlent le punique ».

G. Camps conclut : « On sait la discussion ouverte par Ch. Courtois[79] à ce sujet, il se demandait si par cette expression, saint

---

[77] A. JODIN, « Un brûle-parfums punique de Volubilis ». B. Archéol. maroc, t. 6, 1966, p. 505-510.
[78] J. CHABOT, « Note sur Vinscription punique d'une borne limite découverte en Tunisie ». B. archéol. du Comité des Trav. hist., 1943, p. 64-67.
J.-G. FEVRIER, « La borne de Micipsa », Ibid., 1951, p. 116-120.
[79] C. COURTOIS, « Saint Augustin et la survivance du punique ». R. afric, t. 94, 1950.

Augustin ne voulait pas désigner un dialecte berbère. Ses arguments n'emportèrent pas la conviction et, comme Ch. Saumagne et A. Simon[80], je crois que saint Augustin faisait réellement allusion à un dialecte sémitique, mais je ne serais nullement étonné si, à l'époque, le terme punique ne servait indistinctement à qualifier tout ce qui, dans l'héritage culturel africain, n'était ni romain ni grec.

On qualifiait, en revanche, de Maure tout ce qui, divinités, hommes et choses, était resté en dehors de toute culture citadine. Mais un siècle plus tard certains Maures eux-mêmes se disaient, d'après Procope[81], descendants des Cananéens ; c'est là un lointain souvenir de la culture à laquelle ils voulaient se rattacher ».

a - Arabisation - Arabophonisation[82]

Ces deux expressions diffèrent entre elles car présentant des caractères nettement significatifs tant par leur sens, leur idée, leur portée, leur représentation.

Le terme « *arabisation* » au sens communément admis désigne : « *un processus qui conduit des populations à adopter la langue et la culture arabe* ». Cette définition est en désaccord avec la vérité, la réalité. En effet, d'un point de vue historique, depuis la nuit des temps, les habitants de l'Arabie, les *Arabes*, ont beaucoup de difficultés à quitter une condition primitive, un état de nature dirons-nous, pour progresser dans le domaine des mœurs, des connaissances, des idées. Les Arabes sont un groupe de population localisée strictement et exclusivement dans un espace géographique et vivant en vase clos : la *péninsule arabique*.

---

[80] C. SAUMAGNE, « La survivance du punique en Afrique du Ve et VIe siècle. Karthago, t. 4, 1953.
A. SIMON, « Punique ou berbère. Note sur la situation linguistique dans l'Afrique romaine », Edit. CNRS Editions, Paris, 1955.
[81] PROCOPE, B.V., II, 10, 13-23.
[82] Expression crée pour l'occasion et à but didactique par l'auteur.

Une question et non des moindres se pose. Quel est donc cet ensemble transmissible des valeurs intellectuelles, spirituelles, artistiques et des connaissances scientifiques ou réalisations techniques qui caractérisent l'étape des progrès de la société arabe et qui justifie l'expression : « *processus qui conduit des populations [non-arabes] à adopter [la langue et] la culture arabe* » ?

Comment des populations [*Egypte, Mésopotamie, Assyrie, Carthage, Berbérie romanisée*, etc.] appartenant à des sociétés évoluées et qui connaissent un état de haut développement culturel [matériel, intellectuel, social, etc.], civilisationnel dirons-nous, peuvent-elles adopter la culture d'une autre population [*arabe*] qui demeure depuis des millénaires dans une condition sociétale, c'est à dire une organisation sociale et culturelle, un développement technologique rudimentaire, primitif dirons-nous. De ce fait, le terme « *arabisation* » est dénué de sens, un non-sens.

A l'inverse, on peut parler d'*Egyptisation*, de *Mésopotamisation*, de *Syrianisation* qui sont des processus de culturation, c'est à dire d'acquisition de la culture propre au groupe social [ici égyptien, mésopotamien, syrien] dans lequel la population arabe omeyyade vit.

De même, on peut parler de la Romanisation, de la *Carthagisation* de la Berbérie ou encore de la *Berbèrisation* de la péninsule ibérique.

Aussi, l'utilisation du mot « *arabophonisation* » est plus plus adéquate à la réalité et donc à la vérité.

L'*arabophonisation* est le processus qui permet de promouvoir la langue arabe et de l'appliquer au secteur liturgique, la religion de l'Islam par l'entremise du Coran. Par la suite, ce sont les populations non-arabes [perses, berbères] *arabophonisées* qui se sont données pour mission de développer et d'enrichir au plus haut degré, l'idiome arabe dans tous les domaines de l'activité intellectuelle : scientifique, technique, littéraire, spirituelle, etc.[83]

2 - Autres thèses sur l'origine des Berbères

E. Mercier[84] écrit : « En effet, l'histoire de l'Égypte nous démontre péremptoirement qu'autrefois sa vie a été intimement mêlée à celle de la Berbérie, et c'est ce qui a été très bien caractérisé par S. Zaborowski[85] dans les termes suivants : « L'action réciproque de l'Égypte et de l'Afrique l'une sur l'autre est si ancienne, elle a été si longue et si profonde, qu'il est impossible de démêler ce que la première a emprunté à la seconde, et réciproquement. »

L'auteur note : « Il est donc possible que les Hycsos [Hyksôs][86], vaincus, soient passés en partie dans le Mag'reb. Mais, en revanche, cette même histoire nous apprend que, vers le XVe siècle avant J.-C., sous la XIXe dynastie, une invasion de nomades, aux yeux bleus et aux cheveux blonds, vint de l'ouest s'abattre sur l'Égypte. Ces populations, que les Égyptiens confondaient avec les Libyens et qu'ils nommaient *Tamahou* [*hommes blonds*], d'où venaient-elles ?

---

[83] NAS E. BOUTAMMINA, « Les contes des mille et un mythes - Volume II », [Edit. Originale 1 vol. août 1999]. Edit. BoD, Paris [France], novembre 2011, 2e édition février 2017.

[84] E. MERCIER, « Histoire de l'Afrique septentrionale (Berbérie) depuis les temps les plus reculés jusqu'à la conquête française (1830) », Tome premier, Editions Ernest Leroux, Paris, 1888.

[85] S. ZABOROWSKI, « Les Peuples primitifs de l'Afrique : Peuples de l'Afrique septentrionale », Edité par La Nouvelle Revue, Paris, 1883.

[86] Le terme « *Hyksôs* » vient de l'expression en langage populaire égyptien, le démotique *heka khasewet* qui signifie littéralement, « Maîtres des Terres Étrangères ». L'apparition de cette expression se retrouve sous l'Ancien Empire [période du IIIe millénaire : environ 2700 à 2200 av. notre ère]. Les historiens affirment, selon les *papyrus de Turin*, que seuls six des pharaons de la XVe dynastie [période -1663 à -1550, ou -1650 à -1530, ou encore -1624] étaient des Hyksôs, car ils portaient la couronne égyptienne, mais également que Manéthon les dénommait lui-même « Hyksôs ». Au total, les Hyksôs ont régné plus d'un siècle sur le Royaume d'Égypte.

Arrivaient-elles d'Europe ou étaient-elles depuis longtemps établies dans la Berbérie ? Cette question est insoluble ; mais, quand on examine la quantité innombrable de dolmens qui couvrent l'Afrique septentrionale, on ne peut s'empêcher d'y voir les sépultures de ces hommes blonds ou un usage laissé par eux. Il faut, en outre, reconnaître la parenté étroite qui existe entre les dolmens de l'Afrique et ceux de l'Espagne, de l'ouest de la France et du Danemark.

Berbères, Ibères, Celtibères, voilà des peuples frères et dont l'action réciproque des uns sur les autres est incontestable, sans même qu'il soit besoin d'appeler à son aide l'identité de conformation physique ou les rapprochements linguistiques, car ce sont des arguments d'une valeur relative et dont il est facile de tirer parti en sens divers.

A quelle époque, par quels moyens se sont établies ces relations de races entre le midi de l'Europe et l'Afrique septentrionale ? Les invasions ont-elles eu lieu de celle-ci en celui-là, ou de celui-là en celle-ci ? Autant de questions sur lesquelles les érudits ne parviendront jamais à s'entendre, en l'absence de tout document précis. Pourquoi, du reste, les deux faits ne se seraient-ils pas produits à des époques différentes ?

Mais il n'en est pas moins vrai que, comme ensemble, elle a persisté avec son type spécial de race africaine, type bien connu en Égypte dans les temps anciens, et que l'on retrouve encore maintenant dans toute l'Afrique septentrionale.

Sans vouloir discuter la question de l'unité ou de la pluralité de la famille humaine, il est certain qu'à une époque très reculée, la race libyenne ou berbère s'est trouvée formée et a occupé l'aire qui lui est propre, toute l'Afrique du nord ».

L'auteur affirme : « […] De même, malgré les influences étrangères qu'elle a subies, la race autochtone du nord de l'Afrique est restée libyque, c'est-à-dire berbère ».

M.G. Olivier[87] écrit : « Rien ne s'oppose à ce qu'Ibères et Berbères soient parents ; la terminaison identique des deux noms pourrait annoncer deux branches d'une même souche ; *Berbère* pourrait même signifier à la rigueur, *Ibère* du dehors. Mais il n'y a là que de bien légers indices. Quoiqu'il, en soit, et à défaut de données positives, il serait naturel, si l'on devait s'en tenir à la ressemblance des noms, d'affilier les Ibères du continent hispanique aux Ibères du Caucase.

Ceux qui, *à priori*, veulent qu'Ibères et Berbères aient eu pour berceau l'ouest de l'Europe, appuient leur supposition principalement sur les deux faits suivants : d'une part, qu'il existe sur la côte africaine des dolmens, monuments propres aux races occidentales ; de l'autre que la langue berbère n'a pas d'analogues en Asie. L'existence des dolmens en Afrique semblerait en effet relier les Berbères aux Celtes, ou même à une race antérieure à ceux-ci, race que leur invasion en Europe aurait éparpillée et projetée partie au nord et à l'est de l'Europe, partie, peut-être, sur la côte africaine. Rien jusqu'ici ne dément ou ne confirme ces hypothèses ; rien surtout ne permet encore de préjuger quelle durée et quel caractère aurait eus, sur notre sol, le séjour de ces bâtisseurs de dolmens : l'affinité linguistique du berbère aurait plus de portée, mais, à cette heure, personne que nous sachions n'a osé se prononcer sur sa filiation *glossologique*[88].

[…] à quelles familles de peuples appartenaient les premiers habitants de la Berbérie, que l'antiquité désignait sous les noms de Libyens, de Numides, de Gétules et de Maures. L'histoire sait rarement les premières origines des nations. Quand elle leur en assigne d'explicites, ce sont le plus souvent des fables. Mais à son défaut, il y a quatre éléments de probabilité qu'on peut interroger : 1° la tradition, 2° la position géographique du peuple qu'on étudie et

---

[87] M.G. OLIVIER, « Recherche sur l'origine des Berbères », Editions Dagand, Bône [Algérie], 1867.
[88] *Glossologique*. Relatif à la *glossologie* : traité sur une langue ; ensemble des termes spéciaux à une langue scientifique.

l'ethnologie de ses limitrophes, 3° ses traits de mœurs et de caractère, 4° sa langue ».

L'auteur souligne : « Pour les Berbères, l'histoire est muette, la tradition est vague et obscure ; les anciens n'ont connu des Berbères que les apparences ; j'entends par là leur vie extérieure et leurs habitudes ; les modernes n'ont encore que conjecturé. Examinons pourtant ce que les uns et les astres ont écrit. Si je n'y rencontre pas de grandes lumières, j'en tirerai du moins l'avantage de faire toucher au doigt la difficulté de mon entreprise et l'indulgence qu'elle mérite.

Presque tout ce que les historiens arabes et berbères ont dit de l'origine de ces derniers, Ibn-Khaldoun[89] l'a reproduit ou analysé. Quelle est la valeur de ces documents ? On peut s'en rapporter à cet égard à l'appréciation d'un orientaliste dont le jugement égale la science, M. le baron de Slane[90] ; je crois néanmoins qu'il n'est pas sans intérêt de les résumer ici, par plusieurs raisons. D'abord parce que pour se convaincre de la frivolité de ces fables; encore faut-il se rendre compte de l'esprit qui les a dictées ; et cet esprit frappe surtout lorsque, les dévidant une à une, on leur reconnaît à toutes le même but ; je veux dire la volonté absolue, et faisant litière de, toute critique, de renouer les Berbères par un fil quelconque, aussi bien que les Arabes eux-mêmes, aux fils de Noé, en dehors desquels pas de salut pour les croyants de l'Islam, pas plus que pour ceux du Pentateuque. En second lieu, si l'on se bornait à affirmer de haute lice l'intention purement politique et religieuse de ces imaginations, on laisserait probablement des incrédules derrière soi ; ces traditions, quelle

---

[89] A.R. IBN-KHALDUN [1332-1406], « Histoire des Berbères et des dynasties musulmanes de l'Afrique septentrionale ». Père fondateur des Sciences humaines, il vécut en Berbérie et en Andalousie.
[90] W. MAC GUCKIN [1801-1878], « Histoire des berbères », t. I, p. 173 et suivantes ; t. III, p. 183. W. MAC GUCKIN, dit le BARON DE SLANE orientaliste et philologue arabisant, est connu pour ses éditions et traductions en anglais ou en français des œuvres d'historiens et géographes musulmans du Moyen-Âge.

qu'elles soient, ont eu cours non-seulement chez les musulmans, mais chez plusieurs écrivains juifs et chez des historiens chrétiens antérieurement a l'expansion arabe ; elles exercent encore sur la science moderne une influence qui l'égare : il serait donc imprudent de les traiter trop à la légère. Toutes ces analyses d'Ibn-Khaldoun, touchant la généalogie des Berbères, se rangent sous trois rubriques distinctes : origine sémitique, origine chamitique, origine mixte [...] [car il n'indique pas toujours les sources où il puise].

Constatons, pour être juste, qu'Ibn-Hazm[91] et Ibn-Abdelberr[92] lui-même contestent l'exactitude de cette histoire. « L'envie montrée par les Berbères de se rattacher à la souche arabe était tellement forte, dit M. de Slane), qu'Ibn-Khaldoun lui-même n'a pas pu s'empêcher d'en signaler la folie ». En effet, celui-ci dit en propres termes : « Quant à l'opinion des généalogistes zénatiens qui supposent que les Zenata descendent de Himyer, elle est repoussée par Ibn-Abdelberr et par Ibn-Hazm. Celui-ci dit que « les Himyérites ne se sont jamais rendus en Berbérie que dans les récits mensongers des historiens yéménites ».

Ibn-Khaldoun explique fort bien que les Zénatiens ont inventé ces mensonges parce qu'ils ont cru se relever au-dessus de leurs frères berbères en se créant un lien de parenté avec une famille noble de l'Arabie ; mais que cette prétention est aussi dénuée de fondement qu'irréfléchie. Comment, ajoute Ibn-Khaldoun, les Zenata peuvent-ils alors faire partie d'une nation déjà anéantie ? Si l'histoire rapportait un tel fait, on hésiterait à y ajouter foi; pourquoi donc y croire quand l'histoire n'en dit rien ». Voilà déjà une des trois hypothèses mise à

---

[91] IBN AL-HAZM [994-1064] est un poète, historien, juriste, philosophe et théologien musulman sévillan. Il est l'auteur du célèbre « Ṭawq al-ḥamama fi al-ulfa wa-al-ullif [« Collier de la colombe »] ».
[92] Y. IBN-ABDALLAH IBN AL-BARR [978-1071] était un juge Malikite et universitaire à Lisbonne. Il écrit entre autre : « Al-Qasd wal-Umam fi Nasab al-Arab wal-Ajam [« Les efforts et les nations : Généalogies des Arabes et des non-Arabes »] ».

néant ; Ibn-Khaldoun tout seul s'est chargé d'en faire justice : les Berbères n'appartiennent à la souche sémite ni par le rameau *yacsanite* ; ni par le yéménite, ni par l'*himyérite* ; ni par l'*amalécite*. Passons à la seconde opinion, qui veut voir en eux des Chamites. Les partisans de cette hypothèse ne sont pas plus d'accord que ceux de la précédente sur les généalogies qui doivent rattacher les Berbères au second fils de Noé ».

W. Mac Guckin [baron de Slane][93] souligne : « Même en ce qui touche à l'histoire de leur propre pays, les Arabes n'ont jamais eu que des notions très confuses... leur histoire des patriarches est d'une absurdité révoltante... On ne peut donc espérer des Arabes une suite de bons renseignements sur un peuple aussi obscur que la race berbère. Comment pourraient- ils nous enseigner l'origine de ce peuple, eux qui n'ont pas fait de recherches sur leur propre origine tant qu'ils ont ignoré l'islamisme […] ».

M.G. Olivier [94] affirme : « La grande cause d'erreur des traditionalistes arabes ou berbères, somme d'un grand nombre d'écrivains chrétiens [nous en aurons use nouvelle preuve dans un instant], c'est de s'opiniâtrer à trouver le nom des peuples ou tribus dont ils fouillent les origines dans ceux énumérés par la Genèse. Cet acharnement va si loin que, lorsqu'il devient impossible d'y reconnaître, même en les torturant, les noms dont on a besoin, on les y introduit. C'est ainsi que nous voyons surgir un Mazigh nécessaire comme aïeul des Amazigh actuels. J'ai dit que dans des recherches entreprises pour reconnaître l'origine et la parenté d'un peuple, sa position géographique d'une part, de l'autre le naturel, l'état politique et social des nations environnantes étaient des éléments essentiels à consulter, et où l'on pouvait trouver les bases de conjectures sérieuses.

---

[93] W. MAC GUCKIN DE SLANE [1801-1878], « Histoire des berbères », t. I, t. III.
[94] M.G. OLIVIER, « Recherche sur l'origine des Berbères », Edit. Dagand, Bône [Algérie], 1867.

Je vais essayer de cette méthode à l'égard de la Berbérie. Sa position n'a rien d'ambigu. Elle tient par le sud à l'Afrique centrale où elle a pour voisins des races noires ; les Berbères ne sont donc pas venus de ce côté. A l'est elle touche immédiatement l'Égypte. Il serait dès-lors naturel de penser que c'est de la terre des Pharaons que sont sortis les premiers habitants de la Berbérie. Mais ici se présenta immédiatement une question d'où peut dépendre la solution de celle que je viens de poser. De quelle couleur étaient les Égyptiens Étaient-ils de race noire ou blanche ? [...].

B - Thèse néo-anthropologique sur l'origine des Berbères[95]

1 - Aspect ethnographique des Berbères

Innombrables sont les thèses, spéculations concernant la question sur l'origine des Berbères. Les auteurs qu'ils soient grecs, latins, arabophones [Syriens, Egyptiens] ou européens, tous ont proposé des allégations et des légendes des plus fantaisistes à ce sujet : origine perse, mède, cananéenne, yéménite, ibérique, celtique, germanique, grecque, etc.

La motivation idéologique de ces théories est flagrante : chaque occupant de la Berbérie à réécrit l'histoire en faisant venir les Berbères d'ailleurs en lui imaginant une origine géographique. Dans le cadre scientifique, la provenance moyen-orientale a longtemps prédominé, ce territoire étant considéré comme étant le berceau du monde méditerranéen.

Beaucoup de partisans d'une origine africaine ont présenté des localisations primitives en Afrique centrale ou orientale. Cependant, aucune indication sérieuse n'existe d'une telle affirmation. Au contraire, les données préhistoriques et linguistiques démontrent

---

[95] NAS E. BOUTAMMINA, « Expansion de l'Homme sur la Terre depuis son origine par mouvement ondulatoire - Volume IV », Edit. BoD, Paris [France], novembre 2010, 2ᵉ édition juillet 2015.

l'ancienneté et la continuité du peuplement et de la langue berbères dans leur aire d'expansion d'Est en Ouest de l'Afrique du Nord [Egypte]. Les Berbères ont des racines très anciennes en Afrique du Nord et les considérer comme les « *autochtones* » de la Berbérie est pour ainsi dire une évidence.

D'un point de vue anthropologique, le fond ethnologique de la population autochtone est Berbère. Ce terme qualifie les premiers migrants arrivés du *Birr égyptien*[96] en Berbérie à la période chronologique *Ahtilal Birr égyptien* vers -15 000 ans av. J.-C[97] aboutissant à la formulation de la structure et de l'évolution des sociétés berbères. Actuellement, on définit par *berbère* l'ensemble des tribus de la Berbérie qui parlent des dialectes puisant dans un fond linguistique commun, mais qui a eut des difficultés à accéder au rang de langue écrite.

Cependant, il reste le point commun de quelques millions d'hommes issus d'une longue suite de vagues migratrices disséminées dans ce vaste territoire qu'est la Berbérie. Maintes voies suivent les pistes des hommes en déplacement. Les fleuves, les côtes des mers ont été les routes naturelles des peuples. Les directions des déplacements, spécialement aux bas degrés de civilisation, sont dictées par des paramètres morphologiques et climatiques.

Dans les cas de direction longitudinale, le mouvement de migration en Berbérie se produit de l'Est en Ouest à partir de l'Egypte. L'Egypte est le Birr migratoire de la Berbérie et de l'Europe occidentale. Les familles ou tribus émigrent en se dirigeant par un déplacement ondulatoire le long des régions de la Berbérie, sur les côtes de la Méditerranée !

Des éléments de ces peuples sont passés dans la péninsule ibérique pour déborder sur l'Europe occidentale. Il faut avoir à l'esprit que

---

[96] *Ibid.*
[97] *Ibid.*

l'aspect géographique de la terre tel que nous le connaissons actuellement a subi constamment des changements au cours du temps géologique.

En effet, le mouvement migratoire s'exécute en Berbérie par le détroit de Gibraltar qui en était à peine un au cours de cette époque reculée. Quelques vagues migratoires isolées sont également parties de la Berbérie, par la Sicile vers le Sud de l'Italie afin de remonter vers le Nord de l'Europe.

MIGRATION HUMAINE GEOGRAPHIQUE ET LINGUISTIQUE A LA PERIODE AHTILAL BIRR EGYPTIEN -15 000 ANS[98]

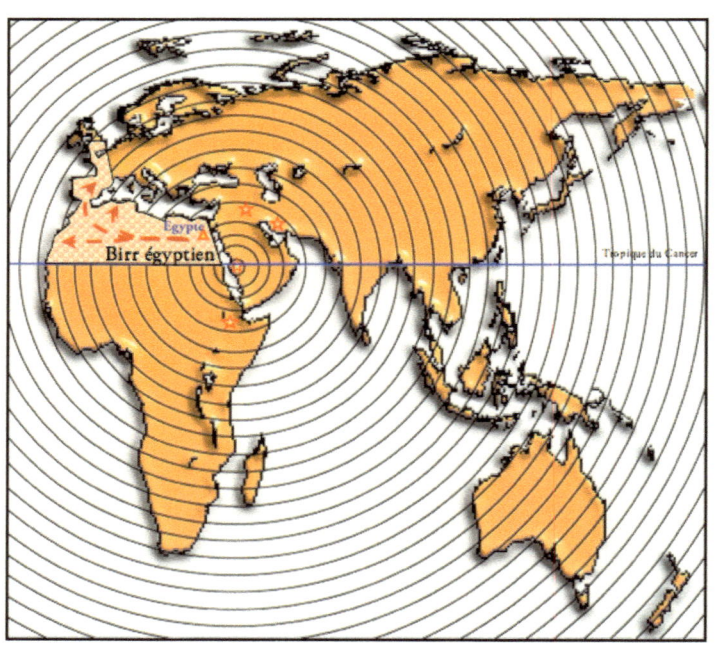

---

[98] NAS E. BOUTAMMINA, « Expansion de l'Homme sur la Terre depuis son origine par mouvement ondulatoire - Volume IV », Edit. BoD, Paris [France], novembre 2010, 2ᵉ édition juillet 2015

PROGRESSION MIGRATOIRE HUMAINE A PARTIR DU BIRR EGYPTIEN D'EST EN OUEST

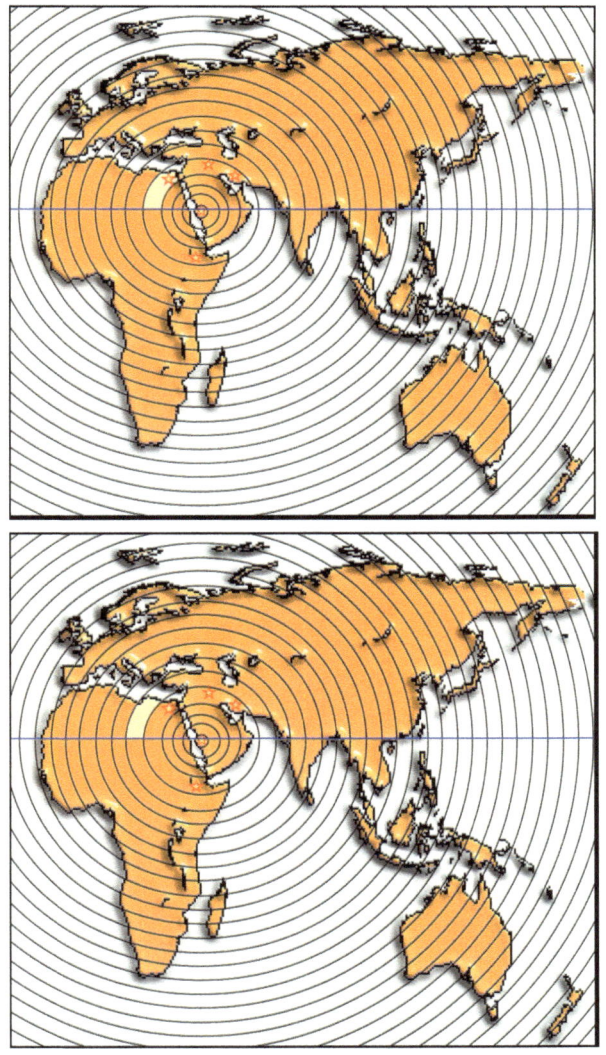

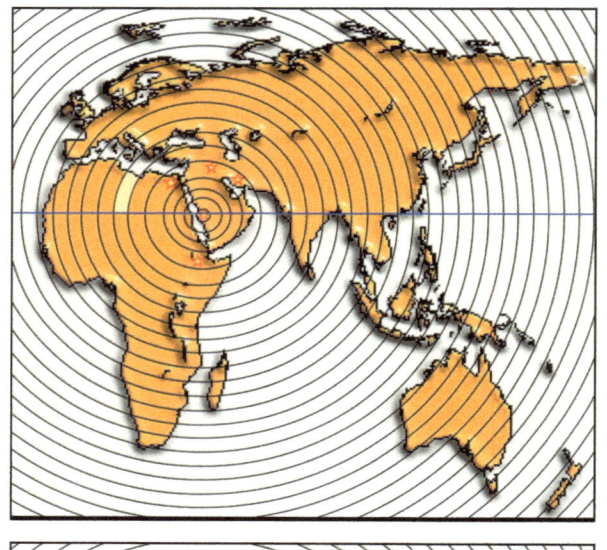

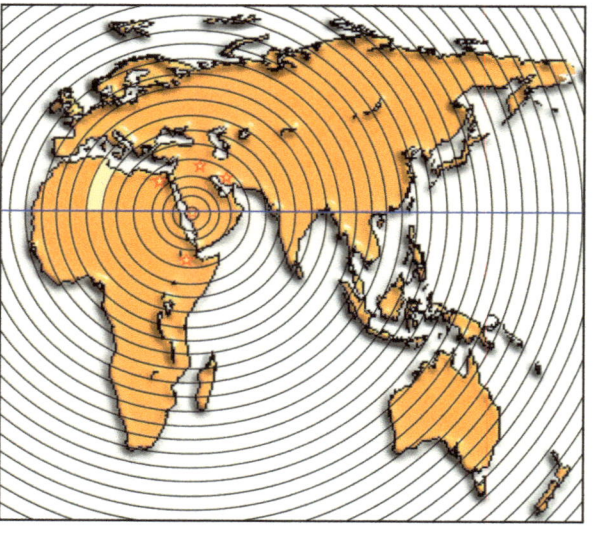

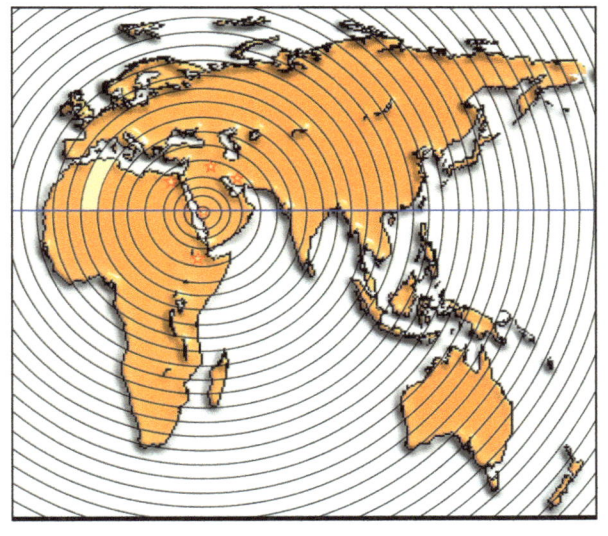

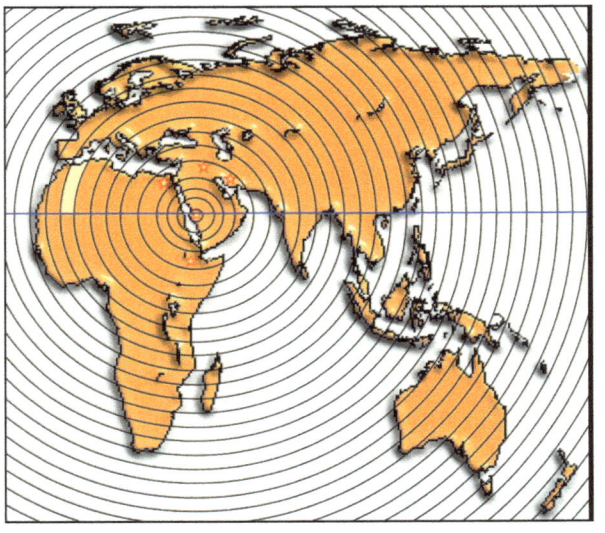

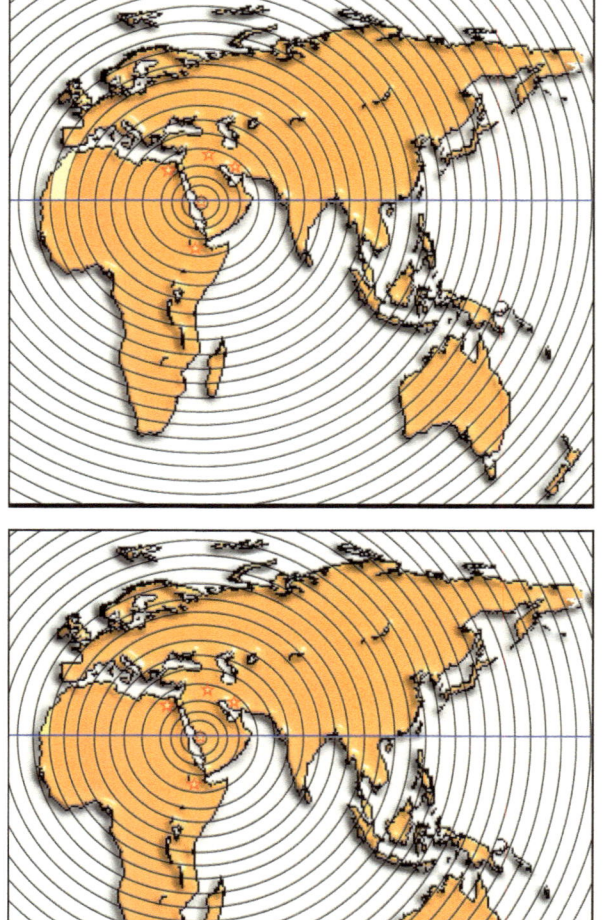

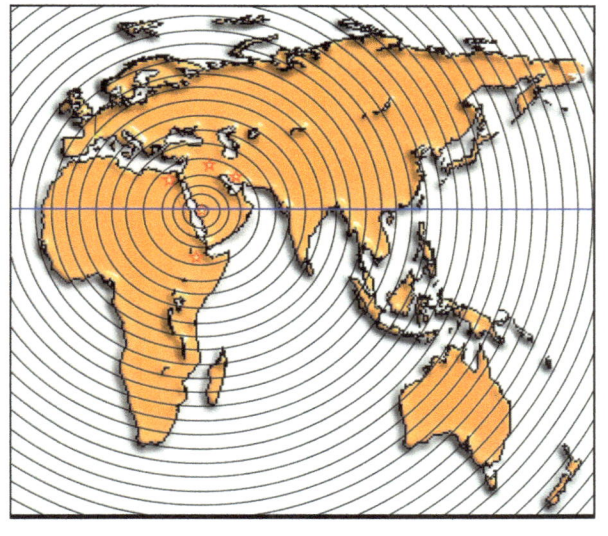
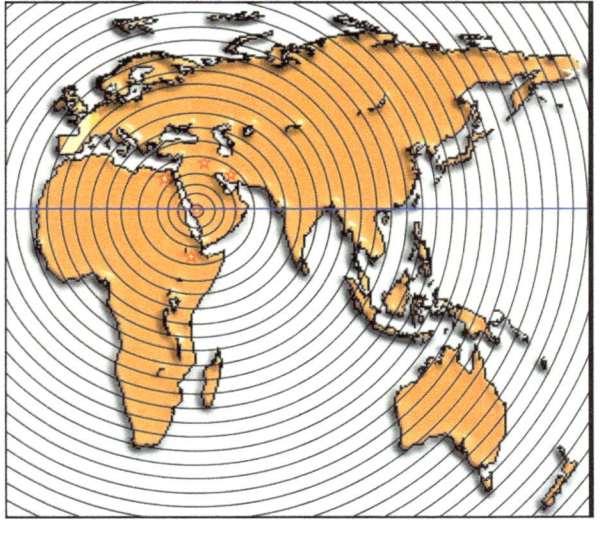

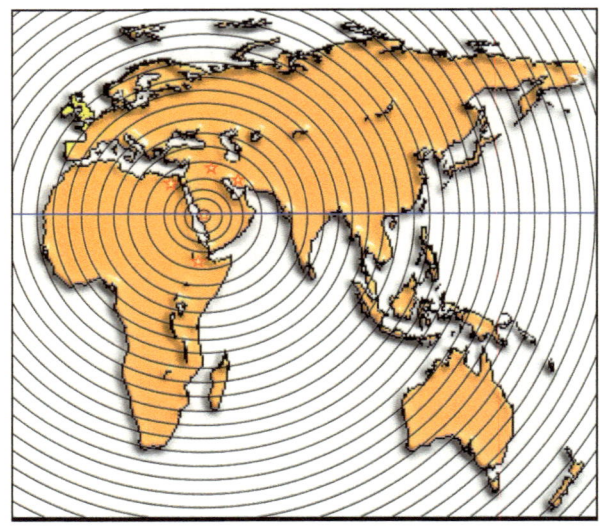

2 - Aspect linguistique et graphique des Berbères

a - Représentation graphique de la langue berbère

- *Ecriture libyque*[99]

Le *libyque* qui est connu aussi sous la dénomination de *paléoberbère* ou encore de *libyco-berbère* fut un ensemble d'idiomes parlés par les populations libyques, dans toute la Berbérie antique, et dont dériveraient le *berbère*[100].

Selon les spécialistes [paléographes, sémanticiens, linguistes], le libyque était une langue afro-asiatique et utilisait un alphabet

---

[99] Nas E. Boutammina, « Le Kaabaéen prototype des systèmes d'écriture » - Volume V », Edit. BoD, Paris [France], avril 2016, 2ᵉ édition mai 2016.
[100] A. Zali & A. Berthier, « Écriture libyco-berbère », in L'aventure des écritures, BNF & Réunion des musées nationaux, 2002.

strictement consonantique dérivé de l'alphabet punique, le libyco-berbère [ancêtre du tifinagh actuel, l'écriture touarègue]. Le libyque se définit donc comme une écriture caractéristique à configuration géométrique qui remonte, d'après les spécialistes à au moins 2 500 ans. Son aire de distribution s'étend de la Berbérie, c'est à dire de l'Atlantique à l'Egypte occidentale, incorporant l'archipel canarien au large des côtes marocaines, et de la Méditerranée au Sahel subsaharien. L'idiome est connu par plus d'un millier d'inscriptions répandues dans toute la Berbérie, depuis la Libye jusqu'aux îles Canaries, ces types d'alphabets sont les ancêtres des alphabets touaregs et du berbère actuel[101]. Un texte bilingue libyco-punique identifié par sa partie punique comme étant le monogramme d'un sanctuaire voué en 139 avant J.-C. à Massinissa[102] et découvert en 1904 sur le site de Dougga [nom actuel de l'antique Thugga, en Tunisie].

Un autre écrit bilingue datant sûrement de la même époque fut retrouvé à Dougga en 1631, fixée à un monument célèbre actuellement le « *mausolée d'Atban* ». Depuis 1852, cette inscription est conservée au British Museum. D'autres bilingues furent mis à jour en Algérie où le libyque est associé soit au punique soit au latin[103].

Cette écriture libyque a servi à noter les dialectes de cette contrée de Berbérie[104]. Elle est utilisée par les dynasties locales tout comme

---

[101] A. AÏT KACI, « Recherches sur l'ancêtre des alphabets libyco-berbères », *Libyan Studies,* 2007.
[102] Le nom de Massinissa a été retrouvé dans son tombeau à Cirta, l'actuelle Constantine.
G. CAMPS, « Aux origines de la Berbérie. Massinissa ou les débuts de l'histoire », Alger, Imprimerie officielle. 1961.
Les Massaesyles [ou Masaesyles] sont un peuple libyque, tout comme les Massyles, un autre peuple berbère qui vivait dans l'actuelle Algérie et une petite portion du nord du Maroc.
[103] G. CAMPS, « Recherches sur les plus anciennes inscriptions libyques de l'Afrique du Nord et du Sahara », in Bulletin archéologique du CTHS, 1977.
[104] M. J. AMADASI GUZZO, « Les inscriptions », *in* V. Krings, « La civilisation

par les simples particuliers, aussi bien pour les inscriptions officielles [dédicaces de temples, etc.] que pour les *épitaphes*[105]. Les documents retrouvés [texte bilingue de Dougga ou Thugga] montre que la direction de l'écriture s'effectue de droite vers la gauche. Les populations qu'on s'accorde à dénommer « Berbères » utilisaient cette écriture dans un même espace géographique[106]. Actuellement, le libyco-berbère se conçoit comme les diverses variantes provenant de l'écriture libyque antique ou archaïque, les inscriptions rupestres des époques intermédiaires indistinctes et les *tifinagh*, traits de l'écriture des Touaregs actuels. Ces derniers ont aussi tracé des inscriptions rupestres dans les régions sahariennes et subsahariennes [Sahara et Sahel] depuis une période imprécise et dont une grande partie provient des alphabets dont la valeur et le contenu linguistique pour un certain nombre d'entre eux est connu.

Le libyque appartient à l'aire linguistique des Berbères. Leur écriture est intimement apparentée à celle de l'Afrique septentrionale, utilisée par des populations contemporaines des *Carthaginois*[107], et à une période déjà antérieure de plusieurs siècles. L'aire de distribution de la langue berbère coïncide sans aucun doute avec celle de l'écriture.

- *Ecriture tifinagh*[108]

Ensemble de lettres figurant les phonèmes d'une langue utilisée par les autochtones de la Berbérie, le *tifinagh* [*tifinay*] ou libyco-berbère est un alphabet consonantique qui, depuis l'Antiquité, s'est

---

phénicienne et punique », Edit. Brill, Leyde/New-York/Cologne, 1995.
[105] J.B. CHABOT, « Punica », Reprits from the Collection University of Michigan Library, Michigan, 1918.
[106] Cette zone géographique qu'est l'Afrique du Nord ou Numidie est un espace surnommé par les Grecs « *Libye* », qui n'a rien à voir avec le pays de la Libye actuelle.
[107] *Stèle de Nora* avec mise en évidence de l'alphabet que les spécialistes ont estimé être phénicien [IXe-VIIIe siècles av. J.-C.].
[108] NAS E. BOUTAMMINA, « Le Kaabaéen prototype des systèmes d'écriture » - Volume V », Edit. BoD, Paris [France], avril 2016, 2ᵉ édition mai 2016.

éteint. Il fut cependant préservé exclusivement dans la sphère linguistique touarègue dans les parties centrale et méridionale du Sahara, jusqu'au début du XXe siècle. Cet alphabet a connu des transformations et des variations depuis son origine jusqu'à nos jours, évoluant du libyque antique ou archaïque jusqu'au « *néotifinagh* » utilisé actuellement[109].

L'étymologie du mot « *tifinagh* » se heurte à divers courants linguistiques. Pour les uns, comme l'ethnologue J. Servier[110] [1918-2000] le terme renvoie à une racine FNQ, rappelant l'origine phénicienne évidente de cet alphabet[111].

Pour d'autres, tels que J.-P. Maître, *tifinagh* est le pluriel de *tafineq* qui veut dire « *caractère d'écriture* » en touarègue. Par extension, *tifinagh* indique toutes les gravures et les peintures ainsi que les caractères alphabétiques. Dès lors, c'est ce dernier sens qui prévaut[112].

De caractère consonantique, tout comme le libyque, la direction de l'écriture tifinagh est de droite vers la gauche. Quant à son origine, pour les spécialistes, c'est le flou le plus total quoi que certains linguistes[113] avancent que quelques signes de l'alphabet libyque d'où

---

[109] Le *néotifinagh* a été réintroduit par les militants kabyles de l'*Académie berbère*, avant d'être pratiqué au Maroc. L'*Académie berbère* [*Agraw imazigen*] fut une association culturelle fondée en 1966 et établie à Paris. Elle s'est engagée dans la reconnaissance de l'identité et la culture berbère [amazighe] notamment et surtout en Grande Kabylie [Tizi-Ouzou]. L'Académie berbère présente un alphabet standard sur la base des tifinaghs répandus en Algérie et au Maroc. L'objectif étant de faire revivre une écriture ancienne de plusieurs millénaires, et de consigner l'ensemble des dialectes berbères.
[110] J. SERVIER, « Tradition et civilisation berbères », Le Rocher, 1985.
[111] J. SERVIER, « Les Portes de l'année. Rites et symboles, l'Algérie dans la tradition méditerranéenne », Edition abrégée, Paris, Robert Laffont, 1962 [édition complète : Tradition et civilisation berbères, Monaco, Éditions du Rocher, 1985].
[112] J.-P. MAITRE, « Contribution à la préhistoire de l'Ahaggar, Tefedest central ». Préface de G. Camps, Edit. Arts et métiers graphiques, Paris, 1971.
[113] S. TAKLIT, « L'alphabet latin serait-il d'origine berbère ? », Edit. L'Harmattan, 2004.

provient le tifinagh remonteraient au *capsien*[114]. Le *tifinagh saharien*[115] est un alphabet *touareg archaïque*. Les modalités du passage entre le libyque et le tifinagh saharien demeurent inconnues. L'unique certitude provient d'une inscription qui indique une date, celle du temple du roi berbère Massinissa qui attribue la construction du temple à l'an 10 du règne de ce roi en 193 avant notre ère. À part quelques rares emplois pour la notation de textes, l'utilisation des tifinaghs touaregs se circonscrivent généralement à des inscriptions à type décoratif sur des objets [bijoux, armes, tapis, ustensiles, etc.], pour de courtes proclamations, épitaphes, etc.

b - Berbère - ibère - Celtibère - Europe occidentale[116]

D'après les spécialistes [paléographes, sémanticiens, linguistes], les Ibères sont un peuple d'origine inconnue que les *Ligures*[117], les Celtes[118], les Phéniciens, les Grecs et les Romains trouvèrent établis dans la péninsule hispanique et la Gaule méridionale. Selon ces

---

S. MULAZZANI, « Le Capsien de Hergla [Tunisie]. Culture, Environnement et économie », Edit. Africa Magna Verlag, 2013.

M. REYGASSE & M. LATAPIE, « Note sur les escargotières de la région de Tebessa ». In Bulletin de la Sté de Préhistoire de France. t. IX, 1912.

[114] *Capsien*. Il s'agit d'une culture de l'Épipaléolithique de Berbérie. Il doit son nom à la ville de Gafsa [sud-ouest de la Tunisie], autrefois nommée *Capsa*, près de laquelle fut découvert le site d'El-Mekta. Le Capsien dure d'environ 8 500 av. J.-C. à 5 400 av. J.-C. L'un des éléments culturels originaux du Capsien est la réalisation de gravures sur œufs d'autruche.

[115] La valeur des signes a été révélée par le missionnaire et linguiste C. DE FOUCAULD [1858-1916].

C. DE FOUCAULD, « Dictionnaire abrégé touareg-français [dialecte de l'Ahaggar], Edit. René Basset, Alger, Carbonnel, 2 tomes. 1918-1920.

[116] J. CEJADOR Y FRANCA, « Alphabet et inscription ibériques », Edit. PUF, Paris, 1929.

[117] *Ligures*. Selon les spécialistes, il s'agit d'un peuple qui a envahi l'Europe occidentale à l'époque protohistorique et qui habitait au VIe siècle avant J.-C. le sud-est de la Gaule et le nord-ouest de l'Italie.

[118] *Celtes*. Selon les spécialistes, ce sont d'anciens peuples, originaires du Haut-Danube, qui émigrèrent fréquemment en Europe occidentale aux IIe et Ier millénaires avant J.-C.

auteurs, les Ibères sont de ce fait, à ce que l'on en sait, le plus ancien des anciens peuples de l'Europe occidentale dont le nom soit resté ; et avant les périodes historiques, ils occupaient, hors des limites que l'Antiquité classique leur attribue, non seulement l'Espagne, le Portugal et la France méridionale, mais encore toute la Gaule, l'Italie et probablement la Grande-Bretagne.

En fait, les Ibères sont issus du groupe berbère qui est issu du Birr égyptien [119]. L'écriture ibérique est utilisée sur des textes épigraphiques[120] [Serrata près d'Alcoy] gravés sur la pierre, des objets en métal, sur des poteries, etc. On les retrouve dispersés dans toute la péninsule ibérique[121].

Le sens de l'écriture est de droite vers la gauche particulièrement dans la région méridionale de la péninsule. L'écriture ibérique dite méridionale ou sud-orientale[122] est une écriture paléo-hispanique très similaire, tant par l'aspect des signes que par sa valeur à l'écriture du Sud-Ouest, et à l'écriture ibérique nord-orientale.

Ce qui indique un sens de distribution géographique du Sud vers le Nord de cette langue en relation avec le processus migratoire de ce peuple en provenance de Berbérie.

Ecriture paléo-hispanique. L'écriture *celtibère* [ou *hispano-celtique*] est une continuité directe de l'écriture *ibérique nord-orientale* aux spécificités du dialecte celtibère. L'écriture celtibère se présente en deux variantes, l'une orientale, et l'autre occidentale. Ainsi,

---

[119] NAS E. BOUTAMMINA, « Expansion de l'Homme sur la Terre depuis son origine par mouvement ondulatoire - Volume IV », Edit. BoD, Paris [France], juillet 2015. 2ᵉ édition.
[120] M. GOMEZ MORENO, « De epigrafia iberica : El pleno de Alcoy », Revista de fililogia espanola, Madrid, 1922.
[121] J. RODRIGUEZ RAMOS, « La escritura ibérica meridional », Zephyrus 55, 2002.
[122] JAVIER DE HOZ, « El desarrollo de la escritura y las lenguas de la zona meridional », *Tartessos*, 1989.

le *celtibère* [123] est une langue celtique morte, usitée par les Celtibères dans le centre de l'Espagne avant et durant l'avènement de l'Empire romain. Très peu de traces demeure du celtibère, qui est attesté dans quelques toponymes [noms de lieux, de localités] préromains de la péninsule ibérique ayant subsisté assez longtemps pour qu'ils paraissent dans des documents écrits ; par quelques inscriptions en écriture celtibère sur des supports variés : plaques de bronze ou de plomb, monnaies d'argent et de bronze, plaques de bronze[124], céramiques vernies noires, amphores, plaques de pierre, etc. L'écriture celtibère, de même que son modèle d'origine, s'écrit de droite à gauche. Les spécialistes [paléographes, sémanticiens, linguistes] ne sont toujours pas parvenus à traduire les écrits ibériques.

C - *Principales populations en Berbérie au XIe siècle*[125]

1 - En Tunisie

Le nord-est de cette province obéit à la tribu des *Zirides de Kairouan*. Le *Djerid* est, en partie sous l'influence des *Beni-Khazroun* de Tripoli. Les *Nefzaoua* quelques restes des *Ifrene* occupent l'intérieur du pays. A ces tribus il faut joindre des *Laouta* et *Houra*. Ces berbères sont fractionnés et appauvris par suite des guerres incessantes qu'ils ont supportées. A Kairouan, se trouve toujours une petite colonie arabophone [Egyptiens, Syriens]. Des groupes de *Ketama* et de *Sanhadja* sont établis aux environs de Tunis, et de Kairouan.

---

[123] J. DE HOZ, « La lengua y la escritura celtibéricas, *Celtiberos. Tras la estela de Numancia* », 2005.

[124] Bronze de Botorrita III est une plaque de bronze découverte en 1979 à Botorrita [Contrebia Belaisca - Espagne]. Il s'agit de la troisième plaque des plaques de Botorrita.

[125] E. MERCIER, « Histoire de l'Afrique septentrionale (Berbérie) depuis les temps les plus reculés jusqu'à la conquête française (1830) », Tome second, Editions Ernest Leroux, Paris 1868.

2 - Dans la province du Constantinois

Cette vaste région obéit presque en entier aux *Hammadites* de la *Kalaa*. Des *Nefzaouz* sont répandus dans l'est de la province ; une de leurs fractions, celle des *Oulhaça*, est établie non loin de Annaba [Algérie]. Des *Houara et Louata* sont cantonnés sur les versants septentrionaux de l'Aourès [Aurès[126] - Algérie], jusque vers Tebessa [Est de l'Algérie].

Les *Aoureba et Djeraoua* ont disparu ; les *Ifrene* se sont fondus dans les autres populations. Les *Rirha*, fraction des *Maghraoua*, occupent la région située au midi de l'Aourès [Aurès] avec les *Ouargla*. Les *Ouacine* [*Zenètes*] se sont avancés vers le nord-ouest ; les *Abd-el-Ouad*, une de leurs fractions, commencent à descendre de l'Aourès [Aurès].

Les *Ketama* ont vu leur périmètre se resserrer ; ils occupent cependant encore la vaste région comprise entre Constantine, Collo, Bougie [Bejaïa] et Sétif. Une de leurs fractions, celle des *Sedouikch*, occupe les environs de Constantine et la plaine qui s'étend de cette ville à Sétif.

3 - Dans la Berbérie centrale

Les *Hammadites* de la *Kalaa* y exercent encore leur autorité jusque vers le méridien d'Oran. Les *Zouaoua* et *Sanhadja* occupent tout le Tell compris entre Bougie, Tenès et les hauts plateaux. Un groupe de *Maghraoua* [*Beni-bou-Saïd*, etc.] est établi dans les montagnes des environs de Tenès [Dahra].

Les *Ouemannou* et *Iloumene* se sont étendus sur les deux rives du

---

[126] *Aurès*. C'est une région montagneuse située au Nord-Est de l'Algérie, caractérisée à la fois par sa riche histoire, son relief essentiellemlent montagneux et par son peuplement traditionnel, le groupe berbérophone des Chaouis. Son aire culturelle s'étend jusqu'à la partie de l'Ouest de la Tunisie.

Chélif et jusqu'auprès d'Oran, en refoulant devant eux les *Beni-Falene* [*Mediouna, Koumïa, Marhila*, etc.], qui se sont groupés au nord et à l'ouest de Tlemcen. Les *Houara* et *Louata*, venus avec les *Rostemides* [*Banu Rustam*], occupent les environs de Tiharet avec les débris des *Lemaï* et *Malmala* [*Beni-Falene*]. Tous professent, plus ou moins ouvertement, le *kharidjisme*[127].

Les *Ouadjeidjene* et *Ouarhmert* sont toujours dans les montagnes des environs du Hodna ; auprès d'eux les *Demmer*. Les *Sindjas* et *Larhouate* [*Maghraoua*] occupent les régions méridionales des hauts plateaux; les *Rached* sont établis sur la montagne à laquelle ils ont donné leur nom, le *Djebel-Rached*, appelé maintenant Djebel-Amour.

Les *Toudjine* touchent le mont Ouarsenis ; les *beni-Merine* s'étendent vers l'ouest dans le Sahara, jusqu'auprès des sources de la Moulouya. Les *Mezab* [*Mzab*] sont au milieu des *Larhouate*. Les *Ournid*, très réduits en nombre, ont été repoussés jusqu'auprès de Tlemcen. Les *Ifrene*, sous le commandement des Beni-Yala, leurs chefs, règnent sur Tlemcen et dans les environs. Les *Irnüane* ont été refoulés jusque vers Sidjilmassa [Sijilmassa].

4 - Dans la Berbérie extrême

Une anarchie complète règne dans la Berbérie extrême. *Les Maghroua, Ifrene et Miknaça* s'y disputent le pouvoir. L'influence de l'Espagne a disparu par suite de la chute du Califat berbère. A Tanger, commandent les *Edrisides-Hammoudites* et, à Sidjilmassa, règnent les *Beniouanoudine-ben-Khazroun*, dont l'autorité s'étend sur toute la vallée de la Moulouya [fleuve].

Sauf l'établissement des *Maghroua* à Fès et à Sidjilmassa, celui des

---

[127] *Kharidjisme* [ou *Kharijisme*]. Il s'agit d'une branche de l'Islam née lors de l'arbitrage entre Ali et Muawiya à l'issue de la *bataille de Siffin* qui les avaient opposés en 657. Avec le *sunnisme*, majoritaire, et le *Chiisme*, c'est la troisième branche. Ses adeptes sont les *kharidjites*.

Beni-Ifrene à Salé, et le refoulement des *Miknaça*, la population de la Berbérie extrême n'a pas subi de grandes modifications. Les *Masmouda* de l'Atlas acquièrent chaque jour de la puissance. Les *Hentata* les avoisinent, ayant eux-mêmes, au sud, dans les provinces du Sous et du Deraa, les *Guezoula* et *lamta*. Les *Berghouata*, chez lesquels domine toujours le schisme de Younos, vivent dans l'indépendance.

5 - Dans le grand désert

Les *Sanhadja-au-Litham* [voile] et spécialement les fractions de *Lemtouna, Messoufa, Guedala* et *Targa,* semblent se préparer à un mouvement d'expansion les poussant vers le nord.

IV - Pharaons berbères maîtres de l'Egypte antique

Les Libyens ou Libyques sont les peuples autochtones, plus généralement connus sous le nom de *Berbères*, habitants de la Berbérie avant l'arrivée des Phéniciens. Le terme Libyens caractérise les habitants de la Libye antique, avant que ce mot ne soit employé pour définir les habitants de l'actuel État de Libye.

Le terme « *libyen* » ou « *libyque* » est attaché au nom de l'ensemble de leur territoire, la *Libye antique*, se déployait de la rive gauche du Nil à l'océan Atlantique [Berbérie]. Le mot *Libye* [en grec *Libyē*] résulte du nom d'une confédération berbère établie en *Cyrénaïque*[128] et dans le delta du Nil, connue sous le nom de *Libou*[129] ; le terme s'est progressivement étendu à tout le territoire berbère. Les Grecs et les Romains dénommaient la Berbérie « Libye » [130]. Privée de souveraineté centrale, l'Égypte voit apparaître des nouveaux groupes de population, les Berbères ou *Libyens*[131] qui s'installent à Bubastis [Tell Basta] vers -945 et dans le Fayoum.

---

[128] *Cyrénaïque*. Région traditionnelle de Libye dont le nom provient de la *Cyrénaïque antique*, province romaine établie autour de l'ancienne cité grecque de Cyrène.

[129] *Libou*. Le nom s'écrit également *Lebou* ou en égyptien ancien *Rebou* : *Rbw* ; en libyque ancien : *Lbw* ; en berbère : *Lebu*. Il s'agit d'une ancienne confédération berbère ayant vécu en Libye antique, comme les Machouach [*Mšwš*]. Ils ont octroyé leur nom à la Libye [en grec *Libuè*], mot qui définit le territoire des Libyens, c'est à dire la Berbérie -de la Lybie actuel jusqu'à l'Atlantique. Les Libou ont joué un rôle significatif dans l'histoire de Égypte antique. Associés avec les Machouach parmi les assaillants du quatrième pharaon de la XIXe dynastie Mérenptah [-1213 à -1203] une partie d'entre eux s'introduit dans le delta occidental du Nil à la faveur du morcellement sous les XXIIᵉ et XXIIIᵉ dynasties. La peau très claire, les Libou étaient tantôt caractérisés par leur peau claire, tantôt par l'emploi de dialectes berbères, depuis l'Antiquité jusqu'aux philologues et historiens contemporains.

[130] « La Nubie », in Les Dossiers d'archéologie no 196, 1994.

[131] O. BATES, « The Eastern Libyans », Londres, 1914.

La XXIIe dynastie pharaonique est originaire de Libye, elle va s'installer à Bubastis, puis à Tanis, où les Rois qui la constitue vont faire ériger leurs tombeaux. Sous la XXIe dynastie [1070-945 av. J.-C.] les soldats Libyens devinrent un facteur politique essentiel. Ils avaient été incorporés dans l'armée Égyptienne et la police durant le Nouvel Empire [1540-1080 av. J.-C.].

Les militaires berbères [Libyens], les Machouach [ou *Meshwesh*], notamment, s'étaient établis dans le Delta du Nil et avaient progressivement étendu leur territoire jusqu'au Fayoum. Ils étaient détenteurs de la force armée du royaume, particulièrement les célèbres troupes de cavalerie. Ainsi, leurs chefs devinrent si puissants que l'un d'eux Sheshonq I, mis à profit l'anarchie où était le pays à la fin de la XXIe dynastie et prit le pouvoir à la mort de Psousennès II [959-945 av. J.-C.] de Tanis. Il s'imposa comme le nouveau Pharaon et fonda la XXIIe dynastie.

En 727 av. J.-C., la dynastie berbère verra encore la création d'un autre royaume à Saïs [branche Canopique du Nil dans le Delta occidental], celui de la XXIVe Dynastie. Désireux du soutien de tous les clergés, les Berbères [Libyens] respectèrent les principes religieux traditionnels égyptiens.

Ils poursuivirent également la politique monumentale en faveur des temples, spécialement à Abydos, Bubastis, Héliopolis, Tanis et Thèbes [Karnak]. Durant cette période on encouragea le développement de l'art du travail du bronze et de l'architecture. A titre d'exemple, voici quelques-uns d'entre eux.

1 - Psousennès II [m. 943 av. J.-C.]

Psousennès II [ou Pasebakhaienniout II], pharaon d'origine berbère [Libyen] de la XXIIIe dynastie qui régna de 818 à 715 av. J.-

C. [ou peut-être de -967 à -943 av. J.-C][132]. Peu d'informations existent sur ce souverain. Pour certains égyptologues et historiens, il fut vraisemblablement le fils du grand prêtre d'Amon ; pour d'autres[133], il serait le grand prêtre d'Amon, Psousennès III. Enfin, il est possible que Psousennès II ait été un roi local dans la région d'Abydos.

A propos des Berbères, sur les fresques du tombeau du pharaon Séthi Ier[134], on peut observer des représentations de quatre Libyens vêtus de longues robes colorées, affichant tatouages et plumes d'oiseaux sur la tête[135]. Les dessins de l'Égypte antique les montrent avec la peau blanche ; les Grecs et les Romains les décrivent comme ayant la peau claire, on évoque des Libyens aux yeux clairs et aux cheveux blonds. D'après les égyptologues, Psousennès II fit ériger son tombeau à Tanis [Djanet] dans la nécropole royale implantée dans l'enceinte du grand temple d'Amon. Cette tombe n'a jamais été retrouvée d'où la difficulté d'avoir de plus amples informations sur ce pharaon.

2 - Sheshonq I [m. 924 av. J.-C.][36]

Sous la XXIe dynastie, les Machouach, des Berbères qui s'étaient installés dans le delta du Nil aux alentours de Bubastis dès la XXe dynastie, avaient vers l'an 1000 av. J.-C. étendu graduellement leur territoire jusqu'au Fayoum. Ils disposaient la force armée du royaume

---

[132] A. M. DODSON, « Psoussenès II et Sheshonq I », in Journal of Egyptian Archaeology 79, Londres, 1993.
[133] J. VON BECKERATH, « Tanis und Theben, historische Grundlagen der Ramessidenzeit in Ägypten », n° 16, Ägyptologische Forschungen, J.J. Glückstadt, 1951.
[134] SETHI IER [ou *Séthy Ier*] est un pharaon d'Égypte de la XIXe dynastie qui régna de -1294 à -1279. Il est le fils du pharaon Ramsès Ier et père du pharaon Ramsès II.
[135] G. ROBINS, « Egyptian Painting and Relief », Shire Egyptology, Aylesbury, 1986.
[136] J. PIRENNE, « Histoire de la civilisation de l'Égypte ancienne », vol. 3, Neuchâtel, Éd. de la Baconnière, 1963.

[célèbres cavaleries] et leurs chefs devenus très puissants, gravirent peu à peu les échelons de la cour royale, détenant le titre de Grands chefs des *Ma* [*-chaouach*]. Le fils d'un des Machaouach, Sheshonq 1 [Chechonq ou encore Chechanq] parvient à s'unir à la famille royale offrant comme épouse à son fils Osorkon la propre fille de Psousennès II de Tanis. À la mort du roi, il devint pharaon et fonde la XXIIe dynastie qui occupera le pouvoir jusque vers -715. Sheshonq 1 reprend la politique d'entente cordiale avec ses voisins que ses prédécesseurs avaient entrepris.

Sheshonq Ier[137], pharaon berbère[138] fils d'un des chefs de la tribu des *Machaouach*[139], conquit la Palestine, et s'empare de Jérusalem. Il prend le pouvoir à la mort de son beau-père Psousennès II de Tanis et s'impose comme Pharaon en 945 av. J.-C. Il fonde la XXIIe dynastie [945 à 924 av. J.-C] qui va gouverner l'Égypte jusque vers 715 av. J.-C.[140].

La tribu des Machaouach [ou *Meshwesh*] sont les membres d'une confédération berbère [libyque], bien connue des Égyptiens. En effet, son nom figure sur la liste des peuples envahisseurs vaincus par le pharaon Mérenptah [ou Mineptah 1269/1262-1202 av. J.-C.] de la XIXe dynastie[141].

Au courant du XIe siècle av. J.-C., un groupe de la tribu des Machouach s'installe de manière pacifique dans le delta du Nil où elle

---

[137] D. AGUT & J. C. MORENO-GARCIA, « L'Égypte des pharaons - De Narmer à Dioclétien », Paris, Editions Belin, coll. « Mondes anciens », 2016.
[138] J. LECLANT & AL., « Le Monde égyptien : les pharaons », coll. L'Univers des formes, Gallimard, Paris, 1978-1980.
[139] B. LUGAN, « Histoire de l'Afrique du Nord : Des origines à nos jours », Editions du Rocher, Monaco, 2016.
[140] B. MIDANT-REYNES, « Préhistoire de l'Égypte, des premiers hommes aux premiers pharaons », Armand Colin, Paris, 1992.
[141] M. I. ALY, « Une stèle inédite du Sérapéum mentionnant le nom de Sheshonq Ier », in Bulletin de la Société d'égyptologie de Genève, n° 20, 1996.

établit une *chefferie*[142], autour de Bubastis [Tell Basta]. Leurs dirigeants, les chefs des Machouach, gagnent en influence. Ils créent la XXIIe dynastie [945-v.-715 av. J.-C.], la XXIIIe dynastie [818-715 av. J.-C.]. Ces dynasties berbères sont nommées dynasties libyennes. Citons encore une autre confédération berbère, les *Libou*, qui a joué un rôle majeur dans l'Égypte antique.

Les origines de Sheshonq 1[143], et donc de la dynastie, nous sont connues grâce notamment à la stèle de Pasenhor ou de généalogie de Pasenhor. Ce document comporte une énumération établissant la généalogie de la dynastie, donnant aussi le nom et les qualités des épouses. Dès lors, les ancêtres du fondateur de la dynastie sont connus, confirmant que ces derniers gravitaient déjà à des postes à responsabilités importantes dès la fin de la dynastie précédente. Ils associaient des charges religieuses et militaires, héritant de père en fils de titres prestigieux à la cour tels que *père divin* et spécifiques à leur ethnie comme celui de grand chef des *Ma*. Finalement cette généalogie relie directement la lignée aux tribus libyennes[144].

Sheshonq 1 eut deux garçons avec ses épouse Karoma 1 et Pentreshmès : Osorkon 1, avec la première, qui lui succède et Nimlot 1, avec la deuxième, qu'il désigne comme roi d'Héracléopolis afin que celui-ci lui gère la Moyenne-Égypte. Dès le début de son règne, au niveau de la politique intérieure du royaume, Sheshonq 1 initie son autorité de contrôle sur les pharaons tanites et les grands prêtres d'Amon de Thèbes[145].

---

[142] *Chefferie*. Entité politique et administrative sur un territoire limité, soumise à la domination d'un chef dont l'autorité ne s'appuit plus seulement sur la parenté [à la différence du clan], mais aussi sur le prestige, le sacré, etc.
[143] G. CAMPS, « Aux origines de la Berbérie. Massinissa ou les débuts de l'histoire », Alger, Imprimerie officielle. 1961.
[144] N. GRIMAL, « Histoire de l'Égypte ancienne », Editions Fayard, Paris, 1995.
[145] **J. PIRENNE** & **A. MEKHITARIAN**, « Histoire de la civilisation de l'Égypte ancienne, vol. 3 », Éditions de la Baconnière, Neuchâtel, 1963 - A. Michel, Paris, 1963.

En nommant Nimlot 1, un de ses fils, comme roi de Hérakléopolis ayant autorité sur la Moyenne-Égypte et deux autres de ses fils à la tête du clergé thébain, Sheshonq 1 arrive à rassembler sous l'autorité de son clan l'unité des Deux Terres. Il s'encadre alors de gens qui lui étant entièrement dévoués, qu'il installe à des postes stratégiques, consolidant de ce fait la puissance royale et l'emprise sur les terres du royaume. Cette réorganisation territoriale est distribuée entre les princes Libyens ; tous les membres de la famille sont placés ainsi à des postes clés et perçoivent ces terres comme *fiefs*[146]. Assuré d'une stabilité reconnue de son royaume, Sheshonq 1 reprend la politique d'expansion. A l'est, avec ses armées constituées d'Égyptiens, de Libyens et de Nubiens il reconquiert la Palestine, le Liban jusqu'en Syrie. Enfin, vers l'ouest il annexe les grandes oasis du désert Libyque, gagnant de ce fait de nouvelles terres et une nouvelle source de revenus [blé, denrées alimentaires diverses, etc.].

Le règne de Sheshonq Ier[147] apporta un certain renouveau dans la construction de monument. Son activité de bâtisseur fut importante ; on trouve la trace du souverain à Bubastis, à Éléphantine, à Memphis, à Thèbes, etc. Dans tous ces endroits des temples furent embellis et agrandis. Sheshonq 1 succomba après un règne de 21 ans mais à ce jour aucune trace n'a été trouvée indiquant l'endroit de sa sépulture.

3 - Osorkon 1 [924-890 av. J.-C.][148]

Deuxième Pharaon de la XXIIe dynastie[149], fils du roi Sheshonq I, Osorkon Ier régna de 924 à 890 av. J.-C., c'est à dire plus d'une

---

[146] *Fief.* Terre, plus rarement droit, fonction, revenu concédé par un seigneur à un vassal en échange d'obligations de fidélité mutuelle, de protection de la part du seigneur, de services de la part du vassal.
[147] R. A. FAZZINI, « Egypt Dynasty XXII to XXV », E.J.Brill, Leiden, New York, 1988.
[148] M. SIEFF, « The Libyans in Egypt : Resolving the third intermediate period », Catastrophism & Ancient History, Los Angeles, 1986.
[149] R. A. FAZZINI, « Egypt Dynasty XXII to XXV », E.J.Brill, Leiden, New York, 1988.

trentaine d'années d'après la majorité des spécialistes. En effet, il décéda pendant la corégence, la célébration de deux fêtes *Sed* [ou *Heb-Sed*][150], jubilé célébré traditionnellement à partir de la 30e année de règne d'un Pharaon, puis tous les 3 ans.

Osorkon I maintint l'ordre instauré par son père en composant avec le clergé d'Amon à Thèbes. Bien qu'il fît d'amples donations, celui-ci reconnaissait timidement cette dynastie berbère[151].

Le règne Osorkon I fut une période de prospérité et de stabilité économique. Le Pharaon entretint de bonnes relations diplomatiques et commerciales avec la Phénicie que relate une inscription sur une de ses statues offerte au Roi Elibaal [v.930-v.920 av. J.-C.] de Byblos.

---

[150] La *fête Sed* [ou Heb-Sed] fut la fête de jubilé célébrée généralement à partir de la 30e année de règne d'un Roi ou d'un Pharaon. Cette tradition commença avec les premières dynasties [Roi Pépi I [2289-2255 av. J.-C.] et se poursuivit au moins jusqu'à la XXIIe dynastie. Le Pharaon Osorkon I [924-890 av. J.-C.] en aurait fêté deux fois. L'origine de cette usage était un rite de régénération royal. L'omniprésence du Dieu chasseur Oupouaout, jadis nommé Sed, confirmerait cette hypothèse mais de cette cérémonie les Prêtres n'ont laissé que peu de renseignements. Quoi qu'il en soit, les plus anciennes représentations remontent à la Période Prédynastique [v.3500-v.3150 av. J.-C.], ainsi que sur les bas-reliefs du temple funéraire de Niouserrê-Ini [2430-2399 av. J.-C. - Ve dynastie] à Abou Ghorab et par le Pharaon Osorkon I, dans le temple de Bastet, à Bubastis ; enfin sur une des parois de la tombe de Khérouef, *Majordome* de la Reine Tiyi I, épouse d'Amenhotep III [1390-1353 av. J.-C.]. Après la trentième année de règne, cette cérémonie avait des vertus régénératrices. À partir de cette date, elle était fêtée régulièrement tous les trois ans. Au-delà du rôle de jubilé, la fête Sed était une cérémonie régénératrice que le souverain organisait pour indiquer à son peuple qu'il était capable de diriger encore le pays. La fonction essentielle du rite de la fête Sed fut l'érection du pilier *djed*, qui symbolisait le Dieu Osiris lors de sa résurrection. Le Dieu Seth, son meurtrier, ayant renversé ce pilier mythique, le Roi ou le Pharaon se devait de le redresser.
I. SHAW, « Ancient egyptian technology and innovation : Transformations in pharaonic material culture », Bristol Classic Press, London, 2012.
[151] K. BAER, « The Libyan and Nubian Kings of Egypt : Notes on the chronology of dynasties XXII to XXVI », JNES [Journal of Near Eastern Studies - Journal des études proche-orientales - Chicago] 32, N° 1, 1973.

Osorkon I fut également un bâtisseur important à Abydos, à Bubastis [temple de Bastet. temple dédié à Atoum], à Teudjai en Moyenne-Égypte ; au Nord d'Hérakléopolis le Pharaon érigea une forteresse ; à Karnak [chapelle dédiée à Thot et Amon] et des constructions au Sud du lac sacré ; enfin à Memphis [chapelle dédiée à Bastet et Horus, extension du sanctuaire d'Isis et Hathor]. Osorkon I eut deux épouses dont la première, Maâtkarê fille de Psousennès II [959-945 av. J.-C.] duquel ils eurent deux fils dont Sheshonq II un Roi indépendant[152] dont le tombeau et son contenu furent retrouvés intacts, à Tanis. La deuxième Tashedkhonsou fut la fille du Grand Prêtre de Ptah donna trois enfants à Osorkon I : Iouwelot [894-884 av. J.-C.], Grand Prêtre d'Amon à Thèbes, Smendès III [884-874 av. J.-C.] Grand Prêtre d'Amon à Thèbes, Takélot I qui succèdera à son demi-frère Sheshonq III de 889 à 874 comme Pharaon[153].

4 - *Sheshonq II [m. 885 av.J.-C.]*

Sheshonq II [ou Chéchonq] est le troisième pharaon de la XXIIe dynastie[154]. Il régna de 890 à 889 av. J.-C. Il fut Grand Prêtre d'Amon et roi[155] comme indiqué par le contenu de son tombeau découvert intact à Tanis[156]. Il fixa sa résidence à Bubastis.

---

[152] J. VON BECKERATH, « Tanis und Theben, historische grundlagen der ramessidenzeit in Ägypten », Éditeur inconnu, München, 1948 - Ägyptologische forschungen 16, J.J. Glückstadt, Glückstadt New York, 1951.
[153] F. PAYRAUDEAU, « De nouvelles annales sacerdotales de Siamon, Psousennès II et Osorkon Ier », BIFAO [Bulletin de l'Institut Français d'Archéologie Orientale - Le Caire] 108, Le Caire, 2008.
[154] K. A. KITCHEN, « The third intermediate period in Egypt (1100-650 BC) », 3rd Éd. Warminster : Aris & Phillips Limited, Warminster, 1996.
[155] J. VON BECKERATH, « Chronologic des pharaonischen Ägypten : Die eitbestimmung der ägyptischen geschichte von der Vorzeit bis 332v. Chr. », Münchener Universitätsschriften, MÄS 46, Philipp von Zabern, Mainz, Janvier 1997.
[156] R. KRAUSS, E. HORNUNG & D. WARBURTON, « Ancient egyptian chronology », Collection : Handbook of Oriental Studies : Section 1, the Near & Middle Eastéd, Brill Academic Pubishers, Leiden, Décembre 2005 et Octobre 2006.

Les égyptologues possèdent très peu de données sur le règne de ce pharaon. Sheshonq II fut inhumé dans l'antichambre du tombeau de Psousennès I [1043-1091]. L'examen de sa momie paraît indiquer qu'il serait mort à une cinquantaine d'années à la suite d'une septicémie due à un traumatisme au crâne.

Son tombeau[157] renfermait, entre autre, un riche équipement funéraire, deux bracelets, un pectoral en or paré de pierreries semi-précieuses, un masque funéraire en or, un sarcophage en argent, de la vaisselle en métal précieux, des amulettes et divers objets précieux.

5 - Takélot I [m. 872 av. J.-C.]

Takélot I est quatrième Pharaon de la XXIIe dynastie. Son règne dura de 889 à 874 av. J.-C. Fils d'Osorkon I et de la Reine Tashedkhonsou, il s'agit d'un roi très difficile à cerner, dont peu de chose nous soit parvenu.

Les égyptologues[158] lui attribuent plusieurs documents qui indiquaient un Roi Takélot en Basse-Égypte, et qui avant avaient été indûment attribués à Takélot II.

Il y a eu longtemps confusion entre Takélot I et Takélot II car ils ont usé tous deux le même patronyme royal. La détérioration de l'unité du pays et la situation politique entraina la fin du règne de Takélot I et déboucha sur la contestation de son autorité en Haute-Égypte par le Grand Prêtre d'Amon à Thèbes fils de Sheshonq II, Harsiesi I [874-860].

Takélot I n'a laissé aucun monument conforté par le fait que le pharaon fut inhumé à Tanis dans le tombeau de son fils Osorkon II

---

[157] P. MONTET, « Lettres de Tanis, 1939-1940, la découverte des trésors royaux », Éditions du Rocher, Monaco, (posthume) 1998.
[158] R. KRAUSS, E. HORNUNG & D. WARBURTON, « Ancient egyptian chronology », Collection : Handbook of Oriental Studies : Section 1, the Near & Middle Eastéd, Brill Academic Pubishers, Leiden, Décembre 2005 et Octobre 2006.

où furent découverts des objets funéraires[159], à savoir un bracelet en or et un vase d'albâtre[160].

Takélot I n'a qu'une épouse attestée, Kapes connue grâce à la stèle de Pasenhor découverte au Sérapéum de Saqqarah. De ses origines, elle appartenait à l'un des clans berbères qui se répartissaient le pays à cette époque. Le lieu de sépulture de la souveraine demeure inconnu à l'instar de presque tous les tombeaux des Reines de cette dynastie. Selon l'avis des spécialistes, elle eut un ou deux enfants avec Takélot I : un fils, Osorkon II qui succéda à son père de 874 à 850 et une fille, Karoma II Méritmout.

6 - Osorkon II [m. 837 av. J.-C.]

Cinquième pharaon de la XXIIe dynastie, Osorkon II établit son règne de 874 à 850 av. J.-C. Le début de sa souveraineté montre un redressement du pouvoir royal en Haute-Égypte que son père avait entièrement perdu.

Osorkon II installa ses fils aux fonctions stratégiques du pays afin de consolider son pouvoir. Pourtant, sous la pression, il décréta qu'il reconnaît un statut de principauté autonome à la ville de Thèbes et consentit à ce que son cousin Harsiesi I [règne de 874 à 860] succéda à son père Sheshonq II à la charge de Grand Prêtre d'Amon. Cette concession diminua l'autorité du Pharaon, parce qu'en 870, Harsiesi I s'autoproclama Roi de Thèbes.

Osorkon II s'aperçut que ce contre pouvoir était néfaste pour la royauté et son autorité. En 855, à la mort du fils et successeur d'Harsiesi I, il s'assura à ce que ce type de problème ne puisse se reproduire ; il désigna son propre fils Nimlot II comme Grand Prêtre d'Amon à Thèbes.

---

[159] K. JANSEN-WINKELN, « Bemerkungen zur Stele des Merer in Krakau », The Journal of Egyptian Archaeology, 1988.
[160] Musée du Caire : JE 72199 & JE 86962.

En politique étrangère, le pharaon signa le traité d'alliance avec Byblos qui fut sous la menace de l'expansion des Rois d'Assyrie, Assur-Nasirpal II [m. 859 av. J.-C.] et son fils Salmanasar III [m. 823 av. J.-C.]. Cette intervention égyptienne arrêta pour un temps l'expansion assyrienne en Canaan.

L'action d'Osorkon II en tant que bâtisseur fut néanmoins conséquente surtout à Memphis, Tanis, Bubastis, Éléphantine et Léontopolis. Le Pharaon fut inhumé à Tanis dans le complexe du temple d'Amon[161]. Osorkon II avait quatre épouses et il eut plusieurs enfants dont Takélot II, Nimlot II, Sheshonq III.

7 - *Autres pharaons et rois berbères de la XXIIe dynastie*

PHARAON & ROI	PERIODE DU REGNE [AV. J.C.]
Harsiesi I	870-860
Takélot II	850-825
Sheshonq III ou Chechanq III	825-773
Pamy ou Pamai ou Pimay	773-767
Sheshonq V ou Chechanq V	767-730
Osorkon IV	730-715

---

[161] Tombeau NRT I entièrement pillé découvert en 1939 par l'égyptologue P. Montet.
P. MONTET, « Lettres de Tanis, 1939-1940, la découverte des trésors royaux », Éditions du Rocher, Monaco, 1998.

V - Rois de Berbérie

1 - Gaïa [m. 206 av. J.-C.][62]

Gaïa [ou Gaya][163] né à Aïn Fakroun[164] [Algérie], il est le dernier roi de la Numidie orientale des Massyles avant sa réunification avec la Numidie occidentale par son fils Massinissa.

Les spécialistes présentent Gaïa comme étant probablement l'une des plus ancienne personnalité historique berbère connue. Vers 260 avant J.-C., Gaia devint roi berbère héritier du royaume de Massylie. Souverain d'un petit territoire établi entre Carthage à l'Est et la Massæsylie à l'Ouest, les Massyles s'imposent militairement sous la férule du roi Gaia.

Gaïa affronte les Carthaginois et ses coreligionnaires berbères Massæsyles [ou Massaesyles] dirigés par le roi Syphax I. Il conquit la ville de Hippo Regius [ou Hippone - Annaba à l'est de l'Algérie] et en fait sa capitale. De là, les victoires se succèdent et il finit par contrôler un royaume s'étendant de Collo [à l'ouest de Skikda - Algérie] jusqu'a l'Ouest de Carthage [Kroumiri - Frontière entre la Tunisie et l'Algérie] et jusqu'au piémont[165] des Aurès.

Gaïa accepta un traité de paix avec les Carthaginois en lutte contre les Romains. Pour honorer ce pacte, il dépêcha à Carthage son fils ainé et héritier Massinissa en tant que garant ; en contrepartie ces derniers font de même avec le fils d'un chef Carthaginois. Gaïa les soutiendra dans leur défense face aux Romains.

---

[162] A. BERTHIER, « La Numidie : Rome et le Maghreb », Edit. Picard, Paris, 1981.
[163] G. CAMPS, « Gaia », *Encyclopédie berbère*, n° 19, 1ᵉʳ juin 2011.
[164] *Aïn Fakroun*. Commune d'Algérie située dans la wilaya de Oum El Bouaghi.
[165] *Piémont*. Zone de plaines et de collines située au pied d'un ensemble montagneux et résultant de l'accumulation de matériaux détritiques, alluvions en particulier.

Gaïa garantit la paix à ses frontières à l'Est et mit son énergie à combattre les Massæsyles du roi Syphax I dont le Royaume s'étendait de Collo jusqu'au fleuve Moulouya [frontière Algéro-Marocaine]. Gaïa se consacrera à bâtir un Empire en commençant par à unifier le nord de l'actuel Algérie et en annexant tout les territoires des Massaesyles.

Dès lors, il s'allie avec Hasdrubal [vers 245-207 av. J.-C.][166], roi de l'Espagne actuel, et affronta Syphax I de l'Est et de l'Ouest. Finalement, son triomphe lui permit de rebaptiser son royaume en *Empire de Numidie*. C'est son successeur Massinissa qui reprend les rênes de cet Empire naissant, de finir les conquêtes et enfin d'unifier le futur Empire de Numidie.

2 - *Massinissa [238-148 av. J.-C.]*[167]

Nommé par les auteurs latins *Massinissa*, on retrouve sur les inscriptions punico-libyques de Cirta [actuelle Constantine - Algérie] le nom *Massinissan* [MSNSN] est le fils du roi Gaïa [GYY] et le premier roi de la *Numidie unifiée*[168]. Massinissa œuvra durant sa vie entière à la réunification des territoires annexés par Carthage depuis son établissement en Berbérie. Il contribua largement à la victoire de la *bataille de Zama*[169] à la tête de sa fameuse cavalerie numide[170].

---

[166] Hasdrubal Barca [Fils d'Hamilcar et frère d'Hannibal, entre dans l'histoire à la veille de la deuxième guerre punique. Il obtient en 218 av. J.-C. des navires et des troupes et se voit confier la responsabilité de protéger les possessions barcides d'Espagne. Le sud de la péninsule procure au corps expéditionnaire carthaginois d'Italie de l'or, du blé et des soldats. Il doit donc veiller à la fois sur l'intendance et le recrutement.

[167] M.-F. BRISELANCE, « Massinissa le berbère », Éd. M. N. Benferhat, Alger ; Edit. La Table ronde, Paris, 1990.

[168] C. COLONNA, « L'Algérie au temps des royaumes numides », Edit. Somogy, Paris, 2003.

[169] Dernier événement de la deuxième guerre punique, en 202 avant J.-C., la bataille de Zama octroie la victoire aux légions romaines de Publius Cornelius Scipion [235-183 av. J.-C.] sur les Carthaginois commandés par Hannibal.

Massinissa[171] grandit à Carthage et naturellement, il lutta contre les Romains en Espagne de 211 à 206 aux côtés des Carthaginois. En 206, comme Scipion l'Africain triompha contre les Carthaginois à la bataille d'Ilipa [Alcalá del Río, près de Séville - Espagne], Massinissa s'allie au côté de ce dernier afin d'envahir Carthage. Dans cette intervalle de temps, son père Gaïa décéda et c'est ainsi que les Romains soutinrent ses revendications au trône numide contre Syphax I, le roi des Massaesyles, allié des Carthaginois. Celui-ci réussit à évincer Massinissa[172] du pouvoir jusqu'à ce qu'en 204 Scipion l'Africain envahisse la Berbérie. Massinissa rallie l'armée romaine à la bataille des grandes plaines qui aboutit par la défaite carthaginoise et la capture de Syphax I. Grâce à sa célèbre cavalerie numide qui fut décisive dans la victoire de Scipion à Zama et qui a valut à ce dernier la dénomination d'« *Africain* » et qui mis fin en 201 à la deuxième guerre punique et à la suprématie de Carthage.

Suite à la défaite de Syphax I et des Carthaginois, Massinissa est roi des Massyles et des Massaesyles. Son entrée par surprise à Cirta, en 203, mit fin au royaume Massæsylie. Il fut bientôt le maître de tous les territoires situés entre la Moulouya et le territoire de Carthage correspondant au nord-est de l'actuelle Tunisie. Fort de son alliance avec Rome, son autorité en Berbérie est ainsi renforcée et il compte bien unir les tribus numides semi-nomades pour ériger un État puissant. C'est ainsi, qu'en 162, il annexa la région des *emporia des Syrtes* [Tripolitaine - Libye]. En 153, il rattacha à son royaume une grande partie du territoire carthaginois.

Les réalisations sociale et politique effectuées par Massinissa furent aussi importante que celles militaires. Il sédentarisa les populations numides afin qu'elles se consacrent à l'agriculture et à s'urbaniser ; il

---

[170] C. HAMDOUNE, « Massinissa, l'ami des Romains », in L'Histoire, 2018.
[171] E. STORM, « Massinissa : Numidien im Aufbruch », F. Steiner, Stuttgart, 2001.
[172] R. ELISSA-RHAIS, « Massinissa, le « Maître des cités » : épopée africaine », Entreprise algérienne de presse, Alger, 1988.

érigea un État numide puissant et le pourvut d'institutions, inspirées de celles de Rome et de Carthage. Il fit frapper une monnaie nationale et instaura une armée régulière et une flotte qu'il mit au service de ses alliés romains. Ce fut un souverain [roi - *aguellid*] aux qualités exceptionnelles qui se consacra à faire de la Berbérie un État unifié et indépendant. La Berbérie n'a jamais été aussi près de procéder à la réalisation d'une nation libre, de développer sa propre civilisation.

Le règne de Massinissa s'étendit à plus d'un demi-siècle et son œuvre fut considérable. Comme cela a été souligné, il entreprit de sédentariser ses sujets nomades et de les pousser à travailler la terre. C'est ainsi qu'il mit en valeur de vastes territoires, corollaire d'un accroissement de ressources du pays et par la même occasion asseoir son pouvoir. Ces programmes étaient, d'une part, la condition préalable pour un prélèvement d'impôts qui donneront les ressources financières essentielles à l'État qu'il projetait d'édifier. D'autre part, sachant que le nomadisme était la cause première de perpétuels rebellions et d'anarchies, le fait d'imposer la sédentarisation à ces populations qui seraient beaucoup plus enclines à approuver un pouvoir politique central. Finalement, ce projet fut concrétisé et cette société agricole se développa groupée dans des cités fortifiées : une véritable urbanisation s'est créée. Les villes reçurent des constitutions influencées par celles des cités puniques côtière et furent gouvernées par des *suffètes*[173]. C'est ainsi que Cirta [actuelle Constantine - Algérie] devint une capitale où furent bâtis des monuments.

Massinissa eut plusieurs épouses et de nombreux enfants [Mikusan ou Micipsa, Gulusan, Mastanabal, Masucan, etc.]. Bien qu'il fût un guerrier endurci, il accueillait à sa cour un grand nombre d'écrivains et d'artistes venus de divers pays. Il exhortait au savoir [littérature, arts, etc.] et pour exemple, ses enfants étudiaient à

---

[173] *Suffète*. Chacun des deux premiers magistrats de l'État punique dont le pouvoir correspondait à celui du consul à Rome.

l'étranger. Magnanime, Massinissa était un homme du pardon [Lacumazes, Meztul, protection de Sophonisbe].

Massinissa établit des relations diplomatiques avec les Romains sans jamais être leur vassal et, face à leurs ambitions impérialistes, il déclara, dans une expression restée célèbre : « *l'Afrique aux Africains* » ; ce qui signifiait que l'Afrique devait être en la possession exclusive des Africains, et non des étrangers, qu'ils fussent romains ou phéniciens. Il reconquit non seulement les régions promulguées par le traité passé avec Carthage mais également les villes et territoires qui étaient sous l'autorité des Carthaginois ou de Vermina [m. vers 202 av. J.-C.], le fils de Syphax I.

La civilisation berbère ou numide qui se développa prit Carthage comme modèle. En effet, Massinissa tira avantage de la société carthaginoise. A Cirta, en plus du berbère, l'emploi de la langue punique était courant ainsi que les langues grecque et latine. Les vestiges scripturaux dévoilent un emploi simultané de la langue punique [Carthage] et de la langue libyque [berbère]. Sur le plan religieux, les emprunts carthaginois furent manifestes.

La renommée de Massinissa s'étendait dans tous les pays de la Méditerranée. L'île de Délos, en Grèce, lui dressa trois statues. Lorsqu'il prescrivit de s'emparer de Carthage pour en faire sa capitale, les Romains s'opposèrent à ce projet craignant que le royaume de Massinissa ne devienne beaucoup plus puissant que l'a été celui des Carthaginois et qu'au final, il ne se retourne contre eux. Carthage finit par réagir et son réarmement fut le prétexte suffisant pour que Rome déclenche les hostilités : la troisième guerre punique [149-146 av. J.-C.]. Celle-ci entraîna l'écroulement complet de la capitale punique [146 av. J.-C.].

Quoi qu'il en soit, par cette guerre préventive, les Romains voulaient surtout empêcher qu'une annexion du territoire carthaginois par les

Numides aurait permis de reconstituer un empire berbère puissant et dangereux !

Massinissa, meurt peu de temps avant cette troisième guerre punique et à la chute de la ville si désirée. Un mausolée lui fût érigé à El-Khroub [Soumâa El-Khroub] près de sa capitale Cirta ; de même un temple a été bâtit en son honneur à Thougga [actuelle Dougga - Tunisie].

3 - *Syphax [250-202 av. J.-C.]*

Syphax était roi de la Numidie occidentale dont la capitale est Siga [actuelle Aïn Témouchent en Algérie]. Durant la Deuxième Guerre punique, il fait une alliance d'abord avec les Romains, s'opposant de ce fait à Gaïa, roi de la Numidie orientale, et à son fils Massinissa, alliés aux Carthaginois. Il reçoit à sa cour de Siga le général carthaginois Hasdrubal Gisco [m. en 202 av. J.-C.] et le général romain Scipion l'Africain, qui recherchent tous deux à conquérir son alliance. À la mort de Gaïa, Syphax annexe le territoire de ce dernier. Son union avec Sophonisbe [235-203 av. J.-C.] la fille d'Hasdrubal Gisco, entraîne un renversement des alliances, Massinissa allant dans le camp de Rome. Syphax fût un puissant roi comme l'attestent de nombreuses pièces de monnaies frappées à son effigie où il se distingue coiffé de diadème.

Syphax, roi des Masaesyles, reste un puissant personnage ; il étendit sa domination à toute l'Algérie actuelle et opta Cirta pour capitale, le site naturel exceptionnel de cette ville la rendait presque inexpugnable. En 203 av. J.-C., cependant, cette puissance s'effondrait. En effet, Syphax est vaincu et capturé après la défaite de la *bataille des Grandes Plaines*, par le général romain Gaius Lælius [235-170 av. J.-C.], grâce à Massinissa qui prend ensuite Cirta et seconde capitale de Syphax. Scipion l'Africain conduit le monarque vaincu à Rome en tant que prisonnier où il meurt en 203 av. J.-C.

Après la mort de Syphax, son fils Vermina [m. 200 av. J.-C.] lui succédant en tant que dernier roi massæsyle avant l'unification de la Numidie par Massinissa. La ville de Tunisie, Sfax, porte son nom.

4 - Micipsa [m. 118 av. J.-C.]

Micipsa [ou *Mikipsa*][174] fils et successeur de Massinissa et héritier du trône de Numidie en 148 av. J.-C.. Il y régna pendant une trentaine d'années. A la mort de Massinissa en 148 av. J.-C., le royaume de Numidie fut scindé et octroyé par le général et homme d'Etat romain Scipion Emilien [Aemilianus ou Second Africain - 185-129 av. J.-C.] aux trois fils du roi, Micipsa, Gulussa, et Mastanabal, à qui Massinissa avait donné le pouvoir d'administrer son territoire. Micipsa reçut la capitale de Numidie, Cirta [incluant le palais royal et le trésor qui s'y trouve], Gulussa acquit la charge de l'armée, et Mastanabal, celle de l'administration de la justice.

Les fils ont poursuivi la politique de leur père, et son soutien à Rome lors de sa guerre contre Carthage. Le soutien à Rome fut timide de la part de Micipsa qui gagnait du temps pour voir la suite des évènements. En 146, Carthage fut détruite par les Romains et les Numides. Peu de temps après, à la mort de Gulussa puis plus tard, celle de Mastanabal, l'ensemble du territoire fût sous le contrôle de Micipsa. Le règne de ce dernier fut l'occasion d'un important progrès culturel et commercial de la Numidie. En effet, suite à la destruction de Carthage, des milliers de Carthaginois ont fui en Numidie et participèrent ainsi à son développement.

Micipsa a eu deux fils naturels, Hiempsal [m. 118 av. J.-C.] et Adherbal [118-112 av. J.-C.][175] ainsi qu'un fils illégitime, Jugurtha. Allié de Rome. Micipsa procurait une assistance militaire en diverses

---

[174] A. BERTHIER, « La Numidie : Rome et le Maghreb », Edit. Picard, Paris, 1981.
[175] W. SMITH, « Adherbal (3) », Little, Brown and Co., Boston, 1867.

occasions. Par exemple, l'envoi d'une division d'éléphants de guerre en 142 av. J.-C. au général romain Q. F. Maximus Servilianus afin de combattre le rebelle Lusitanien Viriathusen [180-139 av. J.-C.] ; et l'expédition d'archers, de soldats, et éléphants commandée par Jugurtha pour assister Scipio Emilien à assiéger Numance [Espagne].

A la mort de Micipsa la Numidie fut divisée, en 118, en trois parties conformément aux vœux du roi, chacune dirigée par ses fils Adherbal, Hiempsal et Jugurtha.

5 - *Jugurtha [m. 104 av. J.-C.]*

En 118, Jugurtha[176] partage avec ses demis frères Hiempsal et Adherbal le trône de Numidie. Il fait assassiner le premier et agresse le second qui prend la fuite pour Rome afin de chercher protection et assistance.

Le Sénat romain statue sur le partage de la Numidie. La partie orientale concédée à Adherbal et celle occidentale attribuée à Jugurtha en 112 av. J.-C., Jugurtha guerroya de nouveau Adherbal et le tue ; ensuite il s'empare de sa capitale, Cirta.

Lors du siège de cette ville, de nombreux négociants romains trouvent la mort, ce qui suscite l'exacerbation de Rome contraignant le Sénat à déclarer les hostilités à Jugurtha. Une longue guerre débuta mais Jugurtha résiste aisément aux généraux incompétents qu'il a en face de lui[177].

Jugurtha connaît bien les mœurs des Romains, il gagne du temps, usant de la corruption de la noblesse romaine. En 105 av. J.-C., la trahison du roi Bocchus de Maurétanie, jusque-là allié de Jugurtha permis la capture du roi Numide par le général et homme politique

---

[176] G. CAMPS, « Les Berbères, mémoire et identité », Edit. Errance, Paris, 2e éd. 1987.
[177] S. GSELL, « Histoire ancienne de l'Afrique du Nord - 8 vol. », Paris, 1913-1928.

romain L. C. Sulla ou Sylla [138-78 av. J.-C.] qui mis à mort Jugurtha à Rome.

6 - Juba I [85-46 av. J.-C.]

Juba I est né à Hippone [actuelle Annaba - Algérie] est le fils et successeur du roi Hiempsal II [m. 60 av. J.-C.]. Il est le dernier souverain de Numidie orientale [60-46 av. J.-C.], la Maurétanie.

Le renversement de Hiempsal II en 81 av. J.-C. décida le *dictateur*[178] Silla [Sulla - 138-73 av. J.-C.] d'envoyer le général Pompée [106-48 av. J.-C.] en Berbérie afin de le réinstaller sur le trône de Numidie. Cet événement établit une alliance entre Pompée et Hiempsal II, puis par la suite avec son fils Juba I [60 av. J.-C.]. Cette coalition se renforça durant la visite de Juba I à Rome qui rallia le camp du général romain Pompée qui s'opposa à Jules César [100-44 av. J.-C.] rn 49 av. J.-C.

Des soulèvements populaires dans les territoires du Sud du royaume marquèrent l'avènement Juba I. Le *tribun*[179] Curio [Curion - 90-49 av. J.-C.] fût envoyé par J. César avec des légions afin de combattre les Républicains menés par Varus [46 av. J.-C-9 ap. J.-C.]. A la *bataille de Bagradas* [49 av. J.-C.], l'armée de ce dernier qui fût blessé est mise en déroute. Stimulé par cette victoire, Curio sous-estima l'armée de Juba I qu'il combattit. Finalement, les légions de Curio furent assiégés et anéantis par Saburra, chef de l'armée de Juba I. Curio fut tué dans la bataille et des sénateurs prisonniers, faute de n'avoir pas pu payer une rançon pour leur libération, furent exécutés en Numidie.

---

[178] *Dictateur*. Sous la République, magistrat unique légalement investi de tous les pouvoirs, dans certaines circonstances graves, pour une durée limitée.

[179] *Tribun*. Représentant élu de la plèbe chargé de la défense des droits et des intérêts des plébéiens contre les patriciens et les consuls et dont le pouvoir, très important, était limité à Rome et à sa banlieue.

A la bataille de Thapsus [près de Sousse - Tunisie] en territoire carthaginois que J. César [47 av. J.-C.] qui s'est rendu en Berbérie à la tête de plusieurs légions combattre Scipion l'Africain [Scipio Africanus] et fini par défaire les *Optimates*[180] en 46 av. J.-C. Juba I considérant la défaite de Scipion comme imminente n'a pas participer à la bataille, et s'est retiré avec son armée[181] vers sa capitale Zama[182] localisée au sud-est de Cirta. Afin de ne pas finir entre les mains de J. César, il opta pour le même sort que son ami et allié romain Caton d'Utique : le suicide. Le roi Juba I à la chevelure touffue et à la barbe luxuriante[183] était entré dans l'histoire romaine quand il s'était rangé du côté des partisans de Pompée dans le conflit qui opposait le consul à J. César.

A la mort de Juba I son royaume devint province romaine sous le nom d'*Africa Nova*. Juba II, son fils et successeur sera élevé à Rome par la sœur du futur empereur Auguste [63 av. J.-C.-14 ap. J.-C.], Octavie, [69 av. J.-C.-11 ap. J.-C.].

7 - *Juba II [52-25 av. J.-C.]*[184]

Juba II[185], roi berbère de la Maurétanie est né à Hippone [actuelle Annaba - Algérie] décéda à Tipaza [Algérie] est le fils de Juba I. Alors

---

[180] *Optimates*. Tendance politique conservatrice qui marqua le dernier siècle de la République romaine, entre les IIe et Ier siècle av. J.-C. Celle-ci rassemblait des membres de la noblesse romaine traditionnelle ainsi que des nouvelles familles ayant parvenu au sommet de la carrière politique et désireux de s'intégrer dans les rouages de l'aristocratie,
[181] A. GOLDSWORTHY, « Caesar : Life of a Colossus », Edit. W & N, New Edition, 2006.
[182] *Zama Regia* [appelée aussi *Zama Maior*] est une ville antique d'origine numide rattachée ultérieurement à la Proconsulaire romaine située dans l'actuelle Tunisie
[183] K. DE KERSAUSON, « Catalogue des portraits romains - I », N° 54, Paris, 1986.
[184] S. GSELL, « Histoire de l'Afrique du Nord », 8 vol., Edit. Hachette, Paris, 1913-1928.
[185] D. W. ROLLER, « The World of Juba II and Kleopatra Selene », Edit. Routledge [UK], 2003.

âgé de cinq ans, il fût envoyé et élevé à Rome par Octavie selon la plupart des auteurs. Juba II règne sous la tutelle romaine dans sa capitale Césarée de Maurétanie [actuelle Cherchell - Wilaya de Tipaza en Algérie]. Juba II bénéficiant du droit de cité romaine obtient les patronymes de son protecteur : *Gaius Iulius*. Néanmoins, lors de son intronisation au titre d'*aguellid* [roi], il s'abstiendra de les porter. Juba II participa à la campagne d'Espagne [de 26 à 25] où Auguste [Augustus - Gaius Octavius Thurinus - 63 av. J.-C.-14 apr. J.-C.] connu sous le nom d'Octavien le récompensa pour sa loyauté et son habileté en lui octroyant une partie des territoires de Maurétanie des rois Bocchus II [m. 80 av. J.-C.] et de son frère Bogud [m. 31 av. J.-C.].

En 19 av. J.-C., Juba II prit pour épouse Cléopâtre Séléné [Cléopâtre VIII - 40 av. J.-C.-5 ap. J.-C.] reine d'Égypte et fille de Cléopâtre [69 av. J.-C.-30 av. J.-C.]. Le territoire où régnait maintenant Juba II couvrait une zone qui s'étirait de l'Atlantique à l'Ouest, c'est à dire à l'embouchure de l'Ampsaga[186] [Oued el Kebir - Constantine] à l'Est et assimilait les régions de Sétif au Sud ainsi qu'une partie des pays des *Gétules*[187] au Sud-Est algéro-tunisien.

Malgré l'éducation qui lui avait été dispensée à Rome, Juba II n'oublia pas ses origines berbères[188]. En effet, il s'adonna à l'étude du libyque et du punique, idiomes de la culture de ses ancêtres. Il acquit une notoriété de lettrée et d'érudit [philologie, théâtre, poésie,

---

[186] *Ampsaga*. Nom antique du fleuve *Rhumel* qui prend sa source dans les monts de Ferdjioua [Mila - Nord-Est de l'Algérie], puis pénètre sur les plateaux de Constantine.
[187] *Gétules*. Etymologiquement le nom de *Gétules* reste toujours obscure. Peuple berbère le moins connu, les Gétules sont signalés sous cette appellation en Berbérie dans l'Antiquité, sur un territoire s'étendant au sud des provinces romaines d'Africa et de Maurétanie.
S. LOSIQUE, « Dictionnaire étymologique des noms de pays et de peuples », Edit. Klincksieck, 1971.
[188] M. GAID, « Aguellids et Romains en Berbérie », Edit. SNED, Alger, 1972.

peinture][189]. En effet, il rédigea une *Histoire de Rome*, ainsi que sur les Assyriens et traita des réalités africaines dans deux écrits, les *Libyca* et un opuscule sur les *Errances d'Hannon*.

Juba II fit bâtir beaucoup d'édifices architecturaux publics, des places ou forums, des théâtres, des thermes, des temples, des jardins publics, etc. Bon nombre de ces ouvrages renforcent la grandeur de Juba II.

7 - *Ptolémée de Maurétanie [v. 13-40 ap. J.-C.]*

Ptolémée de Maurétanie né à Caesarea[190] en Maurétanie[191] [actuelle Cherchell, en Algérie] régna sur la Maurétanie[192] césarienne[193].

Fils de Juba II [52-25 av. J.-C.], dernier membre de la dynastie massyle des rois numides [actuelle Algérie] et par sa mère Cléopâtre Séléné II [ou Cléopâtre VIII - 40 av. J.-C.-5 ap. J.-C.] de la dynastie ptolémaïque. Ptolémée[194] était un fidèle allié de Rome et un roi qui jouissait d'une grande popularité auprès des berbères.

---

[189] Z. DAOUD, « Juba II roi, savant et mécène », Edit. Art-Dif, Rabat, 2014.
[190] *Césarée de Maurétanie* ou *Caesarea* dans l'actuelle Cherchell, est une ancienne ville sur la côte méditerranéenne de l'Algérie. Elle fut l'une des plus importantes cités du littoral occidental de la Berbérie antique.
[191] *Maurétanie*. C'est une région de la Berbérie ancienne [Libye antique] qui s'étendait de l'Algérie centrale, vers l'Océan Atlantique, couvrant le nord du Maroc, et vers le sud, jusqu'aux montagnes de l'Atlas. Ses habitants indigènes, des pasteurs semi-nomades, de souche ancestrale berbère, étaient connus des Romains comme les Mauris et les Massæsyles.
[192] M. COLTELLONI-TRANNOY, « Le royaume de Mauritanie sous Juba II et Ptolémée », Etudes d'Antiquités africaines, CNRS Editions, 1997.
[193] *Maurétanie césarienne*. Province de la Rome antique, partie orientale de la Maurétanie, qui correspondait à l'actuelle Algérie centrale et occidentale. À l'ouest de l'Afrique romaine, la Maurétanie.
[194] Ptolémée est le cousin germain de l'empereur romain Claude [10 av. J.-C.-54] et cousin issu de germain de Néron [37-68 ap. J.-C.] et Caligula.

A l'instar de son père, il fut un protecteur des arts, du savoir, de la littérature, et de la culture physique. De ce fait, des statues ont été érigées en Grèce en l'honneur de Juba II et Ptolémée. Les *Gétules* et les *Garamantes*, tribus berbères locales, menées par Tacfarinas [m. 24 ap. J.-C.][195], se révoltent en l'an 17 contre la domination du royaume de Maurétanie et de Rome[196]. La guerre ravage la Berbérie [*Afrique proconsulaire*][197]. Les campagnes militaires menées par Ptolémée contre la révolte sont un échec. Il sollicite le soutien du gouverneur romain d'Afrique, Publius Cornelius Dolabella [70-43 av. J.-C.]. En 24, les légions romaines matent non sans difficulté la rébellion et les Gétules et les Garamantes sont vaincus. L'empereur Caligula [12-41 ap. J.-C.] prétexte une invitation de Ptolémée à Rome en 40 afin de l'arrêter et de l'assassiner ; le royaume de ce dernier est annexé par Rome.

Après le meurtre de Ptolémée une révolte de la Maurétanie éclate contre Rome. Ce soulèvement berbère fut violent car les combattants étaient aguerris. Il fallut mobiliser d'importants contingents romains afin de maitriser la révolte. La Maurétanie a ensuite été subdivisée en deux provinces, Tingitane[198] et Césarienne.

8 - *Autres rois et reines berbères*

a - Arabion [m. Ier siècle av. J.-C.][199]

Fils de Massinissa II et probable petit-fils de Gauda [roi numide, qui a régné de 105 av. J.-C. à 88 av. J.-C.] qui a divisé la Numidie

---

[195] Tacfarinas est un ancien soldat romain, auxiliaire d'origine berbère, déserteur, puis chef de guerre de la première moitié du Ier siècle apr. J.-C. ; *il est né à Thubursicu Numidarum* [actuelle Khemissa, en Algérie], au sud de l'actuelle Souk Ahras, en Algérie.
[196] E. MERCIER, « Histoire de l'Afrique septentrionale (Berbérie) depuis les temps les plus reculés jusqu'à la conquête française (1830) », Édition Book Surge Publishing, Tome II, 2001.
[197] *Afrique* ou *Afrique proconsulaire*. Ancienne province romaine qui correspond à l'actuelle Nord et Sud Est tunisien, plus une partie de l'Algérie et de la Libye actuelle.
[198] *Maurétanie tingitane* était une province romaine de l'Empire romain.
[199] G. CAMPS, « Les derniers rois numides Massinissa II et Arabion », BAC - Bulletin archéologique des Travaux Historiques, Paris, n.s., 1981 et 1984.

entre ses fils en 88 av. J.-C. Il est d'origine Massyle. Arabion[200] est le dernier roi numide indépendant ayant régné de 44 à 41 av. J.-C.

b - Masties [449-494][201]

Monarque [202] d'un royaume romano-berbère au Ve siècle s'étendant de la Tunisie à l'est de l'Algérie. Masties [449-494] établit son territoire en Numidie orientale avec pour résidence Arris [dans l'actuelle Aurès, en Algérie]. Dans le but de légitimer son règne avec les provinciaux romains, après 476, et en liaison avec une rébellion des Berbères contre le roi vandale Hunéric [420-484].

Masties accepte le titre d'empereur [*imperator*]. Il règne 67 ans comme *dux* et 10 ans comme empereur des « Maures et des Romains » et exerce une habile politique d'équilibre entre ses sujets byzantins et berbères. En 484, les Vandales sont définitivement chassés des Aurès.

c - Masuna [m. Ve siècle][203]

Roi romano-maure[204] d'Altava[205]. Masuna est le plus ancien dirigeant[206] connu du royaume des Maures et des Romains fondé

---

[200] L'étymologie du nom *Arabion* dérive du mot punique *rab*, signifiant « *chef* ».

[201] Y. MODERAN, « Les Maures et l'Afrique romaine (IVe-VIIe siècle) », Publications de l'École française de Rome, coll. « Bibliothèque des Écoles françaises d'Athènes et de Rome », 2013.

[202] P. MORIZOT, « Pour une nouvelle lecture de l'elogium de Masties », *Antiquités africaines*, vol. 25, n° 1, 1989.

[203] A. MERRILLS, « Vandals, Romans and Berbers : New Perspectives on Late Antique North Africa », Edit. Routledge, London & New York, 2016.

[204] *Romano-maure* ou *romano-africain* ou encore *afariqa*. Il s'agit d'anciennes populations maghrébines de culture romaine et qui parlaient leur propre variété de latin. Depuis la conquête romaine dans l'antiquité, à la fin du Moyen-Âge [aux environs du XIVe siècle], ils étaient essentiellement concentrés dans toutes les villes côtières du territoire de Berbérie [province romaine d'Afrique] correspond aujourd'hui à la Tunisie, à l'Est du Constantinois [Est de l'Algérie] et à la Tripolitaine [Ouest de la Libye]. Les

dans l'ancienne province de Maurétanie césarienne à la suite de la chute de l'Empire romain d'Occident. Ce royaume qui s'étend au-delà des frontières de l'ancien Empire romain, englobe des territoires berbères qui n'ont jamais été sous contrôle romain.

d - Iaudas [m. VIe siècle][207]

Roi des Aurès[208]. Iaudas [ou Iabdas] est un chef berbère du VIe siècle qui mis longtemps en échec les Byzantins dans les Aurès, et joua un rôle déterminant dans les révoltes berbères qui suivirent la reconquête byzantine.

e - Orthaïas [m. VIe siècle][209]

Roi des Aurès. Orthaïas ou est un chef berbère du VIe siècle et roi du *Hodna*[210] qui joue un rôle prépondérant dans les guerres de l'Empire byzantin contre les tribus berbères révoltées. En 535, il s'associe au gouverneur et général byzantin Solomon [m. 544] contre

---

« *romano-africains* » étaient d'origine berbère, ou punique [carthaginoise], de souche locale, mais pouvaient aussi être des descendants de populations venues de Rome elle-même, ou de diverses régions de l'empire.

[205] *Royaume d'Altava*. Royaume berbère indépendant centré sur la ville d'Altava dans le nord de l'actuelle Algérie. Le royaume d'Altava est un état successeur de l'ancien royaume des Maures et des Romains qui contrôlait une grande partie de l'ancienne province romaine de Maurétanie césarienne.

[206] J. R. MARTINDALE, « The Prosopography of the Later Roman Empire : Volume 2 », Edit. Cambridge University Press, London, 1980.

[207] C. DIEHL, « L'Afrique byzantine : histoire de la domination byzantine en Afrique », Edit. E. Leroux, Paris, 1896.

[208] *Aurès*. Région en partie montagneuse localisée dans le Nord-Est de l'Algérie, caractérisée à la fois par sa riche histoire, son relief particulièrement montagneux et par son peuplement traditionnel, le groupe berbère des Chaouis. Son aire culturelle se déploie à une petite partie de l'Ouest de la Tunisie.

[209] E. MERCIER, « Histoire de l'Afrique septentrionale (Berbérie) depuis les temps les plus reculés jusqu'a la conquête français (1830) (Vol. 3) », Edit. E. Leroux, Paris, 1894.

[210] *Hodna*. Rgion située à l'est-nord-est des Hauts Plateaux dans le centre de l'Algérie. Ayant pour capitale M'Sila [Tamsilt].

Iaudas, accusé d'avoir conspiré avec Mastigas pour le chasser lui et son peuple de leurs terres ancestrales. Il perçoit de Solomon une importante somme d'argent et est chargé avec Massônas de conduire l'armée byzantine. La campagne militaire se solde par un échec. Orthaïas réapparaît en 537, cette fois ci unit à la rébellion de l'officier byzantin Stotzas [m. 545] aux côtés d'Iaudas et d'autres chefs berbères.

f - Mastigas [m. VIe siècle][211]

Roi berbère d'Altava. Mastigas succède à Masuna et règne au VIe siècle sur le royaume de Maurétanie césarienne, celui des Maures et des Romains. Durant la reconquête byzantine, Mastigas s'allie avec Iaudas ennemi de l'Empire byzantin et de l'ancien roi berbère Masuna dans le but de prendre le territoire de la Maurétanie sétifienne[212] détenu par Orthaïas.

g - Garmul [m. 578][213]

Roi berbère du royaume d'Altava. Garmul est un roi des Maures et des Romains qui, en 570, défait l'armée byzantine, attaque la préfecture du *prétoire d'Afrique*[214] où il sort vainqueur. Ses attaques constituent une grave menace pour les autorités de la province. L'empereur, Tibère II Constantin [520-582] réclame de mettre fin

---

[211] P. GRIERSON, « Matasuntha or Mastinas : a reattribution », Edit. The Numismatic Chronicle and Journal of the Royal Numismatic Society, vol. 19, 1959.
[212] S. LANCEL & O. DAOUD, « L'Algérie antique : De Massinissa à saint Augustin », Edit. Place des Victoires, Paris, 2008.
[213] Y. MODERAN, « Les Maures et l'Afrique romaine (IVe-VIIe siècle) », Publications de l'École française de Rome, coll. « Bibliothèque des Écoles françaises d'Athènes et de Rome », 2013.
[214] *Préfecture du prétoire d'Afrique*. Importante division administrative de l'Empire romain d'Orient, créée après la reconquête de la Berbérie en 533-536 par l'empereur Justinien [482-585]. Elle demeure jusqu'à 580, date de son remplacement par l'exarchat d'Afrique.

aux campagnes de Garmul. En 578, ce dernier est piégé et massacré avec ses sujets lors d'un banquet.

h - Tin Hinan [m. Ve siècle]²¹⁵

Reine touarègue issue du Tafilalet[216]. Elle fonde entre le IVe et le Ve siècle un royaume situé dans le Hoggar[217].

i - Koceïla [m. 688]²¹⁸

Roi berbère d'Altava issu de la tribu des Awraba. À la tête d'une coalition de troupes berbères Koceïla[219] détruit en 683, à détruire un corps expéditionnaire omeyyade composé de mercenaires syro-égyptiens dirigés par l'arabe Oqba ibn Nafi [m.883]. Kocella chasse les envahisseurs omeyyades de l'Est de l'Algérie et de l'actuelle Tunisie et prend Kairouan. Il décède vers 688 lors d'un combat des mêmes assaillants qui reprennent Kairouan.

j - Dihya [m. 703]²²⁰

Dihya, surnommée par les envahisseurs omeyyades la *Kahina*, est une reine guerrière berbère zénète issue des Aurès. En qualité de chef militaire remarquable, Dihya unifia la Berbérie. Elle lutta au VIIe

---

[215] M. GAST, « Témoignages nouveaux sur Tine Hinane, ancêtre légendaire des Ahaggar », Revue de l'Occident musulman et de la Méditerranée 13, CNRS et Universités d'Aix-Marseille, Aix-en-Provence, 1973.

[216] *Tafilalet*. Région historique située au sud-est du Maroc qui comprend un ensemble d'oasis, dans les basses vallées des oueds Ziz et Ghéris.

[217] *Hoggar*. Massif montagneux qui s'élève à 2 918 m d'altitude dans le Sud de l'Algérie, au cœur du Sahara.

[218] Y. MODERAN, « Les Maures et l'Afrique romaine (IVe-VIIe siècle) », Coll. Bibliothèque des Écoles françaises d'Athènes et de Rome, Rome, 2013.

[219] G. CAMPS, « Rex gentium Maurorum et Romanorum. Recherches sur les royaumes de Maurétanie des VIe et VIIe siècles », *Antiquités africaines*, vol. 20, n° 1, 1984.

[220] A. MCKENNA, « The History of Northern Africa", Britannica Educational Publishing, 2011.

siècle contre les mercenaires syro-égyptiens en quête de butins et de razzias. Dihya meurt, en 703, au combat, contre les occupants syro-égyptiens dans les Aurès.

VI - Ere et sphère berbéro-romaines - Empereurs et gouverneurs berbères de Rome

L'avènement des empereurs d'origine berbère correspond au début d'une phase d'essor des nobles et notables berbères, qui ont joué un rôle prépondérant dans la destinée de Rome et de l'Empire au IIIe siècle. La lignée des Sévère, par exemple, représente cette dynastie d'empereurs romains du Haut-Empire ayant gouverné durant le premier tiers du IIIe siècle après l'Empire d'Auguste.

C'est Septime Sévère [146-211] qui la fonda et qui donna une succession de cinq empereurs dont le règne s'étendit de 193 à 235 apr. J.-C. La dynastie des Sévère cessa en 235 avec l'assassinat de Sévère Alexandre [208-235], son dernier représentant. Stricto sensu, trois empereurs furent réellement des Sévère : le fondateur de la dynastie Septime Sévère [146-211] et ses deux fils, Caracalla [188-217] et Geta [189-211].

Après l'assassinat de Caracalla en 217, le trône resta vacant faute d'héritier mâle. Dès lors, Élagabal [Héliogabale - 203-222] et Sévère Alexandre [208-235] famille par alliance de la dynastie sévèrine poursuivirent la lignée après une courte interruption sous Macrin [165-218]. Ces derniers étaient des petits-enfants de la princesse syrienne, Julia Maesa [170-224], belle-sœur de Septime Sévère et sœur de Julia Domna [160-217], seconde épouse de ce dernier.

1 - Septime Sévère *[146-211]*

Septime Sévère [*L. Septimius Severus Pertinax* - 146-211] est un empereur romain d'origine berbère qui régna de 193 à 211[221]. Il naît

---

[221] A. R. BIRLEY, « Septimius Severus-The African Emperor », Edit. Eyre and Spottiswoode, London, 1971.

à Leptis Magna[222], une localité de la Tripolitaine [Lybie actuelle]. Sa mère, Fulvia Pia, descendante d'immigrants romains ayant contracté des mariages avec des autochtones berbères [Libyens][223] ; son père berbère est issu d'une famille ayant obtenu la citoyenneté romaine depuis le Ier siècle[224]. Ainsi, sa famille des deux côtés sont des notables : son grand-père paternel occupai la fonction de préfet de Leptis Magna, puis premier *duumvir*[225] quand la ville fût annexée à Rome par l'Empereur Trajan [53-117].

Septime Sévère[226] se rend à Rome en 162 et s'engage pour un remarquable *cursus honorum*[227] sénatorial. Juriste polyglotte [berbère, punique, latin et grec], c'est un administrateur influent et déterminé[228]. Sous l'Empereur Commode [161-192], il est assigné à des postes en diverses régions : Tarraconaise [Aragon - Espagne], Sardaigne, Afrique proconsulaire [nord et sud-est tunisien, plus une partie de l'Algérie et Libye actuelle], Syrie, Gaule lyonnaise et Athènes.

Septime Sévère prend comme épouse en secondes noces en 187 Julia Domna [160-217], fille du grand prêtre d'Emèse [Syrie] où il eu deux fils, Caracalla [188-217] et Geta [189-211]. En 187, il administre la Lyonnaise. En 190, il parvient au consulat, puis l'année

---

[222] *Leptis Magna*. Ville importante de la république de Carthage avant son annexion par Rome.
[223] C. BRIAND-PONSART, « L'Afrique romaine : De l'Atlantique à la Tripolitaine, 146 av. J.-C. - 533 ap. J.-C. », Edit. Armand Collin, Paris, 2005.
[224] A. DAGUET-GAGEY, « Septime Sévère », Edit. Payot, Paris, 2000.
[225] *Duumvir*. Il s'agit, dans la période romaine antique, d'un magistrat d'un collège de deux membres, institué pour exercer conjointement certaines fonctions spéciales, le plus souvent temporaires.
[226] B. LUGAN, « Histoire de l'Afrique des origines à nos jours », Edit. Ellipses Marketing, Paris, 2009.
[227] *Cursus honorum* [lat. « parcours des honneurs »]. Ordre d'accès aux magistratures publiques sous la Rome antique.
[228] M. HAMMOND, « Septimius Severus, Roman Bureaucrat », Edit. Harvard Studies in Classical Philology, vol. 51, Cambridge, 1940.

suivante, il est nommé à la fonction de légat d'Auguste *propréteur*[229] de Pannonie [région de l'Europe centrale, limitée au nord par le Danube], et soutenu par le préfet de la garde prétorienne, lui attribuant la direction de trois légions pour défendre la frontière et par-là lui octroyant son premier grand commandement militaire. Il gouverna en s'appuyant sur ces provinces [Berbérie, Syrie, Danube] contre Rome et l'Italie et si besoin contre le Sénat.

L'Empereur Commode [161-192] assassiné, c'est P.H. Pertinax [126-193] qui lui succéda mais seulement pour quelques mois. À la mort de ce dernier, tué par la garde prétorienne, Didius Julianus [137-193] fut nommé empereur par ces mêmes Prétoriens puis par le Sénat. A cette même période, les légions de Pannonie, de Mésie, de Germanie ainsi que le Sénat romain déclarent Septime Sévère empereur excepté Pescennius Niger [140-194] le légat de Syrie qui s'autoproclama empereur. Septime Sévère court-circuita Clodius Albinus [150-197] gouverneur de Bretagne quant à ses ambitions impériales en lui proposant le titre de César.

Septime Sévère se dirigea vers Rome et combattit Didius Julianus et les prétoriens. Vainqueur, il se mit en route vers l'Orient où il soustrait l'Osrohène, l'Adiabène et la Mésopotamie aux Parthes ; puis, il sortit victorieux contre Pescennius Niger. C'est à la *bataille de Lyon*[230] en 197 que se fixa fermement la dynastie des Sévères[231].

Septime Sévère souligna son pouvoir de type dynastique et une fermeté à l'égard du Sénat. Le nombre de procurateurs équestres fut augmenté et il plaça son principal appui en provinces et notamment

---

[229] *Légat d'Auguste propréteur.* Gouverneur de province impériale dans l'Empire romain.
[230] Y. LE BOHEC, « La bataille de Lyon : 197 apr. J.-C. », coll. *Illustoria*, Edit. Lemme, Clemont-Ferrand, , 2013.
[231] A. LICHTENBERGER, « Severus Pius Augustus : Studien zur sakralen Repräsentation und Rezeption der Herrschaft des Septimius Severus und seiner Familie (193-211 n. chr.) », Coll. Impact of Empire 14, Edit. Brill, Leiden, Boston, 2011.

dans l'armée : les soldats bénéficièrent de privilèges [élévation de salaire, vie familiale, constitution de collèges pour les gradés, etc.], création de trois légions, augmentation du nombre de prétoriens.

Le règne de Septime Sévère fut marquée par de vastes entreprises : reconstruction d'une partie de Rome, développement de l'administration centrale et provinciale [séparation de la la Numidie de l'Afrique, division de la Syrie et de la Bretagne[232]]. Il développa sa ville natale Lepcis Magna d'un nouvel ensemble de monuments insérés dans un urbanisme de grande ampleur [thermes, édifices, forum, vaste basilique, temple luxueux, etc.].

Ainsi, Septime Sévère fut non seulement un excellent général, mais également un remarquable administrateur. En 208 il se rend en Bretagne où il resta à Eburacum [York] jusqu'à sa mort. Il laissa à ses fils, Caracalla et Geta, un Gouvernement pacifié et un Empire au sommet de son étendue et de sa puissance.

2 - *Caracalla [188-217]*

Caracalla [*Lucius Septimius Bassianus* - 188-217] empereur romain qui régna de 211-217[233]. D'origine berbère[234] par son père Septime Sévère et syrienne par sa mère Julia Domna, il exerça un pouvoir politique absolu et imposa son autorité [élimination d'opposants dont de nombreux parlementaires]. Du point de vue sociétal, il fut encore plus égalitaire que son père. Son idée était de vouloir accomplir la synthèse entre Orient et Occident. Caracalla afin

---

[232] *Bretagne* ou *Britannie*. Il s'agit de la province romaine qui, du Ier au Ve siècle, couvrait une partie de l'île de Grande-Bretagne se rapportant aux territoires qui, plus tard, devinrent ceux de l'Angleterre, du pays de Galles et du sud de l'Écosse.
[233] M. LE GLAY, « Rome : t. 2 : Grandeur et chute de l'Empire », Coll. Tempus, Edit. Librairie Académique Perrin, Paris, 2005.
[234] G. MEYNIER, « L'Algérie des origines : De la préhistoire à l'avènement de l'islam », La Découverte, Paris, 2007.

d'avoir les pleins pouvoirs sur l'ensemble de l'Empire élimine son frère Geta en 212. Néanmoins, il maintient les conseillers de son père et poursuit son œuvre. Il double l'impôt sur les successions, réclame des subventions aux sénateurs afin de financer sa politique extérieure, la hausse de salaire des soldats et ses constructions gigantesques [thermes de Rome]. En 212, il publie le célèbre *Edit de Caracalla* qui octroie la citoyenneté romaine à tous les hommes libres de l'Empire [droit de cité]. La portée de cette prescription est considérable. Cela a été une évolution sans précédent pour les habitants des provinces, une prodigieuse avancée sociale qui permis le renforcement de l'unité du monde romain. L'intérêt de cette mesure est que la quasi-totalité des habitants de l'Empire adopte les règles juridiques que le droit romain prescrivait aux seuls citoyens. Caracalla passe souvent son temps en compagnie de ses troupes en guerre. En 213, il engage diverses campagnes contre les Alamans. Victorieux sur le Rhin et le Danube, il garantit ainsi une paix au front occidental, jusqu'au règne de Sévère Alexandre [208-235].

En 216, il engage une campagne contre les Germains vers le Rhin et les Parthes en Asie où il annexe l'Osrhoène. Lors de son avance vers le Tigre, il fut assassiné en 217 lors d'un complot fomenté par son préfet du prétoire Macrin [165-218] qui lui succéda.

Quoi qu'il en soit, malgré ses défauts personnels, il resta tout de même fidèle à la politique, aux principes et aux innovations de son père.

3 - Geta [189-211]

Geta [*Lucius Publius Septimius Antonius* - 189-211], fils cadet de Septime Sévère et frère de Caracalla, est un empereur romain[235] d'origine berbère par son père Septime Sévère et syrienne par sa mère

---

[235] A. DAGUET-GAGEY, « Septime Sévère », Edit. Payot, Paris, 2000.

Julia Domna. Son règne sur l'Empire romain avec son frère fut très court[236]. Cadet de la famille, de caractère plus agréable et plus réfléchi que son frère aîné Caracalla. Alors que le premier s'attache à l'esprit, le second est fasciné par la guerre. C'est pour ces raisons qu'il est plus apprécié par le Sénat.

Septime Sévère, conscient de la rivalité de ses deux fils décide de les emmener avec lui lors de la campagne de Bretagne. En 209, il laisse Geta avec sa mère Julia Domna à Eboracum [York] gouverner la Bretagne inférieure pendant qu'il se rend avec Caracalla régler un traité avec les Calédoniens [Ecossais]. En retour, la santé de Septime Sévère se dégrade et il meurt. Son dessein de rapprocher ses deux fils échoue.

Après la célébration des derniers hommages de leur père à Rome, l'accession au trône impérial des deux frères est remplie de défiance. Etant donné leur désaccord manifeste chacun ayant peur de se faire tuer par l'autre, les deux frères considèrent qu'il est temps de se partager l'empire ; l'occident pour Caracalla et l'orient pour Geta[237]. Leur projet est écarté par leur mère Domna qui refuse que l'œuvre de son mari disparaisse.

Caracalla veut régner seul sur l'Empire et pour cela, il trame un complot en feignant de se réconcilier avec son frère lors d'une réunion de famille. Lorsque Geta arrive chez sa mère, des partisans de Caracalla surgissent et le poignardent[238]. Ce dernier se rend dans les camps des prétoriens et relate qu'il a été victime d'un complot de Geta, et que la seule alternative qui lui restait était de tuer son frère[239].

---

[236] G. GLOTZ, « Histoire romaine, t. IV/I : L'empire romain de l'avènement des Sévères au Concile de Nicée », Edit. Presses universitaires de France, Paris, 1937.
[237] L. JERPHAGNON, « Histoire de la Rome antique. Les armes et les mots », Edit. Tallandier, Paris, 1987.
[238] P. PETIT, « Histoire générale de l'empire romain, t.II - La crise de l'empire (des derniers Antonins à Dioclétien 161-284) », Editions du seuil, Paris, 1974.
[239] *Ibid.*

Au conseil du Sénat, les membres s'insurgent contre le meurtre de Geta, mais Caracalla use, d'une part, de la corruption en achetant leur confiance à son égard [blé, argent] ; d'autre part en assassinant tous les partisans de Geta[240].

4 - Macrin [165-218]

Macrin [*Marcus Opellius Macrinus* ou *Macrin*[241] - 165-218] né à Cherchell [Est de l'Algérie] était d'origine berbère[242]. Macrin est le premier empereur romain à ne pas être issu, comme la plupart, de la classe sénatoriale mais de l'*ordre équestre*[243]. De plus, il est le second empereur romain d'ascendance numide[244].

Jurisconsulte de profession, Macrin fut un haut fonctionnaire d'état sous le règne de son compatriote Septime Sévère [145-211][245] ; à la mort de ce dernier, il s'est mis au service de l'empereur Caracalla [188-217] comme *préfet du prétoire*[246] et gestionnaire des affaires civiles de Rome[247]. Afin de sauver sa vie, il complota contre l'empereur qui fut assassiné, lors de la campagne contre l'Empire

---

[240] M. LE GLAY, J.-L. VOISIN & Y. LE BOHEC, « Histoire Romaine », Paris, Edit. Presses universitaires de France, Paris, 1991.
[241] A. SCOTT, « Change and Discontinuity Within the Severan Dynasty : The Case of Macrinus », Rutgers, 2008.
[242] P. PETIT, « Histoire générale de l'Empire romain », Edit. Seuil, Paris, 1974.
[243] *Ordre équestre* ou *chevalier*. Il s'agit d'un groupe de citoyens de la Rome antique appartenant à l'ordre équestre [lat. *equester ordo*], sous la Royauté, la République et l'Empire.
[244] L. JERPHAGNON, « Les divins Césars », Edit. Tallandier, Paris, 2004.
[245] Y. LE BOHEC, « Histoire de l'Afrique Romaine », Collection Antiquité-Synthèses, Editions A & J Picard, Paris, 2005.
[246] *Préfet du prétoire* [lat. *præfectus prætorio*]. Officier commandant la garde prétorienne à Rome, sous le Haut-Empire, et un haut fonctionnaire à la tête d'un groupe de provinces, la *préfecture du prétoir*e, dans l'Antiquité tardive.
[247] J.-B. L. CREVIER, « The History of the Roman Emperors From Augustus to Constantine », Volume 8, Edit. F. C. & J. Rivington, London, 1814.

parthe[248] qui lui valu de lui succéder en tant qu'empereur [217] et d'assumer tous les titres et pouvoirs impériaux dans les provinces orientales de l'Empire que confirma le Sénat par la suite. Macrin n'a jamais pu se rendre à Rome mais dirigea l'Empire à partir d'Antioche.

La situation économique désastreuse de Rome due à la politique guerrière de son prédécesseur [Parthes, Arménie, Dacie] l'obligea en tant qu'empereur à opter certaines réformes afin d'amener la stabilité économique et diplomatique à Rome. Macrin privilégie la diplomatie en moyennant la paix.

Ainsi, il signa un traité de paix très favorable aux Parthes. En conséquence, ces actions diplomatiques ont demandé des coûts monétaires colossaux et des réformes budgétaires drastiques qui ont entraîné des troubles au sein de l'armée romaine non désireuse de revenir sur certains avantages accordés aux soldats par Caracalla.

En ce temps, la puissance de l'armée était considérable et, en engageant ces réformes, Macrin ne put que mécontenter les soldats non seulement les vétérans, qui ont vu la réduction de leurs privilèges et de leurs primes mais également les nouvelles recrues dont leur salaire s'est considérablement réduit.

De ce fait, la popularité de Macrin auprès des légions qui le déclarèrent empereur est remise en question[249]. A cela s'ajoute la conspiration des princesses syriennes de la famille des Sévères [Julia Domna [160-217] et Julia Mæsa [170-224]. Elles parviennent à faire se soulever les légions de Syrie qui proclament le fils de Julia Soaemias [180-222 - fille de Julia Mæsa] Élagabal [203-222] empereur[250].

---

[248] *Empire Parthe* ou *Empire Arsacide*. Il s'agit d'une importante puissance politique et culturelle iranienne dans la Perse antique.
[249] A. GOLDSWORTHY, « How Rome Fell », Edit. Yale University Press, 2009.
[250] D. GLANVILLE, « History of Antioch in Syria : From Seleucus to the Arab Conquest », Edit. Literary Licensing, Originally published : Princeton, N.J., Princeton University Press, 1961.

Macrin se présente comme l'héritier des Sévères tout en tentant de fonder sa propre dynastie en associant au trône son fils Diaduménien [m. 218]. La grande erreur de Macrin est de ne pas s'être rendu à Rome lors de son couronnement ce qui accentua son impopularité à la capitale et concourut à sa chute. Quoi qu'il en soit près d'Antioche, les armées d'Elagabal et de Macrin s'affrontent et ce dernier est battu et assassiné quelques jours plus tard en Bithynie [Nord-Ouest de l'Anatolie][251].

A. Thierry[252] écrit : « *C'était encore un Africain que la fortune élevait au trône impérial. M. Opellius Macrinus, né à Césarée en Maurétanie, de parents indigènes, obscurs et pauvres, avait passé, comme Sévère, des luttes du barreau au métier des armes. Suivant l'usage des Maures de basse condition, il avait une oreille percée ; et ses détracteurs prétendaient qu'il avait débuté à Rome en qualité de chasseur attaché aux amphithéâtres, pour la fourniture des lions et des panthères de son pays. Si le fait était vrai, il honorait le jeune Macrin, qui, jetant là le fouet et l'épieu pour les livres de droit, avait acquis bientôt le renom d'un jurisconsulte savant et intègre. Il était avocat du fisc impérial, lorsque Caracalla le nomma préfet du prétoire en remplacement de Papinien, et il se conduisit dans cette place difficile avec une droiture qui lui mérita l'estime de tous.* »

a - Chronologie de la dynastie des Sévères [193-235]

PERIODE	EVENEMENT
193	Septime Sévère marche sur Rome pour s'emparer du pouvoir. Il devient empereur à la mort de Didius Julianus, qui avait lui-même tué Pertinax, le successeur de Commode.
194	Septime sévère sort victorieux contre son adversaire oriental,

---

[251] F. ZOSSO & C. ZINGG, « Les empereurs romains : 27 av. J.-C.-476 ap. J.-C. », Édit. Errance, Paris, 2003.
[252] A. THIERRY, « Histoire de la Gaule sous l'administration romaine », Ed. Perrotin, Paris, 1847, t. 2, p. 400.

	Pescennius Niger et trois ans plus tard de Clodius Albinus à la bataille de Lyon.
198	Campagnes de Septime Sévère contre les Parthes et succès complet. A cet événement, participation de Caracalla et Geta au pouvoir.
202	Dix ans de règne de Septime Sévère sont célébrés. Union de Caracalla avec la fille du préfet du prétoire Plautien. Peu de temps après, la famille impériale se déplace en Berbérie, notamment à Lepcis Magna, cité natale de Septime Sévère.
211	Septime Sévère meurt à Eburacum [York] lors de sa campagne contre les Calédoniens [peuples de l'Écosse antique]. Ses deux fils, Caracalla et Geta, obtiennent collégialement le pouvoir. Les rivalités s'intensifient entre les deux frères : Geta et ses partisans sont finalement assassinés.
212	« *Édit de Caracalla* » appelé *Constitution antonine* décrète que tous les hommes libres de l'Empire acquièrent la citoyenneté romaine.
213-216	Campagnes victorieuses de Caracalla en Germanie et en Orient. Il est assassiné en 217 par son préfet du prétoire, Macrin, devenant le premier empereur ne provenant pas du Sénat.
218	Macrin est assassiné par les partisans de la branche syrienne des Sévères [par alliance]. Élagabal [Héliogabale], le nouvel empereur, se déplace à Rome l'année suivante. Les Romains sont offensés par les mœurs et les conduites religieuses d'Elagabal estimées trop orientales.
222	Élagabal est assassiné avec sa mère Julia Soaemia et ses partisans. Sévère Alexandre, son cousin, participant au pouvoir depuis 221, lui succède.
235	Lors d'une campagne contre les Germains, Sévère Alexandre et sa mère sont assassinés par les soldats qui donnent l'Empire à l'un des leurs, Maximin le Thrace. La dynastie sévérienne s'éteint.

5 - Emilien [207-257]

Emilien [*Marcus Aemilius Aemilianus* - 207-257] est un empereur romain d'origine berbère. Il est né dans la province de Maurétanie [Algérie actuelle]. En 252, il succéda à Trebonianus Gallus [206-253][253] à la fonction de gouverneur de Mésie [cours inférieur du Danube] et prit le commandement de l'armée du Danube. Après la mort des deux co-empereurs précédents, Trajan Dèce [201-251] et Herennius Etruscus [227-251], ce dernier regagne Rome pour recevoir son investiture d'Empereur par le Sénat et se faire ovationner par la plèbe.

Les Goths ravagent, en 253, l'Asie et saccagent Éphèse [cité grecque]. Émilien les refoule au-delà du Danube et riche de ces victoires, il est proclamé Empereur par ses soldats[254]. Un général victorieux est un danger pour l'unité de l'Empire. D'ailleurs, c'est pour cette raison que les empereurs romains participaient personnellement à la direction des opérations militaires.

Valérien [195-260], commandant des armées du Rhin et du Haut-Danube, est chargé par Trebonianus Gallus de punir l'*usurpateur*[255], mais Valérien est proclamé lui-même empereur par ses soldats avant d'arriver à la Mésie.

En 253, à la tête de ses légions, Émilien pénétra en l'Italie, en direction de Rome. Le prestige d'Émilien, et surtout les gratifications

---

[253] M. CHRISTOL, L'empire romain du IIIᵉ siècle : histoire politique 192-325 », Edit. Errance, Paris, 1997.

[254] F. ZOSSO & C. ZINGG, « Les Empereurs romains », Coll. Hespérides, Edit. Errance, Paris, 1995.

[255] *Usurpateur romain.* Il s'agit généralement d'un soldat ou d'un général [sénateur ou chevalier], qui s'auto-proclame ou se fait acclamer *Auguste* [titre porté par les empereurs romains, par référence à la dignité accordée au premier d'entre eux, Auguste] par ses soldats, la garde prétorienne ou le Sénat, et qui s'oppose au gouvernement de l'empereur en fonction.

que celui-ci avait promises aux légionnaires de Trebonianus Gallus s'ils lui portaient allégeance avaient ôté toute envie d'engager la bataille. Les soldats de l'empereur Trebonianus Gallus mirent ce dernier à mort ainsi que son fils Volusien [230-253] associé au trône impérial. Valérien, afin de combattre son rival Émilien, avait ramené les légions de Gaule et de Germanie qui le déclarèrent empereur.

Le Sénat romain reconnait Émilien comme empereur mais quand ce dernier se prépare à combattre Valérien à Spolète [centre de l'Italie], il est assassiné par ses propres soldats impressionnés par les armées de Valérien et se rallièrent à celui-ci.

6 - *Lucius Alfenus Senecio [m.211]*

Lucius Alfenus Senecio [m. 211] est un procureur et gouverneur romain d'origine berbère. Il est né à Curculum [*Culcul* - actuelle Djemila - Algérie][256]. Il occupa la fonction de *procurator Augusti* en *Gaule Belgique*[257] et en *Maurétanie Césarienne* [196-197][258]. Puis, il se consacra à la charge de gouverneur de Syrie Romaine [200-205]. Entre 205 et 207, il fut le dernier proconsul de toute la Bretagne romaine [Britannie] avant sa division en provinces par Septime Sévère[259].

Diverses installations militaires le long du mur d'Hadrien furent restaurées par lui à la suite des révoltes des années précédentes[260]. Ses

---

[256] A.R. BIRLEY, « The African Emperor », Edit. Routledge, London, 1999.
[257] *Gaule belgique* [lat. *Gallia belgica*]. Une des quatre provinces [dont Gaule aquitaine, Gaule lyonnaise et Gaule narbonnaise] créées par Auguste [63 av. J.-C.-14] à partir des conquêtes de Jules César en Gaule [100-44 av. J.-C.] entre 58 et 51/50 av. J.-C.
[258] « The Oxford Classical Dictionary (3 rev. ed.) », Edit. S. Hornblower & A. Spawforth, Publisher Oxford University Press, Oxford, 2005.
[259] T. VENNING & J. DRINKWATER, « A Chronology of the Roman Empire », Edit. Timothy Venning, London, 2011.
[260] Collectif, « Lucius Alfenus Senecio », Edit. Betascript Publishin, Payot, Lausanne, 2010.

victoires contre les *Maeatae*[261] et la confédération calédonienne en Grande-Bretagne [206] permirent la réoccupation de la province et de ses frontières.

7 - *Lusius Quietus* [m. 118]

Lusius Quietus [m.118] était un proconsul [gouverneur] romain d'origine berbère et général prestigieux de l'empereur Trajan [*Marcus Ulpius Trajanus* - 53-117]. Il est né en Maurétanie Tingitane [Ouest de la Berbérie], où son père chef d'une importante tribu, lutte pour les Romains au cours de la *révolte d'Aedemon*[262], dirigée par Aedemon [Ier siècle]. En raison des des services rendus, la citoyenneté romaine est accordée à la famille de Lusius ainsi que la latinisation de leur nom. Lusius Quietus acquiert une éducation romaine et, plus tard, il s'enrôle dans l'armée impériale. Au départ, simple soldat, il est promu officier auxiliaire dans la cavalerie. Il combat sur les frontières nord de l'Empire [Rhin, Danube]. Lors de la campagne militaire contre les *Daces*[263], l'empereur Trajan recrute Lusius Quietus qui devint l'un de ses plus proches assistants [264]. Il fonde un nouveau régiment, *vexillatio*[265], de cavalerie auxiliaire formé exclusivement de berbères [maures, numides] [266]. Il cumule les exploits militaires [Parthes,

---

[261] *Maeatae*. Confédération de tribus vivant au-delà du mur d'Antonin en Grande-Bretagne romaine.
[262] *Révolte d'Aedemon*. Révolte fomentée par Aedemon, un esclave affranchi du roi Ptolémée de Maurétanie. La révolte s'est déroulée dans la province romaine de Maurétanie Tingitane [actuel Maroc].
[263] *Daces*. Nom donné par les Romains aux tribus ayant peuplé, dans l'Antiquité, le bassin du Bas-Danube.
[264] La cavalerie berbère eétait un corps d'armée illustre et la plus réputée de l'époque antique. Nombreux sont les puissances régionales qui sollicitèrent leur service [Egypte, Rome, Carthage, etc.].
[265] *Vexillatio*. Il s'agit sous le Principat et durant l'Antiquité tardive, un détachement de l'armée romaine formé comme corps expéditionnaire pour une durée variable.
[266] C. BRIAND-PONSART, « Identités et cultures dans l'Algérie antique », Université de Rouen - Le Havre, 2005.

Arménie, Mésopotamie, etc.] ce qu'il lui vaut d'être promu par Trajan au rang de *préteur*[267] lui permettant d'accéder au Sénat. L'empereur le distingue encore par une nomination en tant que proconsul de Judée[268] et au rang de légat[269] consulaire. Dans cette région, il met de l'ordre en faisant disparaître les révoltes juives et les bandes de pillards.

Peu après le décès de Trajan, Hadrien [76-138] qui monte sur le trône en 117 est jaloux de la popularité dans l'armée de Lusius Quietus. Ainsi, il le révoque de son poste de commandement de la cavalerie maure et le rappelle à Rome[270]. Sur ordre du Sénat, Lusius Quietus et d'autres « *conspirateurs* » sont exécutés en 118 pour suspicion d'atteinte à la vie du nouvel empereur ou d'ambitionner le trône. Aussitôt, un soulèvement éclate en Maurétanie, province où Lusius Quietus demeure très populaire. Hadrien dépêche le général et homme de confiance, Quintus Marcius Turbo [Ier siècle], afin de mater la rébellion.

8 - *Quintus Lollius Urbicus* [110-160]

Quintus Lollius Urbicus [110-160] est un sénateur romain, d'origine berbère. Il est né à Tiddis[271] en Numidie [Constantine - Algérie][272] et se consacra à une remarquable et brillante carrière

---

[267] *Préteur*. Magistrat de la Rome antique, de rang sénatorial, peut prendre place sur la chaise curule, et porter la toge prétexte.
[268] P.-A. FEVRIER, « Antiquités africaines », Editions du CNRS, Paris, 1986.
[269] *Légat*. Titre officiel, représentant diplomatique dans un pays où il n'a pas d'ambassade.
[270] P. PETIT, « Histoire générale de l'Empire romain, tome 1 - Le Haut-Empire », Edit. Seuil, Paris, 1978.
[271] *Tiddis* [Castellum Respublica Tidditanorum]. Cité numide puis romaine qui dépendait de Cirta [actuelle Constantine]. Elle est située sur le territoire de l'actuelle commune de Beni Hamiden dans la wilaya de Constantine en Algérie.
[272] Quintus Lollius Urbicus nous est connu également par des inscriptions latines retrouvées à Tiddis [Nord-Ouest de Constantine] et aux environs.

sénatoriale. De 138 à 144, Quintus Lollius Urbicus était proconsul [gouverneur] de la province romaine de Britannia [actuelle Grande-Bretagne]. Il fit la construction du *Mur d'Antonin*[273] décidé par un décret de l'empereur romain Antonin le Pieux [86-161][274]. Il acheva sa carrière en tant que préfet de Rome[275].

Les Lollius[276], une famille des plus illustres accéda à l'*ordre sénatorial*[277]. Dès lors, Qintus Urbicus a été le premier membre de sa famille à siéger au sénat : il fut un *homo novus*[278]. Le *cursus honorum* de Quintus Lollius Urbicus fut florissant. Il occupa diverses charges au sein de l'administration politique et militaire de l'empire romain[279]. Il gravit la hiérarchie de la carrière sénatoriale. chargé d'un *curatèle* [entretien de voirie], *tribun militaire*[280] dans la XXIIe Légion Primigenia stationné en Germanie supérieure, exercice de la *questure* à

---

[273] *Mur d'Antonin.* Muraille que l'empereur Antonin le Pieux fit construire vers 140 en Britannia [Grande-Bretagne] par Quintus Lollius Urbicus entre le Firth of Forth et la Clyde [Écosse] et qui doublait au Nord la fortification [mur d'Hadrien] déjà construite par son père adoptif Hadrien. Il fut le théâtre d'âpres invasions barbares pictes [natifs de l'actuelle Écosse] à la fin du IIe siècle.

[274] C. WELLS, « The Roman Empire », Harvard University Press, Cambridge [USA], 1995.

[275] S. RAVEN, « Rome in Africa », Edit. Routledge, Londres, 2005.

[276] Le mausolée de Quintus Lollius Urbicus en hommage à lui et à sa famille fut édifié près de la cité antique de Tiddis qui dépendait de Cirta, dans la province romaine de *Numidia cirtensis* [actuelle wilaya de Constantine en Algérie].

[277] *Ordre sénatorial.* Il désigne, dans la Rome antique l'ensemble des membres du sénat et, selon la période envisagée, leurs familles et descendants.

[278] **Homo novus** [lat. *homme nouveau*]. Expression latine désignant dans l'Antiquité romaine, notamment sous la République, un citoyen dont aucun aïeul n'a occupé quelque charge publique que ce soit [*consulat, préture, questure, édilité*, etc.] et qui occupe pour la première fois une telle charge alors qu'il n'est pas issu du patriciat.

[279] P. PETIT, « La paix romaine », Collection Nouvelle Clio - l'histoire et ses problèmes, Edit. PUF, Paris, 1967.

[280] *Tribun militaire* [lat *Tribunus militum*]. Officier supérieur qui sert dans la légion romaine sous la Rome antique.

Rome ; puis *légat* du proconsul d'Asie, *tribun de la plèbe*[281] et *préteur*. Ces deux dernières fonctions le place comme candidat officiel de l'empereur qui lui assure un appui puissant.

Il est affecté au poste de *légat de légion*[282] de la Xe Légion Gemina qui stationnait en Pannonie. En 132-135, il participe à l'expédition dirigée contre les zélotes juifs [*Révolte de Bar Kokhba*[283]] sous l'empereur Hadrien qu'il le récompensa. En 135, après son consulat suffect, il est promu *proconsul* de la province de Germanie inférieure. Entre 139 et 142, il est *légat propréteur*[284] de la province de Britannia où il soumet les tribus *Brigantes*[285].

Des inscriptions témoignent de son œuvre : au fort de Corbridge sur le mur d'Hadrien avec la legio II Augusta, puis au mur d'Antonin à Balmuidly. Il termina sa carrière en tant que *préfet de Rome*[286], fonction la plus honorifique et la plus prestigieuse.

C. Wells déclare[287] : « *À aucune autre période de l'histoire, le deuxième ou troisième fils d'un propriétaire terrien berbère d'une petite*

---

[281] *Tribuns de la plèbe* [lat. *Tribunus plebis*]. Il s'agit dans la Rome antique des magistrats élus de la plèbe [citoyens romains, distincts des esclaves], élus pour une durée d'un an par le concile plébéien.

[282] *Légat de légion* [lat *legatus legionis*]. Officier supérieur commandant d'une légion dans l'armée romaine.

[283] *Révolte de Bar Kokhba* [ou *seconde guerre judéo-romaine*]. Seconde insurrection des juifs de la province de Judée contre l'Empire romain, et la dernière des guerres judéo-romaines.

[284] *Légat* [lat. *legatus*]. Il s'agit dans la Rome antique un chargé de mission délégué hors de Rome par le Sénat romain ou par un magistrat supérieur détenteur de l'*imperium* [pouvoir suprême détenu par le roi puis attribué à certains magistrats], puis par l'empereur.

[285] *Brigantes*. Puissant peuple celte de l'île de Bretagne [actuelle Grande-Bretagne].

[286] **Préfet de Rome** [*préfet de la Ville*]. Charge non collégiale et non élective, celle de gouverner la ville.

[287] C. WELLS, « The Roman Empire », Harvard University Press, Cambridge [USA], 1995.

ville de l'intérieur aurait pu faire une telle carrière qui l'a amené à occuper les plus hautes fonctions en Asie, Judée, sur le Danube...le Bas-Rhin et la Bretagne pour terminer sa carrière comme préfet de Rome, la capitale de l'empire romain auquel toutes ces provinces appartenaient. »

VII - Quelques théoriciens berbères fondateurs du Christianisme

La naissance du Christianisme occidental latin est né en Berbérie au cœur de nombreuses villes florissantes parsemées dans diverses provinces d'Est en Ouest telles que : la *Tripolitaine*[288], la *Byzacène* [actuelle Tunisie], l'*Afrique proconsulaire*[289], la *Numidie cirtéenne*[290], la *Numidie militaire*, la *Maurétanie césarienne*[291], la *Maurétanie sétifienne*[292] et la *Maurétanie tingitane*[293].

Dans ces riches provinces de Berbérie habitait une élite cultivée, souvent de Berbères latinisés[294]. Carthage, Negrine, Thagaste, Hippone illustrent notamment les premiers siècles du christianisme. Sans aucun doute, ces territoires tiennent une place majeure dans l'histoire du christianisme car les Berbères qui y sont issus marquent de leur sceau l'histoire et la culture de la chrétienté d'Occident :

---

[288] *Tripolitaine*. Signifie « *trois villes* » et situées en Libye : *Oea, Leptis Magna* et *Sabratha*.
[289] *Afrique proconsulaire*. Ancienne province romaine qui correspond aux actuels nord et sud-est tunisien, plus une partie de l'Algérie et de la Libye actuelle.
[290] *Numidie cirtéenne* [lat. *Numidia Cirtensis*]. Province romaine résultant du démembrement de la province de Numidie et dont la capitale était Cirta, actuelle Constantine, en Algérie ; elle ne dure que dix ans, se révélant en 303 avec le nouveau découpage de l'Empire romain par l'empereur Dioclétien [244-312] et disparaissant en 313 lors de sa réunification avec la province de Numidie militaire.
[291] *Maurétanie césarienne*. Province de la Rome antique, partie orientale de la *Maurétanie*, qui correspondait à l'actuelle Algérie centrale et occidentale. À l'ouest de l'Afrique romaine, la Maurétanie.
[292] *Maurétanie sétifienne*. Province romaine, dans l'Afrique proconsulaire la partie orientale de la Maurétanie césarienne. La capitale était Sitifis [actuelle Sétif - Algérie].
[293] *Maurétanie tingitane*. Province qui s'étendait du nord de la péninsule à Salé et Volubilis au sud et à l'est jusqu'à la rivière Oued Moulouya [Maroc]. Les principales villes étaient Volubilis, Tingis [Tanger], Lixus [Larache] et Tamuda [Tétouan].
[294] A. CORBIN, « Histoire du Christianisme », Edit. Seuil, Paris, 2007.

Tertullien, Cyprien de Carthage, Augustin d'Hippone, Arius, etc. en sont que quelques représentants dont se réclament les Églises chrétiennes d'Occident et d'Orient.

1 - Pape Victor Ier [m. 199]

Victor Ier [m. 199][295], d'origine berbère[296], fut le 14ᵉ évêque de Rome[297], donc le 13ᵉ successeur de saint-Pierre au souverain pontificat. Il était natif de Berbérie [actuelle Tunisie][298]. Il succède à Éleuthère [m. 189] et dirige l'Église de Rome jusqu'à 199. Il affirme la volonté des évêques de Rome de prescrire un *magistère* moral sur les autres Églises et à prescrire le latin comme langue liturgique.

Victor Ier veille à ce que soit respecté le droit de regard universel de l'Eglise de Rome sur l'ensemble des Eglises. Des conciles régionaux reconnaissent et confirment son autorité. Il s'illustre dans la controverse sur la *Pâque quartodécimaine*[299] en affrontant les évêques d'Orient. En voulant imposer l'autorité de l'évêché de Rome à toute la chrétienté, en 192, il rédige des décrets d'excommunications à l'encontre de ces évêques orientaux. L'intervention de Irénée de Lyon [130-202] ajourna ces arrêtés et Victor Ier ne put imposer cette décision. Ce dernier s'attache à réviser les formules des prières et des rites, celles de la consécration épiscopale, de l'ordination des prêtres, diacres, confesseurs, etc. Même autorité dans le domaine doctrinal où il combat l'hérésie *gnostique*[300] et le *montanisme*[301].

---

[295] E. GUERNIER, « La Berbérie, l'Islam et la France : le destin de l'Afrique du Nord », Éditions de l'Union française, Paris, 1950.

[296] V. SERRALDA & A. HUARD, « Le Berbère, lumière de l'Occident », Edit. Nouvelles Editions Latines, Paris, 1990.

[297] Le pape est l'évêque de Rome et le chef de l'Église catholique.

[298] « Liber Pontificalis : XV. Victor »

[299] *Pâque quartodécimaine.* Fête religieuse qui a été pratiquée surtout jusqu'à la fin du IVe siècle par les Églises chrétiennes d'Asie.

[300] *Gnosticisme.* Doctrine selon laquelle une certaine connaissance apporte à l'homme le salut. Une certaine connaissance, non pas toute connaissance.

2 - Tertullien [160-220]

Tertullien [*Quintus Septimius Florens Tertullianus* - 160-220], d'origine berbère[302], il est l'un des Pères de l'Église, écrivain de langue latine et auteur de nombreux *apologétiques*[303]. Il est né vers 160 à Carthage [Tunisie] et s'éteint en 220 dans cette même ville. Tertullien est natif d'une famille berbère romanisée et païenne[304]. Son père fut centurion dans une légion de l'armée romaine. On connaît peu d'éléments sur sa vie. Elève studieux, il étudie la rhétorique, la jurisprudence, la poésie et la philosophie.

Tertullien se convertit au christianisme et devient le théologien le plus renommé de Carthage[305]. Auteur productif, *catéchète*[306], Tertullien influence de manière significatif l'Occident chrétien. Initiateur du terme *Trinité*[307], il expose une théologie rigoriste [traités sur la femme, le mariage, la chasteté ou le jeûne, etc.][308]. Moraliste intransigeant, il est un polémiste zélé : il combat les cultes païens et le gnosticisme de Marcion de Sinope [85-160]. La chrétienté le

---

[301] *Montanisme*. Mouvement spirituel et prophétique, fondé en Phrygie au IIe siècle par le moine Montan qui, prétendant avoir reçu des révélations particulières du Saint-Esprit, annonçait l'imminence de la fin du monde, l'avènement du millénium et invitait les chrétiens à s'y préparer en pratiquant un ascétisme rigoureux.

[302] ABBE V. SERRALDA, « Le Berbère...lumière de l'Occident », Nouvelles Éditions Latines, Paris, 1989.

[303] *Apologétique*. Partie de la théologie qui tend à défendre la religion contre les attaques dont elle est l'objet [« apologétique négative »] et à démontrer la vérité et la divinité du christianisme, pour aboutir ainsi au jugement de crédibilité, point de départ de l'adhésion par la foi [« apologétique constructive »].

[304] C.-A. JULIEN, « Histoire de l'Afrique du Nord (1951*)* », Edit. Payot, Paris, 2001.

[305] P. HENNE, « Tertullien l'Africain », Éditions du Cerf, Paris, 2011.

[306] *Catéchète*. Enseignement du mystère chrétien adressé aux catéchumènes, dans l'Église ancienne ; enseignement de ce mystère donné de vive voix, par demandes et par réponses.

[307] J. MOINGT, « Théologie trinitaire de Tertullien », 3 tomes, Edit. Aubier, Paris, 1966.

[308] A. D'ALES, « La théologie de Tertullien », Edit. Beauchesne, Paris, 1905.

considère comme le plus grand théologien même s'il n'a pas été canonisé par l'Église catholique. En effet, en 207, il rejoint le mouvement hérétique montaniste. A la fin de sa vie, rompant avec l'Église traditionnelle, ses positions sont encore plus rigoristes.

3 - *Cyprien de Carthage* [200-258]

Cyprien de Carthage [*Thascius Caecilius Cyprianus* - 200-258][309], d'origine berbère[310], fut évêque de Carthage et Père de l'Église. Après son compatriote Saint Augustin [354-430] il est l'un des plus grands esprits de la doctrine de l'Église latine des premiers siècles[311]. Il fait d'abord une carrière de rhéteur à Carthage, puis professe la rhétorique[312]. Il se convertit tardivement au christianisme. Il devient prêtre puis, en 249, évêque de Carthage.

Durant la persécution de l'empereur Trajan Dèce [201-251], il doit traiter différents problèmes : révolte des confesseurs, réconciliation des *lapsi*[313], déclaration de schismes.

En 255, Cyprien entame des hostilités avec Étienne Ier [m. 257], évêque de Rome : apostasie de deux évêques espagnols, affaire de l'évêque Marcianus d'Arles, Novatien [220-258] et l'Eglise novatianiste, validité du baptême octroyé par les *hérétiques*[314]. En 257, à l'apparition de l'édit persécuteur de l'empereur Valérien [195-260], Cyprien est exilé.

---

[309] ABBE V. SERRALDA, « Le Berbère...lumière de l'Occident », Nouvelles Éditions Latines, Paris, 1989.
[310] G. CAMPS, « Les Berbères », Éditions de France, St-Nazaire, 1995.
[311] M. BRETT & E. FENTRESS, « The Berbers », Coll. The peoples of Africa, Edit. Reprint, Oxford [GB], 1996.
[312] M. JOURJON, « Cyprien de Carthage », Éditions ouvrières, Paris, 1957.
[313] *Lapsi*. A l'époque des premiers siècles du christianisme, un *lapsus* [plur. *lapsi*], est un chrétien ayant renié sa foi par peur des persécutions.
[314] C. SAUMAGNE, « Saint Cyprien, évêque de Carthage, « pape » d'Afrique (248-258) », Edit. CNRS, Paris, 1975.

En 258, à son retour dans sa ville épiscopale, il y est décapité, en vertu du second édit, avec ses compagnons ecclésiastiques. Saint Cyprien a écrit en latin des traités dont le plus célèbre *« De Catholicae Ecclesiae unitate -De l'unité de l'Église catholique- »* publié en 251[315]. Ces derniers ont pour but la défense du christianisme et le soutient de la foi des chrétiens[316].

4 - Arius [250-336]

Arius [250-336], d'origine berbère[317], né dans les années 250 en *Cyrénaïque*[318] [Libye] fut un *presbytre*[319], théologien et ascète dont la charge s'est effectuée à Alexandrie [Egypte][320]. Bien que maitrisant le latin, il préfère s'exprimer en grec Sa *pastorale*[321] novatrice a donné naissance à la doctrine qui porte son nom, l'*Arianisme*. Arius se manifeste à Alexandrie [Egypte] dès les premières années de la persécution des chrétiens qui, conduite par Dioclétien [244-312] débute en 303 jusqu'en 313[322]. Pendant cette période, Arius est ordonné *diacre*[323] par l'évêque Pierre d'Alexandrie [m. 311], puis,

---

[315] L. BAYARD, « Saint Cyprien : lettres », Éditions du Soleil Levant, Namur, 1961.

[316] P. MATTEI, « Le christianisme antique (Ier – Ve siècle) : l'Antiquité, une histoire », Ediut. Ellipses, Paris, 2003.

[317] G. MEYNIER, « L'Algérie des origines : De la préhistoire à l'avènement de l'Islam », Edit. La découverte, Paris, 2007.

[318] *Cyrénaïque*. Région fertile mais isolée située à l'ouest de l'Égypte et faisant partie de la Libye actuelle, était peuplée de tribus soit nomades soit sédentaires mal connues d'origine berbère.

[319] *Presbytre*. Désigne une fonction de responsable et de conseiller de communauté dans les premières communautés chrétiennes.

[320] ABBE V. SERRALDA, « Le Berbère...lumière de l'Occident », Nouvelles Éditions Latines, Paris, 1989.

[321] *Pastorale*. Réflexion sur la pratique des ministères [Pasteure et cette pratique elle-même].

[322] H.R. DROBNER, « Les Pères de l'Église : Sept siècles de littérature chrétienne », Edit. Fleurus, Paris, 2012.

[323] *Diacre*. Chrétien qui, dans l'Église primitive, était ordonné pour le service des indigents, pour l'administration matérielle d'une communauté.

plus tard, excommunié par ce dernier. Achilas [250-328][324] le successeur de Pierre l'a ordonné presbytre.

En 313, Arius entreprend son travail pastoral en s'occupant d'une communauté chrétienne nommée Baucalis où il gagne leur respect et leur considération en tant que directeur de conscience[325].

Prédicateur et dialecticien talentueux, il atteint une grande autorité et accède à une incontestable popularité. Il consigne ses cantiques en vers et les psalmodie à son auditoire, une méthode efficace de populariser et de répandre ses idées reprises par la population locale et environnante.

Dans la *Pentapole de Libye*[326], à Ptolémaïs[327], le clergé et la population lui sont d'un grand soutien[328]. Le dogme officiel à propos de l'articulation entre les trois « *personnes* » de la Trinité étant inexistant, Arius, en 318, s'insurge contre l'évêque Alexandre, au sujet du rapport entre le Père et le Fils[329].

Arius déclenche une querelle au sujet de la *Trinité*[330] qui divisera profondément la chrétienté et influencera sérieusement et

---

[324] M.-F. BASLEZ, « Les Premiers bâtisseurs de l'église », Edit. Fayard, Paris, 2016.
[325] A. LE BOULLUEC & E. JUNOD, « Anthologie des théologiens de l'Antiquité », Editions du Cerf, Paris, 2016.
[326] *Pentapole de Libye*. Dans l'Antiquité nom donné dans la partie nord-est de la Cyrénaïque à plusieurs contrées où se trouvaient cinq villes principales : *Cyrène, Bérénice, Arsinoé, Apollonia et Ptolémaïs*.
[327] *Ptolémaïs*. Colonie grecque portuaire, l'une des anciennes capitales de Cyrénaïque, situé près de la ville moderne Tolmeitha [Libye].
[328] A. MARTIN, « Le fulgurant succès d'Arius », Coll. Les Premiers Temps de l'Église, Edit. Gallimard, Paris, 2004.
[329] R. E. RUBENSTEIN, « Le jour où Jésus devint Dieu : « L'affaire Arius » ou la grande querelle sur la divinité du Christ au dernier siècle de l'Empire romain », Edit. La Découverte, Paris, 2004.
[330] *Trinité*. Union des trois personnes divines ; Dieu, considéré dans son mode d'existence en trois personnes distinctes et consubstantielles, unies dans une seule et indivisible nature éternelle.

durablement en fixant les limites de la *profession de foi*[331]. L'*Arianisme* devient, pour des siècles, l'archétype de l'*hérésie*[332].

5 - Pape Miltiade [m. 314]

Miltiade [*Melchiade* - m. 314] d'origine berbère[333], était un évêque de Rome qui parvient à l'évêché vers 310[334]. Son épiscopat est marqué par la *crise donatiste*[335]. Il est né dans une province de Berbérie [Afrique proconsulaire]. C'est cette querelle donatiste qui est la mieux documentée de son évêché.

L'évêque de Rome Miltiade rencontre Constantin Ier [272-337] qui lui offre le Palais du Latran, propriété de son épouse l'impératrice Fausta, et qui devient, à compter de cette époque, la résidence pontificale habituelle[336].

En 313, Constantin Ier et Licinius [263-325] promulguent l'*édit de Milan*[337] stipulant qu'ils accordent la liberté de culte aux chrétiens ainsi qu'aux adeptes des autres religions et restaurent les biens de l'Église. De 311 à 314, Miltiade est le 32ᵉ Pape et évêque de Rome[338].

---

[331] *Profession de foi*. Déclaration ouverte et publique d'une croyance ou d'une foi.
[332] *Hérésie*. Doctrine, opinion qui diffère des croyances établies, condamnée par l'Église catholique comme contraire aux dogmes.
[333] « Liber Pontificalis : XXXIII. Miltiades »
[334] P. LEVILLAIN, « Dictionnaire historique de la Papauté, » Fayard, Paris, 1994.
[335] J.N.D. KELLY « Dictionnaire des Papes [« The Oxford Dictionary of Popes »], Coll. Petits dictionnaires bleus, Edit. Brepols, 1994.
[336] Y.-M. HILAIRE, « Histoire de la papauté : 2000 ans de mission et de tribulations », Edit. Tallandier, Paris, 2003.
[337] *Edit de Milan* ou *Edit de Constantin*. Promulgation des empereurs Constantin Ier [272-337] et Licinius [263-325] en 313, est généralement montré comme un *édit de tolérance* par lequel il octroie la liberté de culte à toutes les religions et permet aux chrétiens de ne plus vénérer l'empereur tel une divinité.
[338] P. MARAVAL, « Le christianisme de Constantin à la conquête arabe », Collection Nouvelle Clio, Edit. PUF, Paris, 2005.

6 - *Donatus Magnus [270-355]*

Donatus Magnus [*Donat le Grand* - 270-355][339], d'origine berbère, est un évêque *schismatique*[340] dont les adeptes, les *donatistes*, diffusèrent sa doctrine [*Donatisme*]. Peu d'informations sont disponibles sur sa jeunesse. Il est né en Numidie et fut un remarquable orateur. Évêque de *Casae Nigrae* à Negrine [commune de la wilaya de Tébessa - Algérie] en Numidie[341], il déclenche un schisme en 305 en récusant d'autoriser à la communion les traîtres [*traditores*, renégats], ceux qui avaient laissé les vases sacrés et les livres saints aux païens durant la *persécution de Dioclétien*[342], désavouant de ce fait le christianisme. S'opposant à la nomination de l'évêque de Carthage en 307, le schisme apparaît, le *Donatisme*, qui divisa les chrétiens africains durant le IVe siècle.

Donatus Magnus dépose Caecilianus [m. IVe siècle], évêque de Carthage, lui imputant d'être indulgent à l'encontre des traitres. En 313, le pape Miltiade [m. 314], le concile de Rome et le concile d'Arles excommunient Donatus Magnus. Ses fidèles fomentent une révolte à l'encontre de tous les chrétiens non schismatiques ce qui entraîna une guerre civile. Parménien [Parménion - m.391] est le successeur de Donatus Magnusen devenant ainsi évêque et chef de l'Eglise donatiste de Carthage.[343]

---

[339] F.P. MILLER, A.F. VANDOME & J. MCBREWSTER, « Donatist : Donatus Magnus, Berber people, Schism (religion), Four Marks of the Church, North Africa during Antiquity, Late Antiquity, Africa Province, Novatianism, Pope Miltiades », Edit. Alphascript, 2010.
[340] *Schismatique*. Qui est séparé de la communion d'une religion par un schisme.
[341] R.W. DYSON, « St. Augustine of Hippo : The Christian Transformation of Political Philosophy », Edit. A&C Black, London, 2006.
[342] *Persécution de Dioclétien* ou *Grande persécution*. Dernière répression du christianisme pendant la Tétrarchie, sous le règne de Dioclétien [244-312], au début du IVe siècle.
[343] V. SERRALDA & A. HUARD, « Le Berbère, lumière de l'Occident », Edit. Nouvelles Editions Latines, Paris, 1990.

Le schisme de Donatus Magnus révèle un sens profond. En effet, il caractérise les conséquences d'une rivalité ethnique entre la population romanisée et celle berbère [numide], un antagonisme de classes entre autochtones et colons. Ces caractéristiques socio-politiques s'implantent profondément dans l'histoire de l'Église de Berbérie. En effet, l'Église donatiste maintient les traditions locales, axées notamment sur le culte des martyrs. L'Église catholique est perçue comme oppresseur et arbitraire car elle impose des règles universelles contre le particularisme national.

7 - Monique [332-387]

Monique [*Sainte Monique* - 332-387], d'origine berbère, est née à Thagaste [actuel Souk Ahras - Algérie] ville située sur l'une des routes qui reliait Hippone[344] à Carthage, dans la province romaine de Numidie[345]. Elle est la mère de Saint Augustin d'Hippone [354-430] l'un des plus grands théologiens et Père de l'Eglise[346].

Monique révèle une double identité culturelle : berbère et romanisée[347]. A ce propos, le patronyme de *Monica* est une transposition latine de *Monnica*, l'un des nombreux noms berbère construits sur la racine *Monn* qui forme le diminutif de *Monna*, nom autochtone d'une divinité régionale qu'atteste une inscription[348] de Thignica[349].

F. DECRET, « Le Christianisme en Afrique du Nord ancienne », Edit. Le Seuil, Paris, 1996.
[344] *Hippone* [lat. *Hippo Regius*]. Nom antique de la ville d'Annaba, se trouvant au nord-est de l'Algérie. Elle devint l'une des principales cités de l'Afrique romaine.
[345] *Encyclopedia Americana*, Scholastic Library Publishing, 2005, v. 3.
[346] A. TRAPE, « Saint Augustin, l'homme, le pasteur, le mystique », Edit. Fayard, Paris, 1988.
[347] L. CRISTIANI, « Sainte Monique (331-387 ») », Éditions de l'Apostolat, 1959.
[348] *Aïn Tounga*. Site archéologique situé à proximité de la ville de Testour [Tunisie], près du site de Dougga, et abritant les vestiges de la cité antique de *Thignica*.
[349] S. LANCEL, « Saint Augustin », Edit. Fayard, Paris, 1999.

En 370, elle conduit Augustin à Carthage pour qu'il y étudie. Veuve en 371, elle se consacre à son fils. En 383, Augustin lui envoie une lettre lui disant de son intention de quitter Carthage pour aller s'établir à Rome où Monique le rejoint quelques mois plus tard. En 387, au moment de s'embarquer pour la Numidie [Algérie], Monique tombe malade et meurt à Ostie [Italie].

Monique demeurera attachée à ses racines traditionnelles berbères. Elle est reconnue sainte par l'Église catholique romaine et l'Église orthodoxe.

8 - *Marcellin d'Embrun [m. 374] - Domnin [m. 380] - Vincent de Digne [m. 394*

Marcellin d'Embrun [Marcellin de Gaule - m. 374][350], Vincent de Digne [m. 394] et Domnin [*Dominus* - m. 380] d'origine berbère[351]. En 313, ils partent de Berbérie pour Rome afin d'assister au *concile*[352] réuni pour arbitrer les *Donatistes*[353]. Après avoir reçu leur mission du pape saint Melchiade [m. 314], ils se rendent à Nice où ils furent conseillés par les évêques lors du Concile d'Arles en 314.

Ils faisaient partie tous les trois d'une des premières équipes missionnaires mandatées pour évangéliser la Provence. Marcellin, Vincent de Digne et Domnin partent ensuite vers les Alpes et ils parviennent à Embrun. Aux premiers temps du christianisme, les missionnaires devenaient les évêques des régions qu'ils évangélisaient.

---

[350] J. HUMBERT, « Embrun et l'Embrunais à travers l'histoire », Edit. Société d'études des Hautes-Alpes, Gap, 1972.
[351] V.J. OMALLEY, « Saints of Africa », Edit. Sunday Visitor, Huttington [USA], 2001.
[352] *Concile* ou *synode*. Assemblée d'évêques de l'Église catholique [latine ou non] ou orthodoxe.
[353] *Donatisme*. Doctrine chrétienne jugée *a posteriori* schismatique puis hérétique par l'Église, doctrine qui se développe dans le diocèse de Berbérie aux IVe et Ve siècles. Elle tire son nom de Donat le Grand, évêque de Cases-Noires *Casae Nigrae* en Numidie à Negrine [commune de la wilaya de Tébessa - Algérie].

Ainsi, en 374, Marcellin fut le premier évêque d'Embrun. Domnin contribua à l'évangélisation de la vallée de l'Ubaye [Alpes-de-Haute-Provence] et fut également archevêque de la ville de Vienne [Isère, France]. Vincent fut, vers 380, le deuxième évêque de Digne [Alpes de Haute-Provence]

9 - Augustin d'Hippone [354-430]

Augustin d'Hippone[354] [saint Augustin - 354-430][355], d'origine berbère[356], penseur et théologien, évêque catholique d'Hippone, et écrivain. Il est l'un des principaux Pères de l'Église latine et l'un des *Docteurs de l'Église*[357] le plus influents. Sa pensée et ses œuvres donneront naissance à l'*augustinisme*[358].

Augustin est né, en 354, à Thagaste [actuelle Souk Ahras - Algérie], un *municipe*[359] de l'Afrique proconsulaire et décède en 430 à Hippone [actuelle Annaba - Algérie] en Numidie[360]. De culture latine, il étudie à partir de quinze ans à Madaure [actuelle

---

[354] R. POTTIER, « Saint Augustin le Berbère », Les Publications techniques et artistiques, Paris, 1945.

[355] ABBE V. SERRALDA, « Le Berbère...lumière de l'Occident », Nouvelles Éditions Latines, 1989.

[356] R. POTTIER, « Saint Augustin le Berbère », Édit. F. Lanore, Paris, 2006.

[357] Dans l'Église catholique, un docteur de l'Église est un baptisé, homme ou femme, dont l'Église reconnaît l'autorité exceptionnelle dans le domaine de la théologie.

[358] *Augustinisme*. Doctrine de Saint Augustin. La pensée de saint Augustin donne naissance à un ensemble de thèses philosophiques et théologiques que l'on rassemble sous la dénomination d'*augustinisme*. Plus que la lettre, c'est l'esprit d'Augustin qui a régné sur la période médiévale et au moins jusqu'au XVIIe siècle.

[359] *Municipe* [lat. *municipium*]. Un des statuts possibles pour une cité du monde romain antique. À la différence, en théorie, du statut de colonie [lat. *colonia*], le municipe substitue à une communauté pérégrine. Le statut de municipe contribue ainsi à la promotion de villes d'origine indigène à l'intérieur de la cité romaine. La caractéristique essentielle de ces villes était leur autogestion.

[360] H.-I. MARROU, « Saint Augustin et la fin de la culture antique », Éditions de Boccard, Paris, 1958.

M'daourouch - Algérie][361]. Il reçoit une formation classique de lettrés romains à Carthage tout laissant apparaître une sensibilité et des traits liés à sa région de naissance[362]. En 375, il se rend à Thagaste pour y enseigner la grammaire. Augustin retourne à Carthage où il reste jusque vers 382. Il est conquis d'abord par la philosophie avant de se tourner vers le *Manichéisme*[363].

En 383, il arrive à Rome, mais son séjour ne se déroule pas bien : il tombe malade. En 384, il obtient le poste de professeur de rhétorique à Milan. En 386, lors de sa rencontre avec Ambroise de Milan [340-397], il se convertit au christianisme et devient évêque d'Hippone.

Il rédige divers écrits et controverses[364] contre les manichéens, les donatistes, et le *pélagianisme*[365]. De son imposante œuvre, ses écrits les plus connus sont : *Les Confessions, La Cité de Dieu* et *De la Trinité*[366].

Vers la fin 388, il revient en Numidie [Algérie] après cinq années d'absence et vit dans une confrérie à proximité de Thagaste avec des amis et des disciples. En 391, il se rend à Hippone pour être ordonné prêtre. En 395, Augustin est nommé évêque d'Hippone jusqu'à sa mort en 430[367].

---

[361] *Mdaourouch* ou *Madauros* est une commune de la wilaya de Souk Ahras [Algérie] qui est située à 50 km au sud de Souk Ahras.
[362] S. LANCEL, « Saint Augustin », Edit. Fayard, Paris, 1999.
[363] *Manichéisme*. Doctrine religieuse conçue par Mani [216-274], fondée sur la coexistence et l'antagonisme de deux principes cosmiques égaux et éternels : le « *bien* » et le « *mal* » ; conception qui admet le dualisme antagoniste d'un principe du bien et d'un principe du mal.
[364] R. JOLY, « Saint Augustin et l'intolérance religieuse », Revue belge de philologie et d'histoire, n° 33, 1955.
[365] *Pélagianisme*. Doctrine de Pélage, moine du Ve siècle, relative à la grâce et au péché originel, qui soutenait que l'homme pouvait assurer son salut par ses seuls mérites.
[366] J. RATZINGER, « Originalité et tradition dans le concept augustinien de « Confessio » », Les cahiers d'histoire de la philosophie, 2009.
[367] P. BROWN, « La Vie de saint Augustin », Paris, Seuil, 2001.

Sur le plan théologique et philosophique, il intègre l'héritage grec et romain au christianisme en vulgarisant une lecture allégorique des Écritures. Il est le penseur le plus influent du monde occidental[368].

10 - *Alypius de Thagaste* [360-430]

Alypius [360-430] d'origine berbère[369], fut évêque de Thagaste. Il est né à Thagaste [actuelle Souk Ahras - Algérie] en Numidie. Il est contemporain de saint Augustin d'Hippone et l'un de ses amis plus proches. Issu d'une famille influente, il rencontre et étudie la *rhétorique*[370] auprès d'Augustin à Thagaste[371] et à Carthage.

En 383, Alypius se rend à Rome pour s'instruire du droit. En 384, il suit Augustin à Milan et en 387, ils sont baptisés ensemble. En 388, Alypius rentre à Thagaste avec Augustin et tous deux établissent le premier monastère de Berbérie. Il l'assiste lors de la rédaction de la règle de vie : « *la règle de saint Augustin*[372] ».

En 395, Alypius devient évêque de Thagaste. Son épiscopat est marqué par des querelles avec les partisans du donatisme et du pélagianisme. En 411, à la Conférence de Carthage, il assure la régularité du déroulement de la rencontre entre les divers courants religieux.

---

[368] J.-C. ESLIN, « Saint Augustin », Edit. Michalon, Paris, 2002.
[369] V. SERRALDA & A. HUARD, « Le Berbère…Lumière de l'Occident », Nouvelles Éditions Latines, Paris, 1990
[370] *Rhétorique*. Technique du discours ; ensemble de règles, de procédés constituant l'art de bien parler, de l'éloquence.
[371] SAINT AUGUSTIN, « Les confessions », Edit. GF-Flammarion, Paris, 1964.
[372] *Règle de saint Augustin*. Elle dérive de plusieurs écrits dont une seule lettre authentique d'Augustin d'Hippone. Augustin n'a jamais eu l'intention de fonder un ordre monastique ou religieux au sens institutionnel du terme, mais d'organiser la vie religieuse d'un groupe d'hommes pieux qui lui en avaient fait la demande et auxquels il s'adressa sous la forme d'une lettre développée.
L. VERHEIJEN, « La Règle de Saint Augustin, t. 1 », Tradition manuscrite, t. 2, Coll. Recherches historiques, Edit. Études augustiniennes, Paris, 1967.

Il voyage en Berbérie pour soutenir ses confrères évêques et pour maintenir le contact entre les diverses communautés locales. Il conserva aussi des relations suivies avec le Siège apostolique au moment où l'épiscopat africain lutte contre les adeptes du moine Pélage.

11 - *Possidius de Calame [370-437]*

Possidius de Calame ou [*Possidonius* - 370-437] d'origine berbère[373], il fut évêque de Calame [*Malaca* - actuelle Guelma - Algérie] en Numidie. Il a été le disciple et biographe d'Augustin d'Hippone [« *La Vie de Saint Augustin* », « *Indiculus* »][374].

Possidius vécut à Hippone et fut adepte de la communauté monastique d'Augustin[375]. En 397, il est nommé évêque de Calame. En 411, il représente, en compagnie d'Alypius [360-430] et Augustin, les évêques orthodoxes à la Conférence de Carthage avec les donatistes.

En tant que membre de l'épiscopat de Berbérie, il enchaine diverses controverses : Concile de Malevi [416] et Concile de Carthage [419] à l'encontre de l'hérésie *pélagienne*[376].

En 429, lors de l'invasion de sa cité par les Vandales, il se réfugie à Hippone. En 431, Possidius retourne à Calame. En 437, il est exilé par le roi Genséric [389-477] désireux d'imposer l'*arianisme* dans les régions conquises.

---

[373] V. SERRALDA & A. HUARD, « Le Berbère…Lumière de l'Occident », Nouvelles Éditions Latines, Paris, 1990.
[374] A. CORBIN, « Histoire du Christianisme », Edit. Seuil, Paris, 2007.
[375] F. DECRET, « Le Christianisme en Afrique du Nord », Edit. Seuil, Paris, 1996.
[376] *Pélagianisme.* Doctrine établie à partir de la deuxième moitié du IVe par l'ascète breton Pélage [360-420], Célestius [IVe siècle], Julien d'Eclane [386-455] et leurs disciples, caractérisée par l'insistance sur le libre arbitre de l'homme.

Possidius de Calame meurt en exile vers 437 à Mirandola [Modène - Italie]. Il est l'un des pères fondateurs de l'ordre des chanoines réguliers, dits aussi de saint Augustin[377].

12 - *Adrien de Canterbury* [m. 710]

Adrien de Canterbury [*Adrien de Cantorbéry* - m. 710], d'origine berbère[378], il est né en Numidie [Berbérie]. Il fut réformateur de l'Église d'Angleterre. On connaît peu d'éléments quant à sa biographie. Il exerce la fonction d'abbé au sein de l'abbaye de Nérida, un monastère *bénédictin*[379] près de Naples [Italie].

En 664, à la mort de Deusdedit [m. 664], archevêque de Cantorbéry, le pape Vitalien [600-672] le délègue comme nouvel *archevêque*[380], mais il décline son offre et conseille pour ce poste Théodore de Tarse [602-690] qu'il l'escorte à son siège épiscopal.

En 668, lors de son voyage, Adrien est retenu par le *maire du palais*[381] de Neustrie [ancien royaume de Syagrius, au nord-ouest de l'actuelle France], convaincu de détention de renseignements stratégiques de Constant II Héraclius [630-668], l'empereur byzantin.

---

[377] V.J. O'MALLEY, « Saints of Africa », Edit. Our Sunday Visitor Publishing, Huntington [USA], 2001.
[378] V. SERRALDA & A. HUARD, « Le Berbère…Lumière de l'Occident », Nouvelles Éditions Latines, Paris, 1990.
[379] *Bénédictin*. Religieux, religieuse appartenant à l'ordre de Saint-Benoît. *Ordre des Bénédictins* : fédération de monastères adoptant la règle de saint Benoît de Nursie [480-547] considéré comme le fondateur [en 529].
[380] *Archevêque*. Évêque placé à la tête des évêques d'une province ecclésiastique.
[381] *Maire du palais*. Pendant la période mérovingienne, les *maires du palais* dénommés également « *magister palatii, maior palatii* » ou « *major domus regiæ* », étaient les plus hauts dignitaires, après les rois, des royaumes francs disséminés en France, en Allemagne et au Benelux actuels. Il y avait autant de maires du palais qu'il y avait de royaumes.

En 670, Adrien, lorsqu'il parvient en Angleterre, est nommé abbé de l'abbaye Saint-Pierre à Canterbury, Sa mission avec le concoure de Théodore reste une étape décisive de l'histoire de l'Eglise d'Angleterre, celle de la réforme et l'unification des traditions liturgiques anglaises avec les rites romains. Il en fit un foyer spirituel et intellectuel. L'école de Canterbury devient alors un important centre d'enseignements [religieux, linguistique, arts humanistes]. Ce modèle sera reproduit dans toute l'Angleterre et qui formera, à l'avenir, les futurs membres du clergé européen [Angleterre, France, Allemagne].

Adrien de Canterbury décède en 710, et est inhumé à Canterbury, dans l'église Saint-Augustin.

VIII - Quelques écrivains berbères célèbres d'expression latine

1 - Florus [70-140]

Florus [*Publius Annius Florus* - 70-140], *chroniqueur*[382] d'origine berbère[383], est né en Numidie[384]. Il se rend à Rome durant le règne de Domitien [51-96] afin de participer à un concours poétique [*Ludi Capitolini*] organisé, en 86, par ce dernier. Il est contemporain du chroniqueur et biographe Suétone [70-122][385].

Florus débute une carrière de sophiste itinérant et voyage à travers la partie grecque du monde romain, la Sicile, la Crète, les Cyclades, Rhodes et l'Égypte. Il s'établit à Tarraco [Espagne] où il fonde une école et enseigne la littérature. Pendant les premières années de l'empereur Trajan [53-117], il revient à Rome qui célèbre sa poésie.

Pendant le règne de l'empereur Hadrien [76-138], il devient son ami. Il rédige[386] son célèbre « *Abrégé d'histoire [chronique] romaine* », récit qui débute de la fondation de Rome [Romulus et Remus] à 9 ap. J.-C. Ce travail est un abrégé des chroniques romaines jusqu'à

---

[382] De l'Antiquité jusqu'au XIVe siècle, l'Histoire au sens actuel du mot, c'est à dire la « *Science qui étudie, relate de façon rigoureuse le passé de l'humanité* » n'existait pas. Il faut attendre les fondateurs de cette science, les Andalous A.M. Ibn-Hayan [987-1076] et A.R. Ibn-Khaldoun [1332-1406]. Ainsi, le terme exact est *chronique*, c'est à dire un récit mettant en scène des personnages réels ou fictifs, tout en évoquant des faits sociaux et historiques authentiques, et en respectant l'ordre de leur déroulement.
[383] A. HUARD, « Le Berbère, lumière de l'Occident », Nouvelles Editions Latines, Paris, 1984.
[384] E. GUERNIER, « La Berbérie, L'Islam et la France », Edit. de l'Union Sacrée, Paris, 1950.
[385] J. LECLANT, « Dictionnaire de l'Antiquité », Edit. PUF, Paris, 2008.
[386] P. JAL, « FLORUS – Œuvres », Edit. Les Belles Lettres, Paris, 2003 [1re éd. 1967].

l'époque de l'empereur Auguste [63 av. J.-C.-14], avec des indications relatives aux guerres, et décrit comme un *panégyrique*[387] du peuple romain[388]. Cet abrégé, l'essentiel de son œuvre[389] a connu un grand succès pendant l'Antiquité, au Moyen-Âge et jusqu'au XIXe siècle [livre scolaire].

L'objectif des chroniques de Florus est d'ordre politique. En effet, il fallait apaiser les Romains soucieux du pacifisme de l'empereur Hadrien [76-138], et les interpeller quant aux dangers d'une nouvelle politique d'expansion territoriale. Ainsi, pour Florus le constat est que Rome en tant que monarchie en déclin [*inertie Caesarum*] signifie que l'expansion de l'empire était au point mort.

2 - *Fronton de Cirta [95-166]*

Fronton de Cirta [*Marcus Cornelius Fronto* - 95-166], d'origine berbère[390], est né à Cirta [actuelle Constantine] en Numidie[391]. Il était un célèbre grammairien, rhéteur et avocat [392].

Fronton a fait ses études à Carthage, puis à Rome où, sous l'empereur Hadrien [76-138], il acquit une considérable notoriété en tant qu'avocat. Il débute sa carrière en occupant le poste de *triumvir capitalis*[393], de *questeur*[394] de la province de Sicile, puis *édile*[395] de la

---

[387] *Panégyrique*. Discours d'apparat prononcé devant le peuple lors des grandes fêtes religieuses, exaltant la gloire nationale et vantant les avantages de telle ou telle entreprise ou voie politique.
[388] M.C. HOWATSON, « Dictionnaire de l'Antiquité : Mythologie, Littérature, Civilisation », Edit. Robert Laffont, Paris, 1993.
[389] FLORUS, « Lettres et poèmes. » - « Dialogue sur Virgile » - « Un résumé Des histoires [chroniques] de Titus Livy » [Tite-Live - 59 av. J.-C.-17] .
[390] V. SERRALDA, « Le Berbère lumière de l'occident », Éditions latines, Paris, 1989.
[391] M. BRETT & E. FENTRESS, « The Berbers », Edit. Wiley-Blackwell, Oxford, 1997.
[392] E. CHAMPLIN, « Fronto and Antonine Rome », Edit. Harvard University Press, Cambridge [MA], 1980.
[393] *Triumvir*. Magistrat inférieur d'un collège composé de trois membres, chargé d'une branche de l'administration sous la République

plèbe et enfin *préteur* [magistrat de la Rome antique, de rang sénatorial][396]. En 139, il est nommé par l'empereur Antonin le Pieux [86-161] afin d'être le précepteur de Marc Aurèle [121-180] et de son fils adoptif Lucius Aurélius Vérus [130-169][397].

En 142, Fronton devient consul. Orateur très admiré, Fronton a été le mentor de l'empereur Marc Aurèle et bénéficie de ce fait d'une réputation au moins égale à celle du grand rhéteur Fabius Quintilanus ou Quintilien [35-100]. Il est considéré comme étant le plus grand orateur après Cicéron [106-43 av. J.-C.].

Des œuvres de Fronton, il ne reste que sa correspondance avec son ancien élève Marc Aurèle. Fronton rédige des écrits[398] et entretient une importante correspondance en latin et en grec avec des empereurs tels que Antonin le Pieux, Marc Aurèle et Lucius Verus, le chroniqueur Appien d'Alexandrie [95-165], ainsi qu'avec des membres des grandes familles sénatoriales[399].

3 - *Apulée [125-170]*

Apulée [*Lucius Apuleius* - 125-170], d'origine berbère[400], est né à Madauros [actuelle M'daourouch - wilaya de Souk Ahras] en Algérie.

---

[394] *Questeur*. Dans la Rome antique, il s'agit d'un magistrat romain annuel comptable des finances, responsable du règlement des dépenses et de l'encaissement des recettes publiques.
[395] *Edile*. Magistrat de la Rome antique. Sa fonction primitive était liée à l'administration urbaine de Rome.
[396] A. R. BIRLEY, « The African Emperor », Edit. Batsford, London, 1999.
[397] E. WERNER, « M. Cornelius Fronto, lehrer Marc Aurels, consul suffectus im J. 142 », Rheinisches Museum für Philologie, Band 141, Bonn, 1998.
[398] FRONTON DE CIRTA, « De eloquentia » - « De bello Parthico » - « Principia historiæ » [chroniques sur la campagne de Lucius Verus].
[399] E. CHAMPLIN, « Fronto and Antonine Rome », Edit. Harvard University Press, Cambridge [MA], 1980.
[400] E. GUERNIER, « La Berbérie », Éditions de l'Union Française, Paris, 1950.

Il fut un écrivain, orateur et philosophe de langue latine. Il provenait d'une famille autochtone romanisée de Numidie influente[401]. Apulée se définiit lui-même comme mi-Numide et mi-*Gétulé*[402]. Son père était *duumvir*[403].

Son chef-d'œuvre[404], le roman latin *Métamorphoses*[405], plus connu sous le titre « *L'Âne d'or* » qui est un travail ardu de la philologie classique le rendit très célèbre. Le récit et les personnages dont Psyché présentés dans le roman captivèrent et inspirèrent les lecteurs et fournirent des thèmes à d'innombrables poètes, écrivains, peintres, sculpteurs, compositeurs, chorégraphes et psychanalystes au Moyen-Âge, à la Renaissance et jusqu'à nos jours.

Des poèmes et des discours philosophiques faisaient également partie de ses œuvres. A par ses écrits, on ne connaît peu de choses sur la vie d'Apulée. Celui-ci reçoit l'enseignement de la rhétorique à Carthage. Il se rend à Athènes pour y étudier la philosophie, la poésie et la musique. Il entreprend à la fin de sa formation des voyages à Samos et en Phrygie, puis à Rome en exerçant le droit.

En 156, Apulée gagne la Berbérie à Oea [actuelle Tripoli - Libye] où il rencontre et épouse une riche veuve [Emilia Pudentilla] et dont il hérita de sa fortune. Les parents de cette femme en désaccord avec cette union l'accusèrent de pratiquer la magie et portèrent l'affaire devant le proconsul à Sabratha [Libye occidentale] en 159. Il rédigea

---

[401] J.-M. FLAMAND, « Apulée de Madaure », in R. Goulet, Dictionnaire des philosophes antiques., CNRS, Paris, 1989.

[402] J. HAMMERSTAEDT, « Apuleius : De magia », vol. 5, Coll. « Sapere, Edit. Wissenschaftliche Buchgesellschaft,, Darmstadt, 2002.

[403] *Duumvir* [lat. *duo*, deux]. Dans la période romaine antique, il s'agit d'un magistrat d'un collège de deux membres, institué pour exercer conjointement certaines fonctions spéciales, le plus souvent temporaires.

[404] P. MEDAN, « La Latinité d'Apulée dans les Métamorphoses », thèse, Paris, 1925.

[405] J.-C. FREDOUILLE, « Apulée Métamorphoses Liber XI », Coll. Erasme, Edit. PUF, Paris, 1975.

son apologie et fut acquitté. Sa plaidoirie fut consignée dans un texte connu sous le nom d'*Apologie* ou *De Magia* [« *Discours sur la magie* »]. Plus tard, il s'installe à Carthage, où il enseigne la rhétorique et entreprend une charge sacerdotale.

4 - Térence [190-159 av. J.-C.]

Térence [*Publius Terentius Afer* - 190-159 av. J.-C.] d'origine berbère[406] [Numidie], il est né à Carthage en 190 av. J.-C. et décède en 159 av. J.-C. à Rome. Il fut l'un des plus talentueux des dramaturges hellénisés de la littérature latine. A Rome, il est avec Plaute [254-184 av. J.-C.] l'un des deux grands maîtres du genre. Ses œuvres influencèrent considérablement le théâtre européen, de l'Antiquité jusqu'aux temps modernes. Enfant, il fut réduit en esclavage, puis livré au sénateur romain Terentius Lucanus [III av. J.-C.]. Impressionné par son talent, ce dernier lui promulgua une éducation d'homme libre et l'affranchit en lui gratifiant de son nom[407].

Térence s'entoure de la haute société romaine et écrit des comédies pour un public cultivé. Adopté par l'aristocratie romaine, Térence fut protégé par le général et homme d'État Scipion Émilien [185-129 av. J.-C.] et les érudits de son entourage le *cercle des Scipions*[408] dont le poète satirique Lucilius [148-101 av. J.-C.], le philosophe grec Panétios [185-110 av. J.-C.] et le chroniqueur Polybe [203-126 av. J.-C.] étaient membres. Pour ce milieu lettré et passionné d'hellénisme, Térence rédige des pièces plus littéraires[409]

---

[406] S. RAVEN, « Rome in Africa », Edit. Routledge, London & New York, 1993.
[407] J. MAROUZEAU, « Térence, tome 1 », Edit. Les Belles Lettres, Paris, 1942.
[408] *Cercle des Scipions*. Groupe d'aristocrates romains actif vers la moitié du IIe siècle av. J.-C., promoteur, surtout à Rome, d'activités littéraires, philosophiques et culturelles, en général d'orientation hellénistique.
[409] P. GRIMAL, « Plaute, Térence, Œuvres complètes », Coll. La Pléiade, Edit. Gallimard, Paris, 1971.

que celles de ses prédécesseurs et peu dirigées sur la représentation. L'avantage étant que des comédies pouvaient être jouées de nombreuses fois, à l'inverse du théâtre romain. Cependant, cela valut à Térence des difficultés avec le public et également avec la critique officielle[410].

Sa carrière artistique a été courte. En 160, après seulement six comédies présentées à Rome[411], Térence se rend en Grèce en quête de sujets de pièces. Il traduit des comédies de Ménandre [343-292 av. J.-C.]. En 159, le poète meurt alors qu'il revenait de Grèce.

5 - *Minucius Félix [m. 250]*

Marcus Minucius Félix [m. 250], d'origine berbère[412], est né à Cirta [actuelle Constantine] en Numidie [Algérie]. Il était écrivain et avocat. Peu d'informations sur sa vie nous sont parvenues. Il s'installe à Rome, où il devient l'un des premiers rhéteurs les plus renommés de son temps[413]. Minucius Félix rédige son œuvre principale, le célèbre dialogue philosophique « *Octavius* » qui expose le rapprochement de la foi chrétienne avec la philosophie[414]. Ce texte se présente comme une controverse des écrits du philosophe romain Celse [IIe siècle] « *Discours véritable* »[415]. En outre, il expose l'état du paganisme et celui du christianisme à cette époque. Minucius Félix meurt à Rome. Il est ordonné comme Père de l'Église.

---

[410] F. DUPONT, « L'Acteur roi : le théâtre à Rome », Edit. Belles Lettres, Paris, 1985.
[411] TERENCE, « Adelphes [160] » - « *Eunuque* [161] » - « Phormion [161] » - « Heautontimoroumenos [163] » - « Hécyre [165] » - « Andrienne [166] ».
[412] V. SERRALDA & A. HUARD, « Le Berbère…Lumière de l'Occident », Nouvelles Éditions Latines, Paris, 1990.
[413] P. MONCEAUX, « Histoire littéraire de l'Afrique chrétienne depuis les origines jusqu'à l'invasion arabe », T.1, Edit. Leroux, Paris, 1901.
[414] J. BEAUJEU, « Octavius », Edit. Les Belles Lettres, Paris, 1974.
[415] V. ZARINI, « Octavius : Premiers écrits chrétiens », Coll. La Pléiade, Edit. Gallimard, Paris, 2016.

6 - *Arnobe [240-305]*

Arnobe [*Arnobius* - 240-305], d'origine berbère[416], est né à Civitas Popthensis [actuelle Henchir Kssiba - Wilaya de Souk Ahras] en Numidie [Algérie]. Il était écrivain et enseignait la rhétorique dans sa ville natale. Son compatriote **Lucius Caecilius Firmianus dit** Lactance [250-325] est son plus fervent disciple. Arnobe a longtemps lutté contre le Christianisme avant de se convertir tardivement à celui-ci, vers 300. Un rhéteur était de par sa profession un adversaire naturel de la foi chrétienne car sa profession était basée sur l'étude des auteurs classiques qui sont indissociables de la mythologie et donc incompatibles avec le Christianisme.

En 297, Arnobe rédige « *Adversus Nationes* [*Adversus gentes*] » ou « *Contre les païens* [*Gentils*] », un récit polémique à l'encontre des païens et désavouant du même coup ses anciennes croyances[417]. Il s'agit d'une œuvre apologétique écrite en prose d'art rythmée qui comprend sept écrits. Ainsi, il met ses talents de rhéteur au service de sa nouvelle foi, étant pour lui le meilleur gage de sa piété. Arnobe se range parmi les apologistes chrétiens[418].

7 - *Lactance [250-325]*

Lucius Caecilius Firmianus dit Lactance [250-325], d'origine berbère[419], est né à Civitas Popthensis [actuelle Henchir Kssiba - Wilaya de Souk Ahras] en Numidie [Algérie]. Élève d'Arnobe, il fut un rhéteur illustre. L'élégance de sa prose latine lui valut d'être considéré comme le **Cicéron chrétien**[420]. Lactance se rend à

---

[416] E. GUERNIER, « L'apport de l'Afrique à la pensée humaine », Edit. Payot, Paris, 1952.
[417] F. GABARROU, « Arnobe, son œuvre », Edit. Champion, Paris, 1921.
[418] H. VON CAMPENHAUSEN, « Les Pères latins », Edit. de l'Orante, Paris, 1967.
[419] V. SERRALDA & A. HUARD, « Le Berbère…Lumière de l'Occident », Nouvelles Éditions Latines, Paris, 1990.
[420] R. PICHON, « Lactance », Hachette, Paris, 1901.

Nicomédie en Bithynie [ville d'Asie mineure - Actuelle Turquie], la capitale du royaume du futur Empereur Constantin Ier [272-337] où il s'installe. Dans cette ville, il se convertit au Christianisme mais il tombe en disgrâce en 304 lors de la persécution de l'Empereur Maximien Galère [250-311]. A l'avènement de Constantin Ier, il est convié à sa cour pour être précepteur de son fils Crispus [303-326]. Il restera auprès de l'empereur auquel il se lie jusqu'à sa mort.

Il développe une chronographie axée sur le fatalisme et partage avec Constantin Ier une idée théologico-politique du monde dont les thèmes essentiels sont la Providence et le courroux divin[421].

Sa principale œuvre « *Diuinae institutiones* » constituée de sept écrits où il cherche à montrer aux païens que le polythéisme est indéfendable. La majeure partie de l'œuvre de Lactance s'inscrit dans une idée d'action psychologique explicite soutenue par l'empereur. Par ailleurs, la reconnaissance officielle de la compétence de Lactance par les deux cours impériales, celle de l'Empereur romain Dioclétien [244-311] et celle de Constantin Ier démontre qu'il s'adressât notamment à la population instruite et cultivée de son époque, dans le but de les faire adhérer à une Eglise dorénavant de plus en plus unie à l'Etat.

Les écrits [422] de Lactance malgré qu'ils occupent une place conséquente dans le champ de la patristique latine, lui ne fut jamais unanimement estimé comme faisant partie des Pères de l'Église[423].

---

[421] P. MONAT, « Lactance, l'homme et l'œuvre », in *Vita Latina*, N°130-131, 1993.
[422] LACTANCE, « De Mortibus Persecutorum [« Sur la mort des persécuteurs »] » - « Carmen de ave phoenice [« Chant sur l'oiseau phénix »].
[423] J. FONTAINE M. PERRIN, « Lactance et son temps », Edit. Beauchesne, Paris, 1978.

IX - Quelques révolutionnaires berbères célèbres luttant contre l'occupant romain, vandale et byzantin

L'*Européocentrisme* et sa résultante le *Colonialisme* ont fabriqué des générations d'historiens dits « *modernes* » qui servent de référence et qui ont dépeint d'une façon simpliste et ô combien superficielle les populations autochtones de Berbérie ! Les Berbères, Numides, Maures ou toute autre appellation étaient classifiés selon une série de critères. D'abord, ils étaient barbares, impénétrables à toute notion de civilisation. Puis, ils demeurent en retrait de l'histoire, du fait de leur conservatisme culturel. D'autre part, ils étaient perpétuellement rebelles à toute forme d'ingérence étrangère, dissidents à toute autorité politique non-berbère et c'est, dit-on, ce qui détermine leur immobilisme. Enfin, leur apparente inaptitude à s'allier, du fait de leurs dissensions tribales qui les empêchaient de constituer de vastes états. Certains groupes berbères tels que les montagnards et les nomades des steppes repoussaient encore plus loin ces particularités.

Ces idées, bien qu'elles soient celles de l'époque coloniale, le nationalisme est une notion qui a toujours existé parmi les populations berbères lorsque les occupants quels qu'ils soient [Romains, Vandales, Byzantins, etc.] leur manifestaient l'intention de les contraindre par la force à faire quelque chose ou d'avoir recours à la violence armée s'ils n'obtempéraient pas. C'est lorsque le sentiment qui incite la force d'occupation à les traiter avec mépris, avec manque de considération que les Berbères réagissent par des soulèvements armés.

Le Berbère en fait un point d'honneur capital à tout ce qui peut provoquer la réprobation et porter plus ou moins atteinte à sa dignité, à sa famille, à sa tribu. Dès lors, il est enclin à un sentiment redoutable de colère et de révolte. Hormis cela, nombreux sont les Berbères à se servir d'emprunts de toute provenance dans le domaine de la culture, des mœurs, des connaissances, des idées dès lors que l'usage, la pratique de ces derniers sont ou peuvent être avantageux pour la société berbère ou qui satisfassent leurs besoins, répondent à leur demande sociale. La plupart des Berbères n'ont jamais été réfractaires aux progrès, au développement civilisationnel, la preuve étant le grand nombre parmi eux qui ont suivi un mouvement de développement matériel, intellectuel, social lors de l'occupation punique, romaine, byzantine en produisant non seulement des personnages exceptionnels mais également un ensemble de valeurs civilisationnelles prodigieuses [intellectuelles, spirituelles, artistiques, sociétales, etc.] que nous avons analysés ci-dessus par certains personnages célèbres !

1 - *Aedemon [Ier siècle]*

Aedemon [Ier siècle] est un berbère affranchi par Ptolémée de Maurétanie [13 av. J.-C.-40] fils de Juba II [52 av. J.-C.-23] et de Cléopâtre Séléné II [*Cléopâtre VIII* - 40 av. J.-C.-5][424].

En 40, en représailles à l'assassinat de Ptolémée de Maurétanie à Rome ordonnée par son cousin l'Empereur romain Caligula [12-41] Aedemon provoqua des troubles dans la province romaine de Maurétanie[425]. Peu de partisans répondirent à son appel. Ainsi, dans la ville de Volubilis, par exemple, une partie de la population de la ville qui comptait un nombre important de citoyens romains d'origine autochtone s'est battue contre Aedemon[426]. Le climat de

---

[424] J. GASCOU, « Aedemon », Coll. Encyclopédie berbère, Edit. Edisud, Aix-en-Provence, 1985.
[425] W. VANACKER, « Ties of Resistance and Cooperation. Aedemon, Lusius Quietus and the Baquates », Mnemosyne, vol. 66, N° 4-5, 2013.
[426] M. EUZENNAT, « Le temple C de Volubilis et les origines de la cité », T. 2, *B.A.M.*, 1957.

confusion donna une opportunité aux tribus berbères de recouvrer leur autonomie.

En 42, les généraux romains C. S. Paulinus [10-68] et C. H. Geta [Ier siècle] ont été dépêchés par l'empereur Claude [10 av. J.-C.-54] afin de rétablir l'autorité impériale. Pendant sa campagne, Paulinus attaqua *Tingis* [actuelle Tanger]. En 44, le soulèvement se termina par la victoire romaine dont les autochtones romanisés ont infligé des pertes conséquentes aux insurgés berbères, et la réédition de Sabalus [Ier siècle] et ses troupes, partisans d'Aedemon, qui se rendirent à Geta. Quant à Aedemon, il fut vraisemblablement tué. Suite à ces évènements, Claude scinda la Maurétanie en deux provinces romaines, la *Maurétanie tingitane* [actuelle Maroc] et la *Maurétanie césarienne* [actuelle Algérie centrale et occidentale][427].

2 - Firmus [m. 372]

Firmus [m. 372] est un chef berbère des *Quinquegentiens*[428] établis des territoires de la *Numidie centrale* [actuelle Algérie] à la *Maurétanie césarienne*[429]. Il est né à à *Thénia*[430] [Nord-Ouest de l'Algérie]. Firmus aspirait à créer un royaume indépendant à partir des provinces de Numidie et de Maurétanie. En 370, il est à la tête d'une révolte contre l'empereur Valentinien Ier [321-375][431]. Il

---

[427] D. FISHWICK, « The Annexation of Mauretania », Historia, T. 20, 1971.

[428] *Quinquegentiens*. Confédération berbère qui résidait entre *Saldae* [actuelle Bejaïa - Algérie], et Rusuccuru [Grande Kabylie - Wilaya de Boumerdès] au III siècle. Leur territoire s'étendait à la frontière orientale de la Maurétanie césarienne, et malgré qu'ils soient sous domination romaine, ils fonctionnaient de manière très autonome.

[429] *Maurétanie césarienne*. Province de la Rome antique, partie orientale de la Maurétanie, qui correspondait à l'actuelle Algérie centrale et occidentale. À l'ouest de l'Afrique romaine, la Maurétanie.

[430] *Thénia*. Commune algérienne de la wilaya de Boumerdès, dans la daïra de Thénia, à la limite est de la Mitidja.

[431] Y. LE BOHEC, « La guerre dans l'Afrique romaine sous le Haut-Empire », Coll. Comités des Travaux Historiques et Scientifiques, Edit. CTHS, Paris, 2014

bénéficie du soutien de populations de Numidie orientale, de Maurétanie Césarienne, membres de tribus impliquées dans l'armée, appui de la population civile rurale, certains citadins et des éléments donatistes des territoires de *Rusicade* [actuelle Skikda - Algérie]. Bref, une coalition contre la domination romaine de l'ensemble des protestataires, dans le contexte d'une pression fiscale croissante.

Suite à la conquête de *Caesarea de Maurétanie* [actuelle Cherchell - Wilaya de Tipaza - Algérie], il meurt lors d'une bataille contre le général Théodose l'Ancien [m. 376] grâce à l'assistance apportée à ce dernier par Gildon [m. 398], son propre frère[432].

3 - Gildon [m. 398]

Gildon [m. 398][433], chef berbère des Quinquegentiens et frère de Firmus de la tribu des *Jubaleni* l'un des groupes de Kabylie de l'ancienne Numidie[434]. En 375, Gildon, soutint les Romains à triompher de son frère Firmus en pleine sédition et désireux de chasser l'occupant et d'établir un royaume autonome. Il fut récompensé par le titre de *comte*[435] *d'Afrique*. En 397, Gildon fomenta une rébellion contre Rome et se rallia à l'empereur d'Orient, Flavius Arcadius [377-408]. Il installa un blocus maritime afin d'interdire l'accès des navires marchands avec leurs cargaisons depuis la Berbérie à l'Italie.

En 398, le Sénat et le régent de l'Empire Stilicon [360-408] dépêchèrent une armée en Berbérie commandée par Mascezel [IVe

---

[432] M.-N. BOUILLET & A. CHASSANG, « Firmus », in Dictionnaire universel d'histoire et de géographie, Edit. Hachette, Paris, 1878.
[433] Y. MODERAN, « Gildon, les Maures et l'Afrique », Edit. Mélanges de l'École française de Rome. Antiquité, 1989, vol. 101, N° 2.
[434] *Tribus de Kabylie*. Elles représentent des tribus berbèrophones installées dans la partie nord de l'actuelle Algérie, région qui allait de l'actuel Alger au large des côtes d'Annaba, caractérisant la *Kabylie du Djurjura* à l'Ouest et la *Kabylie des Babors* à l'Est.
[435] *Comte*. Dans l'Empire romain, haut personnage de l'entourage de l'empereur.

siècle] le frère de Gildon pour le combattre[436]. La bataille se déroula à Ardalio entre Theveste [actuelle Tébessa - Algérie] et Ammaedara [actuelle Haïdra - Tunisie].

L'insurrection fut réprimée, Gildon fut capturé et conduit à Thabraca [actuelle Tabarka - Tunisie] où il fut exécuté.

4 - *Tacfarinas [m. 24]*

Tacfarinas [*Takfarin* - M. 24][437] est un Berbère qui fut un vétéran des *troupes auxiliaires*[438] de l'armée romaine. Il est né à *Thubursicu Numidarum* [actuelle Khemissa - Wilaya de Souk Ahras - Algérie] en Numidie. Il faisait partie de la tribu berbère des *Musulames*[439]. Jeune, il s'enrôla au sein de la légion romaine stationnée en Berbérie et il

---

[436] E. GIBBON, « Histoire de la décadence et de la chute de l'Empire romain », t. 5, Edit. Lefèvre, Paris, 1819.

[437] R. SYME, « Tacfarinas, the Musulamii, and Thubursicu », Coll. Studies in Roman Economic and Social History in Honor of Allan Chester Johnson, Edit. Princeton University Press, Princeton, 1951.

[438] *Troupes auxiliaires*. Unités de l'armée romaine, à l'origine constituée de soldats non citoyens romains. Leur rôle principal était d'assister les légions romaines dans la bataille ; unité composée exclusivement, mais pas toujours, de citoyens romains.

[439] *Musulames* [lat. *Musulamii*]. Confédération de Berbères gétules, qui résidait dans les régions désertiques, les actuelles régions Chotts de la Tunisie et de l'Algérie, ainsi que dans la province romaine de Maurétanie césarienne, qui fut annexée en 44 par l'Empire romain. Lorsque Quintus Junius Blaesus expose la guerre contre Tacfarinas, il parle de la guerre contre les peuples gétules [« *Gaetulas Gentes* »]. À l'origine, les Musulames sont initialement localisés entre Cirta [actuelle Constantine] et Théveste [actuelle Tebessa] en Algérie et en Tunisie. Incontrôlables et insoumis à l'autorité romaine, ils furent étroitement surveillés. Les Musulames ont été circonscrits dans un territoire entouré par des colonies militaires établies pour les soldats d'Ammaedara [actuelle Haïdra - Tunisie], de Théveste, où ils ont été forcés d'apprendre l'agriculture sédentaire sur des terres incultes ne convenant pas pour cela [80 kilomètres]. Ainsi, ils ont été spoliés par les Romains de leurs meilleures terres arables afin d'établir des colonies ou des domaines.

servit plusieurs années[440]. Sous le règne [27 av. J.-C.-14] de l'Empereur Auguste [63 av.J.-C.-14] l'occupation romaine des pâturages traditionnels du peuple berbère des Musulames, la construction de routes à travers cet espace et l'interdiction d'y accéder pour ces derniers[441].

En effet, cette petite partie de la Berbérie était de fait économiquement cruciale pour l'Empire romain, car source d'une majeure partie de l'approvisionnement en céréales de Rome. Tous ces éléments furent des facteurs décisifs conduisant Tacfarinas à l'insurrection armée contre Rome et à la résistance berbère à la romanisation[442].

Son service dans l'armée lui permit de se façonner à leur tactique militaire et s'instruire de l'organisation de leurs troupes. L'expérience acquise, il quitta la légion et prit le maquis pour y organiser la lutte clandestine. La résistance attira des adeptes : déserteurs romains, Maures, Numides opposants à l'autorité de leur roi, etc. Tacfarinas constitua une armée chevronnée.

Il organisa son infanterie en cohortes de plusieurs compagnies, sa cavalerie en escadrons sous le commandement d'officiers aguerris[443]. En 17, ses hauts faits d'armes lui valurent l'appui des *Garamantes*[444] et

---

[440] P. A. HOLDER, « Auxiliary deployment in the reign of Dacia New Series Trajan », T. L, Edit. J.J. Wilkes, Bucarest, 2006.
[441] C. R. WHITTAKER, « Roman Africa : Augustus to Vespasian », Coll. The Cambridge Ancient History, Edit. Cambridge University Press, Cambridge, 1996.
[442] M. BRETT & E. FENTRESS, « The Berbers », T. 28, Edit. Blackwell, Oxford, 1996.
[443] J.-M. LASSERE, « Un conflit « routier » : observations sur les causes de la guerre de Tacfarinas », T. 18 N°1, Antiquités africaines, 1982.
[444] *Garamantes*. Ancien peuple berbère situé entre la Cyrénaïque [Libye] et l'Atlas [massif montagneux s'étendant sur le Maroc, l'Algérie et la Tunisie], plus particulièrement autour des oasis de Germa [Sahara libyen] et de Mourzouq [oasis de Libye]. Ils développèrent une société puissante, très avancée et sont connus pour avoir été de grands bâtisseurs [par exemple, des systèmes d'irrigation souterrain très

de Mazippa [Ier siècle] chef de la tribu berbère des *Mauri*[445] [Maurétanie tingitane]. Cette alliance donnait lieu à d'innombrables incursions combinées qui terrifiaient les colons et tenaient en échec pendant 7 ans [17-24] les légions romaines stationnées en Berbérie.

Tacfarinas bouleversa les provinces par une stratégie de guérilla et de raids éclairs perpétrés depuis les marges désertiques du pays[446]. Impuissants à y mettre fin et à s'emparer du chef berbère, les romains usèrent, comme à l'accoutumé, de supercherie afin de provoquer des dissensions parmi les tribus révoltées en leur garantissant des concessions de terres.

En 24, Tacfarinas meurt lors d'un siège à *Auzea* [actuelle Sour El Ghozlane - Algérie], au cours d'une bataille contre les forces du proconsul d'Afrique Publius Cornelius Dolabella [Ier siècle]. C'est ce dernier qui a ensuite initié la conversion des prairies de la Berbérie [Numidie et Maurétanie].

P.C. Dolabella décréta un processus de recensement fiscal et de redistribution de terres agricoles soumises à l'impôt foncier romain. Ces terres agricoles s'étalent jusqu'au *Chott el Jerid* [actuelle Tunisie] aux confins méridionaux de la province.

La région est alors convertie entièrement en champs arables qui devenaient de ce fait le grenier de Rome pour les siècles à venir. Quant aux tribus semi-nomades, elles sont expulsées de leurs anciennes terres de pâture.

---

sophistiqués] et des conducteurs de chars ; de plus, ils ont fondé divers royaumes berbères ou cité-états dans le Fezzan [région désertique du Sud-Ouest de la Libye].

[445] *Mauri*. Appellation latine [d'où dérive le terme français « *Maures* »], de la population berbère de *Maurétanie*, et plus tard de la Berbérie et de l'Andalousie.

[446] S. GUEDON, « La frontière romaine de l'Africa sous le Haut-Empire », Edit. Casa de Valazquez, Madrid, 2018.

5 - *Garmul [m. 578]*

Garmul [m. 578][447] est un souverain[448] et chef militaire berbère d'*Altava*[449], l'ancien *royaume des Maures et des Romains*[450]. Il est originaire de Medroussa [commune de la wilaya de Tiaret - Algérie][451].

Durant les années 570 et 578, il défait une armée byzantine, lance des expéditions militaires dans la *préfecture du prétoire d'Afrique*[452] et met à mort le *préfet du prétoire*[453] et son successeur.

---

[447] V. SERRALDA & A. HUARD, « Le Berbère…Lumière de l'Occident », Nouvelles Éditions Latines, Paris, 1990.

[448] G. CAMPS, « Rex gentium Maurorum et Romanorum. Recherches sur les royaumes de Maurétanie des VIe et VIIe siècles », Vol. 20 N° 1, Coll. Antiquités africaines, 1984.

[449] *Royaume d'Altava*. Royaume berbère indépendant axé sur la ville d'*Altava* [actuelle Ouled Mimoun commune de la wilaya de Tlemcen - Algérie]. Le royaume d'Altava est un état qui succède à l'ancien royaume des Maures et des Romains qui contrôlait une grande partie de l'ancienne province romaine de Maurétanie césarienne. Ce royaume disparaît lors des campagnes militaires des Byzantins qui réduisent son influence et son pouvoir après que Garmul ait envahi l'*exarchat d'Afrique* [domaine relevant de l'Empire byzantin]. La fin du royaume des Maures et des Romains entraîne la montée de plusieurs petits royaumes berbères dans la région, surtout le royaume d'Altava, qui est focalisé sur la capitale de l'ancien royaume.

[450] *Royaume des Maures et des Romains* [lat. *Regnum Maurorum et Romanorum*]. Royaume berbère indépendant, centré sur la ville d'Altava, qui contrôle une importante partie de l'ancienne province romaine de Maurétanie césarienne, située dans le nord de l'actuelle Algérie.

[451] P. COURTOT, « Altava », N° 4, Coll. Encyclopédie berbère, 2012.

[452] *Préfecture du prétoire d'Afrique*. Division administrative importante de l'Empire romain d'Orient, fondée après la reconquête de l'*Afrique* en 533-536 par l'empereur Justinien [482-565]. Elle persiste jusqu'en 580, date de son remplacement par l'*exarchat d'Afrique*.

[453] *Préfet du prétoire*. Officier commandant la garde prétorienne à Rome, sous le Haut-Empire, et un haut fonctionnaire à la tête d'un groupe de provinces, la préfecture du prétoire.

La lutte armée de Garmul[454] met en péril les autorités de la province et constitue un danger pour les intérêts de Rome[455]. Dès lors, l'empereur byzantin Tibère II Constantin [525-582] mandate un nouveau préfet du prétoire et charge le général Gennadios [m. 600] d'annihiler toute forme d'hostilités de la part de Garmul[456]. En 578, à l'issu d'un guet-apens organisé par Gennadios, Garmul et ses partisans sont tués.

6 - *Cabaon* [VIe siècle]

Cabaon [VIe siècle], chef militaire berbère originaire de Tripolitaine [Libye], est resté célèbre par la lutte armée qu'il mena contre les Vandales[457]. Très peu d'informations subsistent sur Cabaon. Au terme du règne du roi vandal Thrasamund [450-523], les Vandales déclenchent les hostilités contre Cabaon en envoyant une expédition en Tripolitaine[458].

Les Vandales atteignent le camp berbère mais Cabaon et les Berbères de la région retournent la situation entraînant un effondrement des troupes vandales de Thrasamund et un désarroi total de ces derniers.

En effet, les Berbères adoptent des tactiques inédites pour triompher de la cavalerie vandale [guérillas, armes de jet, etc.]. Cette guerre a été un succès retentissant pour les Berbères qui reproduiront

---

[454] J. CONANT, « Staying Roman : Conquest and Identity in Africa and the Mediterranean, *439-700* », Edit. Cambridge University Press, Cambridge, New York, 2012.
[455] Y. MODERAN, « Les Maures et l'Afrique romaine (IVe et VIIe siècles) », Coll. Befar, École française de Rome, 2003.
[456] C. DIEHL, « L'Afrique byzantine. Histoire de la domination byzantine en Afrique (533– 709) », Edit. Ernest Leroux, Paris, 1896.
[457] PROCOPE DE CESAREE [500-562], « Guerre contre les Vandales ». Edit. Firmin Didot, Paris, 1852.
[458] C. COURTOIS, « Les Vandales et l'Afrique », Edit. A.M.G., Paris, 1955.

ces mêmes techniques qu'ils mèneront ultérieurement sur les Byzantins.

7 - Antalas [VIe siècle]

Antalas [VIe siècle][459] est un chef berbère natif de Byzacène [actuelle Tunisie centrale]. Il est le fils et successeur de Guenfan le chef des *Frexes*[460], une tribu berbère occupant la région entre Thélepte [actuelle Medinet el-Kedima - Tunisie] et Theueste [actuelle Tébessa - Algérie]. En 516, Antalas rassemble des partisans et lance des raids contre les Vandales du roi Thrasamund dans les vallées et les montagnes où il obtient des succès[461]. En 517, il succède à la tête des Frexes[462]. En 529, il met à sac les villes des régions voisines. Il se hisse à la tête des berbères de Byzacène et remporte une victoire éclatante contre le général du roi Hildéric [460-533][463].

En 533-534, le royaume vandale retourne à l'Empire byzantin et Antalas s'allie à ce dernier et perçoit, en échange, une rétribution financière et matérielle. En 544, un conflit éclate entre Antalas et le gouverneur byzantin Solomon [m. 546] au sujet de l'arrestation et de l'exécution de son frère Guarizila [m. 544] lui reprochant des soulèvements en Byzacène. En 546, Antalas se joint aux *Laguatans*[464]

---

[459] G. CAMPS, « Antalas », in Encyclopédie berbère, vol. V, Edit. Edisud, Aix-en-Provence, 1988.

[460] J. DESANGES, « Frexes », in Encyclopédie berbère, vol. XIX, Edit. Edisud, Aix-en-Provence, 1998.

[461] PROCOPE DE CESAREE [500-562], « Guerre contre les Vandales ». Edit. Firmin Didot, Paris, 1852.

[462] Y. MODERAN, « Les Maures et l'Afrique romaine (IVe-VIIe siècle) », Edit. Publications de l'École française de Rome, coll. « Bibliothèque des Écoles françaises d'Athènes et de Rome », Rome, 2013.

[463] Y. MODERAN, « Corippe et l'occupation byzantine de l'Afrique : pour une nouvelle lecture de la Johannide », Antiquités africaines, vol. 22, 1986.

[464] *Laguatans*. Confédération de tribus berbères qui vivait en Cyrénaïque et jusqu'aux confins de l'Égypte pendant la période romaine.

qui s'insurgèrent en Tripolitaine. Ces tribus unifiées [Frexes et Laguatans] causèrent une douloureuse défaite aux Byzantins lors de la *bataille de Cillium* où périt Solomon.

Dans le même temps, Stotzas [m. 545], le soldat déserteur byzantin chef d'une rébellion militaire dans la préfecture du prétoire d'Afrique rejoint Antalas depuis son sanctuaire en Maurétanie et passe sous son commandement. Ensemble, ils dévastent la région et livrent bataille aux troupes byzantines de l'empereur Justinien [482-565]. En 545, ces dernières subissent une déroute à la *bataille de Thacia* [actuelle Bordj Messaoudi - Tunisie].

Le *dux*[465] de Numidie, l'officier byzantin Guntharic [VIe siècle] élevé aux titres de *maître des soldats*[466] et de duc de Numidie se rebellent contre le général byzantin Aréobindus [m. 546]. Avec l'aide d'Antalas et de Stotzas qui seront récompensés. Guntharic envahit Carthage, assassine Aréobindus et se proclame souverain autonome de l'*Afrique* [actuelle Tunisie] jusqu'à son assassinat. Carthage et l'armée revenant sous le giron impérial, Justinien nomme le général Jean Troglita [m. 552], afin de rétablir l'ordre dans les provinces de Berbérie. Rassemblant ses forces, J. Troglita quitte Carthage vers la Byzacène, domaine d'Antalas. Les pourparlers entre les deux protagonistes se soldent par un affrontement militaire en 546. La bataille débouche sur une victoire des Byzantins.

En 547, à la *bataille de Marta*[467], Carcasan [VIe siècle][468] chef berbère des *Ifuraces*, une des tribus *marmarides*[469] qui réside en

---

[465] *Dux*. Durant la République romaine, le *dux* désignait toute personne qui commandait des troupes, y compris des chefs étrangers, mais qui n'était pas un grade militaire officiel.
[466] *Maître des soldats*. Officier supérieur de l'armée romaine pendant l'Antiquité tardive.
[467] *Bataille de Marta*. Affrontement militaire entre une coalition de tribus berbères révoltées et dirigées par Carcasan et les troupes de J. Troglita et son allié berbère Cusina [*Koutzinas* - m. 563], à Marta [actuelle Mareth - Tunisie]. Cusina est un chef berbère,

Tripolitaine inflige une lourde défaite à J. Troglita[470]. En 548, Antalas s'allie à Carcasan en envahissant la Byzacène. La coalition affronte l'armée de J. Troglita qui sont mis en déroute mais la mort de Carcasan se solde par un retournement de la situation en faveur des Byzantins. Les tribus berbères se dispersent et Antalas, quant à lui, reprend avec son groupe la lutte armée sous forme de guérillas.

8 - *Iaudas [VIe siècle]*

Iaudas [*Iabdas* - VIe siècle] est un chef militaire berbère des Aurès en Numidie[471]. En 534-535, alors que le général byzantin Solomon [m. 544] neutralise la révolte des Berbères de Byzacène, menée entre autre par Cusina [m. 563] et d'autres chefs berbères à la *bataille de Mammès* et du mont Bourgaon[472]. De ce fait, Iaudas reçoit les rescapés de l'insurrection, comme Cusina, ensuite il organise une résistance à l'avancée de Solomon dans l'Aurès[473] au côté de deux chefs berbères, Massonas et Orthaïas, ennemis jurés d'Iaudas[474]. Salomon abandonne sa campagne, trop risquée à son avis. En 537, la

---

acteur majeur dans les guerres de l'Empire byzantin contre les tribus berbères de Byzacène et de Tripolitaine. Il lutta à la fois avec et contre les Byzantins.

[468] C. DIEHL, « L'Afrique byzantine : histoire de la domination byzantine en Afrique (533-709*)* », Edit. Ernest Leroux, Paris, 1896.

[469] *Marmaride.* Ancien peuple berbère nomade de la Marmarique voisin des *Garamantes. Marmarique.* Ancienne région de Berbérie à cheval entre la Libye et l'Égypte.

[470] J. R. MARTINDALE, A. H. MARTIN JONES & J. MORRIS, « The Prosopography of the Later Roman Empire, Volume III : A.D. 527–641 », Edit. Cambridge University Press, Cambridge, 1992.

[471] Y. MODERAN, « Encyclopédie berbère - Iaudas », Vol. 23, 2011.

[472] D. ROQUES, « Procope de Césarée, Histoire de la Guerre des Vandales, (Guerres de Justinien Livres III et IV) », Edit. Les Belles Lettres, Paris, 1990.

[473] Y. MODERAN, « Les Maures et l'Afrique romaine (IVe-VIIe siècle) », Edit. Publications de l'École française de Rome, coll. « Bibliothèque des Écoles françaises d'Athènes et de Rome », Rome, 2013.

[474] M. JANON, « L'Aurès au VIe siècle. Note sur le récit de Procope », Coll. Antiquités africaines, vol. 15, n° 1, Paris, 1980.

bataille de Scalas Veteres oppose l'armée de l'Empire byzantin aux troupes de mutins byzantins conduites par Stotzas [m. 545]. Elle voit la défaite de la révolte et la victoire du parti loyaliste dirigé par le général Germanus [505-550] et Iaudas qui se joint à lui.

En 539, dans les Aurès, une campagne de Solomon contre Iaudas sera décisive. Ce dernier au cours d'une longue résistante doit s'avouer vaincu mais ne capitule pas. Il préfère l'exil en Maurétanie[475].

En 544, suite à l'important soulèvement des tribus de Tripolitaine et de Byzacène, les Laguatans et les Frexes, Iaudas prend sa revanche en aidant le chef berbère Antalas [VIe siècle] à écraser les troupes byzantines lors de la *bataille de Cillium* [actuelle Kasserine - Tunisie] et où le gouverneur byzantin Solomon trouve la mort. Fin 545, Iaudas reprend le combat contre l'Empire byzantin à la tête d'une armée venue de Numidie lors d'une coalition d'insurgés conduite par Antalas. En 546, il participe avec Antalas aux pourparlers avec Guntharic [VIe siècle] un officier dissident byzantin entrée en guerre à Carthage avec Jean Troglita [m. 552], le remplaçant de Solomon[476].

En 546, Iaudas est battu par le général byzantin J. Troglita et doit abdiquer en acceptant la tutelle de Byzance. Malgré lui, Iaudas participe à la victorieuse *bataille des Champs de Caton*[477] contre les chefs berbères Antalas et Carcasan [m. 548][478].

---

[475] J. R. MARTINDALE, A. H. MARTIN JONES & J. MORRIS, « The Prosopography of the Later Roman Empire. II: A.D. 395–527 », Edit. Cambridge University Press, Cambridge, 1980.

[476] C. COURTOIS, « Les Vandales et l'Afrique », Edit. Arts et métiers graphiques, Paris, 1955.

[477] *Bataille des champs de Caton* ou *bataille de Latara*. En 548, un rude combat s'est déroulé entre les troupes byzantines de J. Troglita et une coalition de tribus berbères en rébellion dirigée par Antalas et Carcasan, en 548, à Latara, dans les champ de Caton.

[478] J. DESANGES, « Un témoignage peu connu de Procope sur la Numidie vandale et byzantine », Edit. Byzantion, vol. 33, n° 1, Bruxelles, 1963.

X - Quelques Berbères illustres luttant contre l'envahisseur omeyyade [mercenaires syro-égyptiens]

Lorsque l'on veut faire profiter à des populations une révélation spirituelle ou partager avec elles une conviction religieuse, en l'occurrence l'Islam qui a vocation universelle, on dépêche une personne ou un groupe de personnes qui manifestent ou inspirent à la piété, à la sagesse, au respect de la dignité humaine et exempte de toute velléité à la violence.

L'une des prescriptions essentielles de la Révélation coranique n'est-elle pas celle de la considération de la valeur intrinsèque de la personne humaine et qui commande le respect d'autrui et de ses biens ? Celle-ci n'est-elle pas une prérogative inaliénable dont jouit un individu et qui lui vaut considération et respect et y donnent droit ?

Dès lors, celui ou ceux qui sont censés instruire les gens à la Révélation coranique, c'est à dire communiquer, transmettre un ensemble de connaissances théoriques ou pratiques liées à l'enseignement de celle-ci ne sont-ils pas supposés au préalable donner l'exemple ?

En effet, celui ou ceux qui sont chargés de cette mission de transmission religieuse qui relève de la raison, du bon sens ne sont-ils pas des représentants officiels de l'éducation *raçoulienne* [de *Raçoul* - Messager] lorsqu'ils se rendent dans un pays étranger souverain ?

Une chose est sûre, les bandes armées rangées sous la bannière des Omeyyades qui déferlèrent à l'Est de la Berbérie étaient conduites par toutes sortes de motivations mais sûrement pas celles liées aux pratiques de piété, du sens du divin, du sacré !

La Berbérie avait eu connaissance et s'est instruite de l'Islam vers le milieu du VIIe siècle[479] avec le *Kharidjisme* bien avant le déferlement des mercenaires syro-égyptiens expédiés par le Calife omeyyade au milieu du VIIIe siècle[480]. Une chose est sûre, les cohortes venues du Machrek [Proche-Orient arabophone] ne sont jamais arrivés en Berbérie de manière pacifique.

En effet, les soi-disant « *transmetteurs du Coran* » que nous dépeignent faussement l'*Histoire orthodoxe* [sources et chroniques arabes et les écrits orientalistes] n'étaient nullement de fervents adeptes de la Vérité, enclins d'empathie, remplis de compassion à l'idée de transmettre le Message divin ; qui possédaient la connaissance et le discernement parfait entre l'*Ordre* et le *Désordre*.

En réalité, il n'en était rien, il s'agissait essentiellement d'un groupement hétéroclite d'envahisseurs essentiellement des mercenaires syro-égyptiens[481] qui personnifiaient tout ce qui est contraire à la loi morale, à la vertu, à l'Ordre. Il suffit simplement d'étudier la biographie et les motivations politiques du Calife omeyade qui les instrumentalisa et lâcha sur les territoires berbères afin de canaliser leur mécontentement [soif de brutalité, de combat, appât du gain, de razzias, etc.]. En effet, les invasions arabophones syro-égyptiennes ne furent qu'actes d'agressions commis

---

[479] Les tribus des Zénètes, par exemple, adoptent tôt l'Islam, au VIIe siècle, alors que d'autres tribus berbères ne sont toujours pas convaincus. La résistance n'est pas tant dirigée envers l'Islam mais bien à l'invasion omeyyade au VIIIe siècle. Les Zénètes adoptent deux idiomes, ils sont berbérophones [langue originelle] et arabophones [langue liturgique du Coran]. Ils forment un contingent substantiel pour l'armée de Tariq Ibn-Ziyad [m. 720] lors de la conquête berbère de la péninsule ibérique.

[480] V. PREVOST, « L'aventure ibāḍite dans le Sud tunisien (VIIIe-XIIIe siècle) : effervescene d'une région méconnue », Edit. Academia Scientiarum Fennica, Helsinki, 2008.

[481] Il faut ajouter à cette coalition un ramassis de peuplades libanaises, jordaniennes, palestiniennes.

volontairement à l'encontre des populations berbères, de leurs biens et de leur territoire.

Une petite observation historique s'impose. Uniquement la famille dirigeante de Muawiya [Muawiya Ier - 602-680] et quelques proches issus de cette tribu régnante, tous originaires d'Arabie, sont nommés à des postes-clés de commandements comme ceux chargés du Trésor, de l'armée [généraux, chefs militaires], de l'administration [perception des impôts], etc., ainsi qu'à diverses fonctions prestigieuses [Ambassade, Gouverneur ou Emir, etc.]. Sinon, en général, les Arabes de la péninsule ne sont jamais sortis de leur désert. En effet, ils forment un groupe de populations foncièrement *endémique*[482].

Les dirigeants arabes des Omeyyades ont la conviction que le Coran et l'ensemble de préceptes qui en découle, l'Islam, sont une sorte de *Constitution*, un texte constitutionnel qu'ils ont fabriqué, c'est à dire qu'ils ont crée, inventé et qu'ils en ont l'exclusivité et par conséquent une œuvre qui leur appartient. Ainsi, le fait d'avoir à soi, de disposer en maître le Coran et pouvoir en tirer profit et jouissance s'avère être leur droit inaliénable.

Un droit exclusif que se réserve les Omeyyades et leurs descendants de l'exploiter [le Coran -l 'Islam-] commercialement, politiquement et socialement sans limite de temps.

Bien entendu, les Omeyyades sont libres d'en [le Coran -l 'Islam-] disposer comme bon leur semble ; et dans certaines circonstances de le présenter à tout type de population et de la façon qu'ils jugent la meilleure pour leurs intérêts. À la suite de la guerre civile ayant opposé principalement **Muawiya** gouverneur de Syrie, au calife Abu-Talib [600-661] et après l'assassinat de ce dernier, **Muawiya** fonde le *Califat*

---

[482] *Endémique*. Qui est localisé dans une aire restreinte.

omeyyade [483] en choisissant Damas comme capitale, faisant de la Syrie la base d'un Califat illégitime qui prend de l'ascendant au fil du temps. Les successeurs de Muawiya étendent les frontières du Califat au Proche-Orient, à l'Asie. Cette expansion et l'incorporation de peuples toujours de plus en plus nombreuses, le Califat [arabe] se heurtent à des problèmes d'assimilation, de financement qui ne tardent pas à se présenter. Le Califat omeyyade connaît des troubles récurrents qui amenuisent considérablement les finances de l'État. Ces agitations sont souvent dues à une inégalité sociale entre les privilégiés arabes et les populations conquises comme, par exemple, les Syriens et les Egyptiens.

Afin de pacifier les régions qui mettent en danger l'intégrité de l'Etat et sa stabilité politique, la stratégie gouvernementale du Califat omeyyade est justement d'occuper l'esprit réfractaire de ces peuplades fraîchement conquises tout en remettant à flot les caisses de l'Etat. Dès lors, les dirigeants omeyyades mirent sur pied un **ensemble d'actions coordonnées, d'opérations habiles, de manœuvres en vue d'atteindre leurs objectifs. Des** cohortes de **mercenaires** sont recrutés à tour de bras issus d'individus parmi les éléments séditieux des populations, leur promettant toute sorte de prérogatives [butins, terres, attribution de droits, de pouvoir, titres et fonctions étatiques, etc.] pourvu qu'ils incorporent la nouvelle armée omeyyade. Dès lors, les autorités n'avaient plus qu'à haranguer ces troupes, à exalter leur ego ce qui les a poussés tout naturellement à se lancer à l'assaut des territoires convoités. La Berbérie fut l'exutoire idéale à leur frustration et à leur fureur.

Dans l'ordre des choses, il était naturel que les tribus berbères prirent les armes afin de lutter contre ces envahisseurs venus du

---

[483] *Omeyyades.* Il s'agit d'une dynastie arabe de califes qui gouvernent des territoires de 661 à 750. Ils sont originaires de la tribu de Quraych, qui règne à La Mecque au temps du Raçoul Mohammed.

Proche-Orient [Egypte, Syrie, Liban] de manière radicale et cela a permis de les contenir et d'avorter leurs invasions.

A noter qu'en 746, au Khorassan [Nord-Ouest de l'Iran] apparaît un mouvement dirigé par les *Abbassides*[484] qui met fin au règne du *Califat omeyyade* ou *Califat arabe* lors de *la bataille du Grand Zab*, en 750. De cette date, s'affirme le Califat Abbasside ou *Califat perse* qui gouvernera de 750 à 1258. A la suite de cette bataille, quasiment tous les membres de la dynastie omeyyade régnante sont tués. Mais, on rapporte, selon des chroniques arabes, qu'un de leurs survivants qui est parvenu à s'échapper, un certain Abd Al-Rahman qui prendra le titre de Ier Emir [*Ier Califé*], s'installera en Andalousie et fondera, cinq ans plus tard, à force de travail personnel, un nouvel État à Cordoue et qu'il règnera lui et sa descendance dans la péninsule ibérique pendant des siècles. Surprenant paradoxe que ce type de chronique étant donné que la péninsule ibérique et le Sud de la France ont été entièrement et exclusivement conquis par les Berbères **Tariq ibn Ziyad** -m. 720-, **Tarif ibn Malik** -VIIIe siècle-, **Munuza** -VIIIe siècle-, etc. et leurs troupes !

Considérables sont les enjeux pour les chroniqueurs et commentateurs omeyyades [arabes] de minimiser, de déformer ou tout simplement d'inventer des récits événementiels. De par l'instrumentalisation de la lutte antiberbère, les sources des chroniques omeyyades demeurent les seules sur lesquelles travaillent les orientalistes et la plupart des historiens modernes. Heureusement, certains auteurs, rares certes, sortent des sentiers battus et cherchent d'autres provenances textuelles [romaine, byzantine, etc.] [485] et

---

[484] *Abbassides*. Dynastie qui règne sur le *Califat abbasside* [*Califat perse*]. Le fondateur de la dynastie, Abû Al-Abbas Al-Saffah [702-756], est un descendant d'un oncle du Raçoul Mohammed, Al-Abbas ibn-Abd Al-Muttalib [568-653]. Proclamé Calife en 749 par les Perses, il met un terme au règne des Omeyyades en remportant une victoire décisive sur Marwan II [688-750] à la *bataille du Grand Zab* en 750.
[485] P. DE CESAREE, « Histoire de la Guerre des Vandales », T. II, Paris 1852.

s'aidant des processus de la pensée rationnelle [induction, déduction, hypothèse] et à la formulation discursive des vérités communément admises [*Rétablisme*].

1 - Koceïla [m. 688]

Koceïla [*Kasila*] est un roi berbère natif des Aurès. Il règne sur un immense territoire, allant de toute l'Algérie [de Tlemcen jusqu'aux Aurès] jusqu'à la Tunisie actuelle[486]. De confession musulmane dès sa prime enfance, il est resté célèbre pour avoir lutté contre les envahisseurs syro-égyptiens [arabophones] dans la partie orientale de l'actuelle Algérie et la Tunisie, de 683 à 688[487].

Dans un contexte général l'invasion de la Berbérie est entreprise par le chef de la dynastie omeyyade, Muawiya Ier [602-680], premier calife omeyyade, et continuée par son fils, le second calife omeyyade, Yazid Ier [645-683]. Il s'agit d'une double stratégie politique : renflouer le Trésor califal et détourner la grogne des populations soumises à l'autorité arabe omeyyade en constituant des troupes par la levée en masse de recrues puis de les galvaniser afin de les pousser à guerroyer la Berbérie.

En 683, devant l'indécision de l'empereur byzantin au pouvoir, Constantin IV [650-685] en charge de ces territoires, Koceïla décide d'entrer en guerre avec une armée mixte constituée par ses tribus et avec le soutien des autorités byzantines locales[488]. A la tête d'une coalition de troupes berbéro-byzantines, il se place en embuscade et anéantit le corps razzieur syro-égyptien omeyyade et en tuant

---

[486] N. VILLAVERDE VEGA, « El Reino mauretoromano de Altava, siglo VI, Tingitana en la antigüedad tardía, siglos III-VII : autoctonía y romanidad en el extremo occidente mediterráneo », Madrid, 2001.
[487] A. MCKENNA, « The History of Northern Africa », Edit. Britannica Educational Publishing, London, 2011.
[488] Y. MODERAN, « Koceila », Edit. Encyclopédie berbère, N°28-29, 2008.

successivement leurs chefs, membres de la dynastie omeyyade, Oqba Ibn-Nafi [622-683] et Abou al-Mouhajir [m. 683] à Tahouda [près de l'actuelle Sidi Okba, wilaya de Biskra - Algérie][489].

Par ses faits d'armes Koceïla qui est maître incontestable de la Berbérie se dirige victorieusement sur Kairouan et chasse les troupes omeyyades de la région orientale de l'actuelle Algérie et de la Tunisie[490]. Cependant, il épargne les occupants syro-égyptiens demeurés à Kairouan et décide de faire de cette ville la capitale d'un nouvel État ouvert aux relations avec l'Islam[491].

En 688, des renforts en provenance en l'occurrence de Syrie et d'Egypte conduits par l'un des membres de la famille régnante omeyyade Zouhaïr ibn-Qaïs [VIIe siècle] livrent bataille contre Koceïla dans la plaine de Mammès, à l'Est de Timgad [actuelle Aurès - Algérie][492].

Après un combat long et indécis, l'armée berbéro-byzantine subit une défaite et Koceïla meurt au combat. Les troupes mercenaires syro-égyptiennes abandonnent Kairouan en ne laissant qu'une garnison qui sera massacrée par des troupes byzantines débarquées peu après à Barqa [Libye][493].

---

[489] J. CONANT, « Staying Roman : conquest and identity in Africa and the Mediterranean, 439-700", Edit. Cambridge University Press, Cambridge, 2012.

[490] Première ville forteresse et base arrière omeyyade syro-égyptienne pour les incursions en Berbérie.

[491] C. BRIAND-PONSART, « Identités et culture dans l'Algérie antique [actes du colloque, Université de Rouen], 16 et 17 mai 2003 », Publications des Universités de Rouen et du Havre, 2005.

[492] G. CAMPS, « Rex gentium Maurorum et Romanorum. Recherches sur les royaumes de Maurétanie des VIe et VIIe siècles », Antiquités africaines, Vol. 20, N° 1, 1984.

[493] Y. MODERAN, « Les Maures et l'Afrique romaine (IVe-VIIe siècle) », Edit. Publications de l'École française de Rome, Coll. « Bibliothèque des Écoles françaises d'Athènes et de Rome », Rome, 2013.

2 - Dihya [m. 703]

Dihya [m. 703][494] est une reine et chef militaire berbère native des Aurès qui unifia les tribus de Berbérie afin de lutter contre les envahisseurs omeyyades[495], lors de leur intrusion dans le territoire entre 695 à 705[496]. Les sources arabes omeyyades la surnomment « *al-Kahina*[497] » qui signifie *prophétesse, devineresse* en raison de sa capacité à maîtriser l'art de la *tactique*[498] et que ces derniers n'arrivaient pas à concevoir. Dès lors, pour eux, elle était capable de prévoir l'avenir !

Dihya est issue de la tribu berbère zénète des *Djeraoua*[499] originaire des Aurès [Nord-Est de l'Algérie]. En 688, elle succède à Koceïla comme chef de guerre des tribus berbères[500]. En 698, l'émir omeyyade Hassan Ibn-Numan [m. 705] quitte l'Égypte pour Kairouan afin de croiser le fer avec les Berbères.

Dihya est décidée à livrer bataille. Elle marche sur la cité de Baghaï [**commune** de la wilaya de Khenchela - Algérie] le long de la rivière pour bivouaquer. La même idée vint au chef omeyyade. La

---

[494] D. SOUIDI, « Grands personnages de l'histoire ancienne de l'Algérie : des origines à 1830 », Editions du Tell, Blida, 2005.
[495] C. PICARD, « Dihya, la reine berbère », Éditions de la paix, Québec, 2014.
[496] A. MCKENNA, « The History of Northern Africa », Edit. Britannica Educational Publishing, New York, 2011.
[497] Y. MODERAN, « Kahena. (Al-Kâhina) », in Encyclopédie berbère, Edit. Peeters, Louvain, 2005.
[498] *Tactique*. Technique pour appliquer une stratégie définie, qui combine, en vue d'un maximum d'efficacité et en fonction des circonstances, tous les moyens et formes de combat utilisables.
[499] *Djeraoua* ou *Djerawa*. Confédération tribale nomade berbère zénète originaire des Aurès [Algérie] qui a prospéré au nord-ouest de l'Afrique durant le VIIe siècle. Parmi ces tribus originaires de Tunisie, des Aurès en Algérie et du Maroc, la tribu des Djerawa est une des plus puissantes de la confédération des Zénètes.
[500] J. CONANT, « Staying Roman : conquest and identity in Africa and the Mediterranean, 439-700 », Edit. Cambridge University Press, Cambridge, 2012.

cavalerie berbère prend en embuscade les troupes omeyyades qui sont massacrés[501]. Hormis les prisonniers, le reste des troupes sont poursuivis jusqu'à Gabès [ville du Sud-Est de la Tunisie]. Les rescapés vont se réfugier dans la partie orientale de la Libye en Cyrénaïque. Cette victoire porte le nom de *bataille des chameaux*. La présence omeyyade est bannie de la Berbérie[502].

Pendant plusieurs années, Dihya gouverne un état berbère indépendant allant des montagnes des Aurès, aux oasis de Gadamès [Lybie] sans recourir à la moindre animosité à l'encontre des représentants omeyyades. Cinq ans plus tard, profitant toujours que la Berbérie, depuis la chute de l'Empire romain d'Occident était le théâtre incessant non seulement de belligérances entre Byzantins et Berbères, mais également entre Berbères sédentaires et nomades, le rancunier et belliqueux Hassan Ibn-Numan revient à l'assaut avec des renforts octroyés par le 5e calife Abd al-Malik [646-705]. En 703, Dihya engage le combat où elle fut tuée les armes à la main par les troupes mercenaires omeyyades à Tabarka [Nord-Ouest de la Tunisie][503].

3 - Maysara al-Matghari [VIIIe siècle]

Maysara al-Matghari [VIIIe siècle][504] est un chef berbère de la tribu des Matghara ou *Imteghren* [dans l'actuel Maroc], à l'origine de la *grande révolte berbère* qui éclate en 739/740[505]. Il est séduit par le

---

[501] G. HALIMI, « La Kahina », Plon, Paris, 2006.
[502] B. WERBER, « Nouvelle encyclopédie du savoir relatif et absolu », Edit. Albin Michel, Paris, 2010,
[503] Selon une autre source Dihya fut tuée dans un endroit des Aurès dénommé « *Bir-al Kahina* ».
[504] V. SERRALDA & A. HUARD, « Le Berbère– lumière de l'Occident », Edit. Nouvelles Editions Latines, Paris, 1984.
[505] K.Y. BLANKINSHIP, « The End of the Jihad State : The Reign of Hisham Ibn 'Abd Al-Malik and the Collapse of the Umayyads », Edit. SUNY Press, Albany, 1994.

courant religieux *kharidjite* [506] et constitue une alliance des confédérations berbères [*Matghara, Ghomaras*[507], *Meknassas*[508] et *Berghouatas*[509]].

En 739, ils entrent en conflit avec les troupes d'invasion omeyyade venues par voie maritime [côtes près de Kairouan] qu'ils expulsent de Tanger et exécutent leur ambassadeur, l'émir en fonction. En 740, Maysara prends le titre de *Calife* mais peu de temps après, il fut déposé et exécuté par d'autres factions rebelles berbères.

A noter que cette lutte armée est lancée et dirigée par des *sufrites kharijites*. Le principe central de l'idéologie kharijite est justement que le titre de Calife est ouvert à tout bon musulman pieux, indépendamment des qualifications dynastiques ou tribales. De ce fait, sur le plan idéologique, la lutte des Berbères contre l'invasion des mercenaires omeyyades reste non seulement une réaction défensive musulmane au sens strict contre un danger qui les menace, et, par là, ouvert à tous les vrais musulmans, mais également d'un mouvement de libération berbère. Naturellement, Maysara, en tant que

---

[506] *Kharidjisme* [ou *kharijisme*]. Courant religieux de l'Islam né lors de l'arbitrage entre Ali [600-661] et Muawiya [602-680] lors de la *bataille de Siffin* qui les avaient opposés en 657. Les Kharidjites furent ainsi dénommés par Ali pour caractériser tout mouvement musulman contestataire peu importent leurs revendications et leurs méthodes. Pour le kharidjisme, tous les hommes sont égaux, et les privilèges de l'aristocratie quraychite, amplifiés sous le règne de la dynastie omeyyade, sont condamnés.

[507] *Ghomaras*. Ethnie du nord du Maroc, d'origine berbère *masmoudienne* [*Masmouda*, un des grands groupes berbères tels que les *Zénètes* et les *Sanhadja*]. Leur territoire se localise entre les fleuves Oued-Laou et Ouringa.

[508] *Meknassas* ou *Imeknasen*. Tribu berbère zénète initialement établie dans la région des Aurès, ayant participé à la conquête de l'Andalousie avec Tariq ibn-Ziyad, a érigé les villes de Meknès et de Sijilmasa [Maroc] et a établi la *dynastie aftaside* à Badajoz [Andalousie].

[509] *Berghouatas*. Groupe de tribus berbères sur la côte atlantique du Maroc, faisant partie de la confédération *Masmouda*.

commandant des vrais musulmans, ne pouvait avoir d'autre titre que celui de *Calife*, c'est à dire *commandeur des croyants*.

Le successeur de Maysara, le Berbère Khalid Ibn-Hamid al-Zanati [VIIIe siècle] est choisi pour le remplacer[510]. La politique et les jalousies intertribales sont la raison principale, un excellent mobile dirons-nous, dans la mort de Maysara. En effet, les chefs des tribus zénètes du Maroc oriental qui participent bien tardivement à la lutte armée comprennent qu'ils n'ont aucune prise sur la direction du cours des évènements car la coalition initiale de Maysara est formée de berbères du Maroc occidental [*Ghomaras, Berghouatas* et *Meknassas*]. Dès lors que la guerre est remportée, la ligne de front est déplacée. Maintenant que toutes les batailles contre les envahisseurs omeyyades vont se dérouler dans les territoires des tribus zénètes de l'Est, il est normal que ce soit des chefs zénètes qui dirigent les armées des coalitions berbères.

Sous le commandement de Khalid ibn-Hamid al-Zanati, les tribus berbères confédérées s'emparent des plaines du Souss et chassent les troupes d'occupation omeyyade lors de la *bataille des nobles*. En 741, un autre contingent de mercenaires syro-égyptiens est écrasé lors de la *bataille de Bagdoura*. En 742-743, la lutte contre l'envahisseur omeyyade se poursuit aux portes de Kairouan et la Berbérie occidentale et centrale demeurera à partir de ce moment-là aux mains des Berbères !

---

[510] C.-A. JULIEN, « Histoire de l'Afrique du Nord, des origines à 1830 », Edit. Payot, Paris, 1931 [1ʳᵉ éd. 1961].

XI - Personnages principaux fondateurs du Califat berbère de la péninsule ibérique

La conquête de la péninsule Ibérique est l'établissement initial d'un califat berbère sur l'Hispanie, débutant en grande partie de 711 à 726. Celle-ci aboutit à la dissolution du royaume wisigoth et l'installation de l'*Andalousie* [*Al-Andalus*]. Elle marque l'expansion la plus occidentale des Berbères musulmans et, par-là, de l'hégémonie de l'Islam en Europe.

La domination du royaume wisigoth par les dirigeants berbères est un processus qui s'est poursuivi une quinzaine d'années [711 à 726] où ils conquirent la péninsule ibérique et une grande partie du sud de la France actuelle.

En 710, après la prise de Ceuta, Tarif Ibn-Malik [VIIIe siècle] parvient sur l'île de Tarifa[511]. La même année, Tariq Ibn-Ziyad [m. 720] envoie ce dernier à la tête d'un contingent dont un tiers de cavaliers pour gagner le sud de la péninsule ibérique afin d'organiser la logistique pour la conquête globale.

En 711, Tariq Ibn-Ziyad et son armée berbère débarquent à Gibraltar dans la péninsule ibérique. Il remporte la victoire à la *bataille de Guadalete* face à Roderic [m. 711] qui périt et continue sa campagne plus au nord. En 717, les troupes berbères traversent les Pyrénées, la province de Narbonne [*Septimanie*] et la Provence en 734. Leur présence dans ces territoires y est attestée durant des siècles.

Pendant longtemps l'étymologie d'*Al-Andalus* a fait l'objet d'hypothèses les plus variées. Quoi qu'il en soit, le nom des *Vandales* est généralement relié à celui de *Vendel*, la dénomination d'une

---

[511] *Tarifa*. Ville fortifiée du sud de l'Espagne, située dans la province de Cadix, en Andalousie.

province de l'*Uppland*[512], en Suède. Ainsi, Vendel demeure, d'une part, la patrie originelle des Vandales précédent l'époque des migrations et, d'autre part, reste leur dénomination tribale en tant que toponyme. Les Vandales signalés pour la première fois par le chroniqueur et sénateur romain Tacite [54-120][513], ont une origine scandinave.

Les Vandales s'installent en Germanie orientale au bord de la mer Baltique entre le Ier et le IIIème siècle. Ils sont proches d'autres groupes ethniques comme les *Goths*, les *Gépides* et les *Burgondes* et partagent une langue commune, le gotique [branche germanique].

La victoire de l'empereur romain Aurélien [214-275] sur les Goths et les Vandales sur le Danube en 271 souscrit un traité avec ces derniers pour l'enrôlement de milliers de cavaliers qui serviront en tant que troupes auxiliaires des légions. Des groupes de Vandales se fixent ainsi dans les territoires de l'Empire moyennant un approvisionnement en contingents de soldats auxiliaires.

En langue berbère, le terme « *Vandale* » est « *Awendlus* »[514]. Tariq Ibn-Ziyad est un Berbère du groupe ethnique des *Chaouis*[515], originaire de Tagaste [Souk Ahras - Algérie] et vraisemblablement germanophone. Ainsi, sa conquête de l'Andalousie suit un trajet identique mais inverse à celui que les Vandales ont effectué plusieurs

---

[512] *Uppland*. Province historique de Suède, située sur la côte est. Elle est bordée à l'est par la mer Baltique, au sud par le lac Mälar et au nord par le fleuve Dalälven. Elle est le cœur historique de la Suède, les éléments culturels de la province sont principalement ceux associés à la culture suédoise.

[513] D. DE CLERCQ, « Tacite - Origine et territoire des Germains, dit La Germanie (I-IV) », Traduction nouvelle avec notes, Bruxelles, 2003.

[514] J. VALLVE BERMEJO, « The Territorial Divisions of Muslim Spain », Madrid, 1986.

[515] *Chaouis*. Habitants essentiellement le massif de l'Aurès, ainsi que les régions attenantes, comme le Constantinois, et la région des Chotts, au total une grande partie de l'Est algérien. Les *Chaouis* sont le second groupe berbérophone algérien par le nombre de locuteurs et en termes de population après les *Kabyles*.

siècles auparavant lorsqu'ils se sont établis dans son pays en y exerçant un pouvoir souverain.

De ce fait, à son débarquement dans la péninsule ibérique qui était sous l'autorité des Vandales dont la langue officielle et administrative usitée est d'origine germanique, c'est à dire l'idiome vandale. Le pays des *Awendlus* fut tout naturellement baptisé *Awendlusia*, terme transposé par les conquérants berbères phonétiquement en *berbèrabe*, ce qui donnera *Andalusia*[516], c'est à dire l'Andalousie.

1 - *Tariq Ibn-Ziyad* [m. 720]

Chef berbère est un *Chaoui* natif des Aurès, de la région de *Thagaste*[517] [Souk Ahras - Algérie]. Polyglotte et célèbre stratège, il conquiert à la tête de 12 000 berbères la péninsule ibérique en 711. C'est ainsi que depuis les rives du Nord de l'actuel Maroc, avec ses troupes, Tariq Ibn-Ziyad[518] réalise la conquête de la péninsule ibérique[519].

Très peu d'informations nous sont parvenus sur Tariq Ibn-Ziyad. Son prénom et celui de son père furent arabisés comme cela se faisait traditionnellement lorsqu'on accepte la confession de l'Islam. Une chose est sûre, le contingent conduit par Tariq est composé

---

[516] H. HALM, « Al-Andalus und Gothica Sors » in Welt des Orient, 66, 1989.

[517] *Thagaste*. Ancienne ville numide sur les ruines de laquelle fut édifiée la ville actuelle de Souk Ahras ou Tagilt en Algérie. Elle est située à 100 km au sud-est d'Annaba, anciennement Hippone.

[518] J. VALLVE BERMEJO, « Nuevas ideas sobre la conquista árabe de España : toponimia y onomástica », Edit. Real Academia de la Historia, Madrid, 1989. L'appellation « *Tariq* », compte tenu de sa signification symbolique lui a été donnée probablement à l'issue de la conquête. Selon l'historien J. Vallvé Bermejo, le nom « *Tariq* » désignerait une figure éponyme signifiant simplement « *chef* » ou « *leader* ».

[519] Depuis cette victoire, le *détroit de Gibraltar* porte son nom : le mot « *Gibraltar* » vient « *djebel Tariq* », signifiant la « montagne de Tariq ». G. BOHAS, « Ṭāriq ibn Ziyād (VIIIe s.) », Encyclopædia Universalis, 2018.

intégralement de diverses tribus berbères ayant professé la croyance islamique depuis bien longtemps[520]. La conquête de la quasi-totalité de l'Espagne wisigothe s'effectua, à peu près, en trois ans par les troupes berbères[521]. Tariq Ibn-Ziyad et son armée avancèrent directement sur Tolède, la capitale de l'Espagne qu'ils occupent sans grande résistance ; puis se dirigent vers Cordoue qui est conquise aussitôt[522].

Selon certains auteurs, Tariq Ibn-Ziyad a trouvé la mort à Damas dans des circonstances mystérieuses.

2 - Tarif Ibn-Malik [VIIIe siècle]

Tarif Ibn-Malik[523] est un commandant berbère qui a conduit une incursion sur le sud de l'Espagne sous l'autorité de Tariq Ibn-Ziyad, puis a contribué en 711 à la conquête de la péninsule ibérique. Il existe très peu d'informations sur sa biographie. En 710, Tariq Ibn-Ziyad dépêche Tarif d'opérer une reconnaissance sur la côte sud de la péninsule ibérique[524].

Tarif et ses hommes à bord de quatre navires partent de Tanger et parviennent sur le lieu de leur débarquement, Tarifa, la rive opposée du détroit qui porte désormais le nom de leur commandant. Cet endroit fut considéré comme un point d'entrée pour une conquête plus large. La première étape de cette opération est confiée à Tarif Ibn-Malik et à ses troupes qui s'enfoncèrent à l'intérieur du pays sans

---

[520] Y. MODERAN, Les Maures et L'Afrique Romaine (IVe-VIIe Siècle) ». Edit. École Française de Rome, 2003.
[521] B. F. REILLY, « The medieval Spains », Edit. Cambridge University Press, New York, 2009.
[522] A. CLOT, « L'Espagne musulmane, Edit. Perrin, Paris, 2004.
[523] F. SAYER, « The History of Gibraltar and of Its Political Relation to Events in Europe », Edit. Saunders, Otley, and Company, London, 1862.
[524] E. LEVI-PROVENÇAL, « Ṭarīf », Encyclopaedia of Islam, First Edition [1913-1936], Edit. Brill, Leiden, 2012.

résistance. La seconde étape, le commandant accompagne Tariq Ibn-Ziyad lors de la conquête globale de l'Hispanie où ils vainquirent le roi Rodéric [m. 711] à la *bataille du Guadalete* en 711. Les Berbères édifièrent leur première ville celle d'*Al-Jezirah* [l'*Île*][525].

3 - Munuza [VIIIe siècle]

Munuza[526] est un Berbère, compagnon d'arme de Tariq Ibn-Ziyad. Il contribue en 711 à la conquête de la péninsule ibérique.

En 714, il est nommé gouverneur de la Catalogne après l'achèvement de la conquête berbère de l'Hispanie. Il paracheva un pacte d'alliance avec le duc Eudes d'Aquitaine [m. 735] et de Vasconie en épousant sa fille Lampegia[527]. En 722, Munuza est à la tête des troupes berbères à la *bataille de Covadonga*[528]. En 730, il conduit ses troupes en Cerdagne, dans les Pyrénées et élit *Llivia*[529] siège de son pouvoir[530]. À la suite de la signature de la trêve, Munuza respectant l'alliance avec les Chrétiens en refusant d'entrer en conflit avec eux s'exposa à des représailles de la part de ses adversaires et coreligionnaires qui marchèrent contre Llivia. Munuza meurt en voulant rejoindre les terres du duc d'Aquitaine.

---

[525] R. COLLINS, « Visigothic Spain, 409-711 », Edit. Wiley Blackwell Publishing, New Jersey, 2004

[526] P. SENAC, « Musulmans et Sarrasins dans les Sud de la Gaule du VIIIe au XIe siècle », Edit. Le Sycomore, Paris, 1980

[527] P. SENAC, « Les carolingiens et al-Andalus : VIIIe-IXe siècles », Edit. Maisonneuve & Larose, Paris, 2002.

[528] *Bataille de Covadonga.* En 722, bataille qui a opposé les troupes berbères au royaume des Asturies. Les historiens font usuellement de cette victoire asturienne le commencement de la « *Reconquista* », qui ne s'achèvera que 770 ans après, c'est à dire en 1492.

[529] *Llívia.* Ville située en Cerdagne, dans la partie orientale des Pyrénées. Llívia se nommait alors *Medinet-el-bab* [la « ville de la porte »]. La ville joue un rôle prépondérant, car elle souligne la présence des Berbères dans la Cerdagne et permet leur pénétration dans la Francie Occidentale.

[530] I. TAYLOR, « Les Pyrénées », Edit. C. Gide, Paris, 1843.

XII - Quelques Berbères renommés fondateurs des Sciences

Les savants berbères [de Berbérie et de la péninsule ibérique] à l'instar de leurs homologues les Perses [Mésopotamie -Bagdad-] créèrent un mode de connaissance critique : la *Science*. Ce qui signifie, d'une part, qu'ils se soumettaient à un contrôle vigilant sur leurs propres démarches et qu'ils fixaient des critères précis de validation ; d'autre part, qu'ils construisaient des méthodes qui leur permettaient de déployer de manière systématique le champ de leur savoir.

Leur approche de la connaissance est à la fois réflexive et prospective : ils sont les fondateurs de la démarche scientifique [axiomatisation, procédures de validation, construction de modèles, etc.]. En effet, la préparation des critères de validité et des méthodes de recherche fait partie fondamentalement du développement du savoir scientifique lui-même qui est progressivement dégagé par un effort spécifique de thématisation dont la forme critique est sujette à un examen clarificateur et à des épreuves de validité. Ce type d'approche intellectuelle est une innovation dans l'Histoire de l'Humanité.

Les idées, critères et principes qui amenèrent les savants berbères à mettre en œuvre les fondements des Sciences sont des opérations de l'esprit, un questionnement de la raison humaine : le rapport de la connaissance à la nature, la relation et la place entre celle-ci et l'Homme et la vie sociale. Cette considération demande sans doute un horizon d'explication ontologique ; c'est simplement dans un tel horizon que la question de la Science reçoit sa véritable dimension.

Pour les savants berbères la connaissance de l'Univers est tout d'abord synonyme de recherches sur les fondements, les investigations portant sur les significations en tant que phénomène global. La genèse de la Science, son rôle et les caractères spécifiques de celle-ci sont pour les savants berbères un moyen de s'approcher du divin et de tenter, dans l'absolu, de comprendre la Création !

Les savants berbères s'attachent, bien entendu, à répondre aux problématiques internes liées aux diverses disciplines qu'ils fondent, mais également aux besoins nouveaux de leur société. L'inventivité des Sciences et leurs sujets d'études sont partout sollicitées parmi les érudits berbères.

Pour les savants berbères, les démarches de leur quête du savoir par la recherche scientifique sont orientées par une même aspiration : parfaire leur savoir, découvrir les secrets de la Nature afin d'acquérir un haut développement intellectuel, matériel et social dans un environnement sur lequel l'Homme pourra agir d'autant plus efficacement qu'il l'appréhendera mieux.

Les leçons de l'Histoire des Sciences[531] sont celles que nous donnent les savants tels que A.H. Al-Qalsadi [m. 890], A.H. Al-Dinawari [815-895], Abou Al-Qasim Zahrawi [*Albucasis*, 936-1013], A.M.Ibn-Zuhr [*Avenzoar*, 1013-1162], A.I.M. Al-Ghafiki [m.1165], M. Ibn Al-Awwam [m. 1190], A.M. Ibn Al-Baïtar [Ibn Al-Baytar - 1190-1248], A.Z.Y. Ibn-Awwam [m.1190], M. Ibn Rushd [*Averroès*, 1126-1198].

L'histoire des Sciences est illustrée par de grandes figures qui marquent leur naissance, événement révolutionnaire dans la connaissance de l'Univers[532]. La compréhension de l'origine des Sciences est intimement liée au génie d'individus originaires de deux

---

[531] NAS E. BOUTAMMINA, « Comprendre la Renaissance - Falsification et fabrication de l'Histoire de l'Occident », Edit. BoD, Paris [France], août 2013, 2ᵉ édition avril 2015.

[532] NAS E. BOUTAMMINA, « Les contes des mille et un mythes - Volume I », [Edit. Originale 1 vol., Saint-Etienne, août 1999]. Edit. BoD, Paris [France], juillet 2011, 2ᵉ édition février 2017.

peuples : les Perses [foyer culturel mésopotamien - actuel Iraq] et les Berbères [foyer culturel berbèro-andalou][533].

Concernant les sources biographiques des savants de la sphère de la Berbérie-Andalousie -ou berbèro-andalouse-, certaines données sont entachées d'inexactitudes grossières, voire de falsifications qui demandent une réécriture à la lumière d'une critique textuelle scrupuleuse. Quoi qu'il en soit, il est utile de faire une petite observation sur l'origine des Sciences faussement et communément admise et disséminée.

A - Quelques preuves ou faits irréfutables de l'inexistence des sciences et des savants grecs[534]

« Tirer des lois générales d'une observation des phénomènes naturels est inconcevable si la conception intellectuelle du monde est figée dans la mythologie, la superstition ! »

1. A preuve du contraire et l'Histoire nous le confirme : la pensée, la culture et la société grecques sont strictement mythologiques, superstitieuses, magiques et légendaires à l'instar de toutes les autres sociétés antiques.

2. Aucune preuve, aucun vestige, ni aucun débris historique ou archéologique n'a pu être exhumé ou découvert concernant un quelconque document écrit, iconographique [peinture, sculpture, gravure, etc.] ou oral démontrant l'existence d'une quelconque science ou savant grecs.

---

[533] Nas E. Boutammina, « Les ennemis de l'Islam - Le règne des Antésulmans - Avènement de l'Ignorance, de l'Obscurantisme et de l'Immobilisme », Edit. BoD, Paris [France], avril 2010, 2e édition février 2012.
[534] Nas E. Boutammina, « Comprendre la Renaissance - Falsification et fabrication de l'Histoire de l'Occident », Edit. BoD, Paris [France], août 2013, 2e édition avril 2015.

3. Aucun souvenir, aucun signe, aucun témoignage, aucune trace, manifestation écrite, artistique ou orale n'est parvenue à aucune autre société antique pourtant voisine de la Grèce comme Rome, l'Egypte, la Perse, Carthage ou la Phénicie relatif à une quelconque science ou savant grec alors que diverses relations existaient : échanges diplomatiques, culturels, économiques ou même militaires [le prétendu *Alexandre le Grand* qui, selon les « *spécialistes* » de l'histoire a conquis une grande partie du monde méditerranéen et oriental dont l'Inde, par exemple-]. De plus, l'héritière directe de la pensée et de la culture grecque qu'est Rome n'a jamais signalé une quelconque culture scientifique ou savante grecque alors qu'elle a conquis une grande partie du monde.

4. Bizarrement et soudainement, à partir du IXe siècle, se découvrent, se révèlent et se développent comme par *miracle* des écrits scientifiques et des savants grecs sous la plume des traducteurs et copistes latins alors même qu'une politique systématique de traduction et de copie en version latine et grecque d'ouvrages scientifiques et littéraires de savants musulmans apparaît dans les scriptoriums de toutes les abbayes, les monastères, et prieurés de la chrétienté. Puis cette politique de traduction et de copie devint une institution à la Renaissance qui la diffusa dans toute la Chrétienté et bien au-delà.

5. A partir de cette date [IXe siècle], des travaux de falsification et de fabrication d'une culture scientifique et érudite établissent une continuité culturelle et savante entre l'Antiquité gréco-romaine et le Moyen-Age chrétien. Tout cela n'est-il rien d'autre qu'un incommensurable plagiat que les copistes-traducteurs attribuèrent aux savants grecs fraîchement inventés ? Quoi de plus simple que de

corrompre en inventant et en rajoutant aux documents originaux des savants musulmans des termes et des noms grecs. Il suffit d'étudier par une critique textuelle les documents originaux des scientifiques musulmans pour s'apercevoir qu'il n'existe aucune allusion aux prétendus sciences et savants grecs. Tout simplement parce ces derniers n'ont jamais existé !

B - Quelques savants à l'origine des sciences

1 - A. Ibn-Firnas [810 - 887]

Abbas Ibn-Farnas[535] né à Ronda [commune de la province de Malaga - Andalousie] était un polymathe, savant dans diverses disciplines comme la Physique, l'Astronomie, la Chimie et la littérature[536].

Il exerçait son talent dans le domaine des inventions et de l'ingénierie : méthode de coupe du quartz, lentilles optiques, différentes sortes de planisphères, horloge hydraulique, etc.[537]. Certains auteurs[538] rapportent que A. Ibn-Firnas a mis au point un engin volant, une sorte de *planeur*[539] qu'il testa par la suite.

---

[535] Jr LYNN TOWNSEND WHITE, « Eilmer of Malmesbury, an Eleventh Century Aviator : A Case Study of Technological Innovation, Its Context and Tradition », Edit. Technology& Culture, 1961.

[536] J. VERNET, « Abbas Ibn Firnas ». Dictionary of Scientific Biography [CC Gilespie, red.], Vol. I, Edit. Charles Scribner's Sons, New York, 1970-1980.

[537] Jr LYNN TOWNSEND WHITE, « Eilmer of Malmesbury, an Eleventh Century Aviator : A Case Study of Technological Innovation, Its Context and Tradition », Edit. Technology & Culture, 1961.

[538] Jr. L. WHITE, « *Medieval Religion and Technology* », Malmesbury, An Eleventh Century Aviator, Edit. University of California Press, Los Angeles, 1978.

[539] J.H. LIENHARD, « *The flying monk* », In The Engines of Our Ingenuity, N° 3, 1988-1997.

2 - A.H. Al-Dinawari [815-895]

A.H. Al-Dinawari[540] rédigea un traité de Botanique[541] et par son travail et son talent, il contribua de manière importante à la Pharmacologie. Ses travaux les plus remarquables sont ceux de la greffe sur les fleurs et les arbres fruitiers où il mit au point de nouvelles variétés.

3 - A.H. Al-Qalsadi [m. 891]

A.H. Al-Qalsadi[542] monument des sciences mathématiques, il naquit à Basta en Andalousie. Il est l'auteur de plusieurs traités d'arithmétique et d'algèbre où il établit des lois concernant les nombres entiers, les fractions, l'extraction et la recherche des racines de n'importe quel nombre, ainsi que la résolution des équations[543]. Son esprit remarquable lui permit d'être le fondateur du symbolisme algébrique[544] [racine -$\sqrt{}$-, inconnue -x-, puissance -x^2, x^3-, etc.].

Les Mathématiques doivent leur existence et leur progrès à son extraordinaire génie d'avoir inventer les chiffres à partir de règles géométriques selon la construction des angles. Les chiffres dits improprement « *arabes* » sont en fait, les chiffres de A.H. Al-Qalsadi ou « *alqalsadiens* ».

A.H. Al-Qalsadi a rédigé plusieurs traités dont les plus importants sont « *Al-Tabsira fi hilm al-hisab* [« *Éclaircissement de la science de*

---

[540] A.H. AL-DINAWARI, « Livre des plantes »
[541] NAS E. BOUTAMMINA, « Les Fondateurs de la Botanique », Edit. BoD, Paris [France], mai 2017.
[542] J. SAMSO, « Las ciencias de los antiguos en al-Andalus », Edit. MAPRE, Madrid, 1992.
[543] F. WOEPCKE, « Études sur les mathématiques arabo-islamiques », Edit. Institut fur Geschichte der Arabisch-Islamischen Wissenschaften an der Johann Wolfgang Goethe-Universitä t, Frankfurt am Main, 1986.
[544] M. SOUISSI, « La langue des mathématiques en arabe », Edit. Publications de l'Université de Tunis, Tunis, 1968.

l'arithmétique »] et « *Sharh talkhis amal al-hisab* [« *Résumé d'opérations arithmétiques* »]⁵⁴⁵.

4 - O.I. Ibn-Imran [m. 908]

Omran Ishaq Ibn-Imran [m. 908][546] est natif de la province de Kairouan [Tunisie]. Ce remarquable médecin a souffert des mauvais traitements d'un souverain dégénéré, perfide et sanguinaire Ziyadatallah III [m. 916], le dernier des *Aghlabides*.

Il est regrettable que très peu de ses œuvres nous soit parvenu[547]. Ses travaux originaux consacrés à l'étude et au traitement des maladies mentales lui valent d'être le fondateur de cette discipline qu'est la Psychiatrie qu'il scinde de la Médecine et qu'il enseigne à l'Ecole de Médecine de Kairouan. O.I. Ibn-Imran exerça une influence considérable sur les médecins contemporains toute obédience confondue [musulmans, juifs, chrétiens]. O.I. Ibn-Imran étudie d'une manière rigoureuse la nature, les symptômes, les *étiologies*[548], les complications des maladies mentales et leurs traitements.

Son ouvrage magistral « *Kitab al-Malikhuliya*[549] [« *Livre de la Mélancolie* »] » est traduit et plagié par Constantin l'Africain [1015-1087] sous le titre de « *De melancolia* ». Il formule d'étonnantes règles d'hygiènes mentales, diététiques et enfin, thérapeutiques [médicamenteuses].

---

[545] A.P. YOUSCHKEVITCH, « Les mathématiques arabes. Du VIIIᵉ au XVᵉ siècle », Edit. Vrin/CNRS, Paris, 1976.
[546] NAS E. BOUTAMMINA, « Les Fondateurs de la Médecine », Edit. BoD, Paris [France], septembre 2011, 2ᵉ édition mars 2017.
[547] O.I. IBN-IMRAN, « Maqala fi al-Malikhuliya », Munich, 805, 2.
Fragment de « Pharmacopée », Escurial, é., 887, 6.
[548] *Etiologie*. En médecine, recherche et étude des causes des maladies.
[549] *Malikhuliya*. Terme crée en arabe par O. Ibn-Imran latinisé en « *Melancolia* » par le traducteur, le moine Constantin l'Africain.

L'auteur découvre la plupart des formes pathologiques actuellement connues, telles que les états dépressifs mélancoliques, psychose maniaco-dépressive, troubles somatiques, etc.

5 - A.Q. Al-Majriti [950-1007]

Al-Qurtubi Al-Majriti[550] illustre mathématicien[551], chimiste et astronome[552] né à Madrid et mort à Cordoue. Il est renommé pour ses divers travaux dont ceux sur la loi de conservation de la matière. Il a rectifié les *Tables astronomiques*[553] du fondateur des Mathématiques M. Al-Khwarizmi [800-847]. A.Q. Al-Majriti était, à son époque, une autorité dans le domaine de l'Astronomie. Fondateur d'une école originale d'astronomes andalous A.Q. Al-Majriti enseignait parallèlement les disciplines telles que l'arithmétique et la géométrie.

Ses réalisations sont principalement dans le domaine mathématique de l'Astronomie[554], sur l'arithmétique commerciale [*Muhamalat*] et sur le calcul des droits de succession. Dans le domaine astronomique, A.Q. Al-Majriti a fait des observations sur l'étoile Regulus et a découvert que sa longitude écliptique était de 135 ° 40 '. À partir de la détermination de la longitude de cette étoile,

---

[550] G. Sarton, « Introduction to the History of Science », Edit. Krieger Publishing Company, Huntington [New York], T. I, 1975.
[551] J. Vernet & M.A. Catala, « Las obras matemáticas de Maslama de Madrid », traduction du « Traité sur l'astrolabe » de A.Q. Al-Majriti, in *Al-Andalus* N° 30, 1965.
[552] T. Hockey & al. « The Biographical Encyclopedia of Astronomers », Edit. V. Trimble & T. R. Williams, New York : Springer. 2007.
[553] D. van Benno, « Les tables astronomiques d'al-Khwārizmī revisitées : analyse de l'équation du temps » In From Bagdad to Barcelona : Essays on the History of the Islamic Exact Sciences in Honor of Prof. Juan Vernet, édité par Josep Casulleras et Julio Samsó, Vol. 1, Barcelone : Instituto Millás Vallicrosa de Historia de la Ciencia árabe, 1996.
[554] J. Vernet & M. Asuncion Catala, « Las obras matemáticas de Maslama de Madrid », 1965. Traduction en anglais dans The Formation of al-Andalus, Part 2 : Language, Religion, Culture and the Sciences, édité par Maribel Fierro et Julio Samsó, Aldershot : Ashgate, 1998.

il définit la longitude de toutes les étoiles fixes, établissant ainsi un mouvement de précession des équinoxes de 13 ° 10 '.

Un des objectifs de A.Q. Al-Majriti était de mettre au point un calendrier lunaire musulman, et pour cela certaines tables spécifiques pour l'observateur ont été ajustées aux coordonnées géographiques de Cordoue. Ainsi, en utilisant la longitude de Cordoue l'auteur fournit les tables de chronologie, les mouvements moyens, les conjonctions et oppositions moyennes et la visibilité du croissant lunaire.

6 - A.M. Ibn-Hayan [987-1076]

Abou Marwan Ibn-Hayan[555] né à Cordoue, est l'un des fondateurs de l'Histoire. L'auteur est issu d'une famille aisée, son père étant un haut fonctionnaire d'Etat.

A.M. Ibn-Hayyan se distingue par sa vaste connaissance de l'Histoire de l'Espagne et ses écrits historiques sont effectués dans un style élégant et original, et ses observations et analyses évoquent des faits sociaux et historiques authentiques, et en mettant un soin particulier à l'ordre de leur déroulement.

A ce propos, A.M. Ibn-Hayan, véritable initiateur de l'historiographie scientifique reproche aux chroniqueurs anciens et contemporains leur indifférence et leur manque de dignité à l'encontre de la recherche objective, scientifique dirons-nous, des faits historiques.

Il a écrit diverses œuvres historiques[556] dont les plus importants sont :

---

[555] C. ROMEY, « Histoire d'Espagne Depuis le Premiers Temps Jusqu'à Nos Jours », Vol. 5, Edit. Forgotten Books, London, 2018.
[556] M. M. ANTUÑA, « Ibn Hayyan de Córdoba et son histoire de l'Espagne musulmane », Edit. P. Geuthner, Paris, 1937.

- « *Kitab al-Muktabis fi al-akhbar balad al-Andalus* [« *Livre - Le porte-étendard de l'histoire de l'Andalousie* »]. Œuvre en 10 volumes.
- « *Kitab al-Matyyn* [« *Livre l'Indéfectible* »]. Œuvre en 60 volumes.

Leur contenu constitue une des sources essentielles sur la période de l'histoire de l'Espagne aux Xe et XIe siècle en général et éclairent sur la naissance des royaumes des *taïfas*[557], en particulier. Ceux-ci[558] relatent d'une manière rigoureuse les évènements qui se sont déroulés en Andalousie et qui se situent entre la chute du Califat de Cordoue et la conquête almoravide[559].

7 - M.I.M. Al-Jayani [989-1079]

Muhuammad Ibn-Muhad Al-Jayani[560] natif de Jaén [nord-est de l'Andalousie] était un mathématicien et cadi de Cordoue. Il contribua grandement à la Trigonométrie sphérique qu'il détacha de l'Astronomie par ses travaux de grande valeur.

Ses traités les plus connus sont : « *Risala fi Matrah al-suhahat* [« *Traité sur la projection des rayons* »] » manuscrit traduit en 1265 et conservé à la Biblioteca Medicea Laurenziana [Bibliothèque Laurentienne] située dans l'enceinte du monastère San Lorenzo à Florence en Italie.

« *Kitab Mayhulat qisi al-kura* [« *Livre des inconnues des arcs de la sphère* »]. Deux exemplaires du manuscrit sont conservés, l'un à la

---

[557] *Taïfas*. Petits États berbères aux frontières constamment changeantes du fait des conflits incessants qui persistent entre eux.
[558] T. BRUCE, « La Taïfa de denia : Et la Méditerranée au XIe siècle », Edit. Méridiennes, Toulouse, 2013.
[559] C. ROMEY, « Histoire d'Espagne », t. 5, Edit. Furne & Cir., Paris, 1841.
[560] E. CALVO, « *Ibn Mu'ādh: Abū 'Abd Allāh Muḥammad ibn Mu'ādh al-Jayyānī* », The Biographical Encyclopedia of Astronomers, New York : Springer, 2007.

Bibliothèque du monastère royal de San Lorenzo d'El Escorial à Madrid, l'autre à la Biblioteca Medicea Laurenziana de Florence.

« *Liber de Crepusculis matutino et vespertino* » et « *Liber tabularon Iahem cum regulis suius* [« *Tables de Jaén* »] traduction en version latine par G. de Cremone [1114-1187].

8 - *A.B.H. Ibn-Samjun [m. 1002]*

Abou Bakr Hamid Ibn-Samjun[561] a vécu et travaillé à Cordoue. Il excella dans la Botanique mais demeurait versé également en science médicale. A.B.H. Ibn Samjun est l'un des grands botanistes et pharmacologues [562]. Son ouvrage « *Jami al-adwiya al-Mufrada* [« *Collection de plantes médicinales simples et de médicaments dérivés* »] » témoigne d'un travail scientifique démontrant un soin particulier au détail.

9 - *Abou Al-Qasim Zahrawi [936-1013]*

Abou Al-Qasim Zahrawi [lat. *Abulcasis*], originaire de Cordoue est l'un des grands esprits de l'histoire des Sciences ; polymathe, il est le père fondateur de la Chirurgie[563], de l'Anatomie, de l'Obstétrique, de la Traumatologie et de l'Odontologie [564]. Il rédigea une encyclopédie médicale monumentale dont plusieurs corpus consacrés aux techniques chirurgicales [trachéotomie, colotomie, traitement de l'anévrisme, etc.], gynécologiques [colpohystérectomie, etc.], obstétricales, traumatologiques, orthopédiques, ophtalmologiques ;

---

[561] « Documenta Islamica inedita », Berlin, Akademie Verlag, 1952
[562] NAS E. BOUTAMMINA, « Les Fondateurs de la Pharmacologie », Edit. BoD, Paris [France], novembre 2014.
[563] NAS E. BOUTAMMINA, « Les Fondateurs de la Médecine », Edit. BoD, Paris [France], septembre 2011, 2ᵉ édition mars 2017.
[564] D. A. TROTTER, « Les manuscrits latins de la Chirurgia d'Albucasis et la lexicographie du latin médiéval », *in* Archivum Latinitatis Medii Aevi [Bulletin Du Cange N° 59], Paris et Genève, 2001.

ainsi que l'invention et la fabrication de centaines d'instruments servant à ces différentes spécialités telles que : pinces à préhension, pinces coudés, pinces clamp, écarteurs [abdominales, etc.], seringues vésicales, seringues [métalliques et en verre], ciseaux, canule d'aspiration, bistouris, aiguilles à sutures, aiguilles tournantes et droites, aiguilles dit de « *Reverdin* », scie rachitome, etc.

10 - I.H. Ibn-Juljul [944-994]

Ibn-Hassan Juljul [lat. *Gilgil*][565] était un célèbre médecin et pharmacologue né à Cordoue [Andalousie - Espagne]. Il a écrit un important livre sur l'histoire de la Médecine[566]. Mais c'est dans la science pharmacologique[567] qu'il s'affirma en écrivant des ouvrages ayant eu un grand succès auprès des médecins andalous du Xe et XIe siècle[568] dont le plus connu est sans nul doute « *Al-Kitab fi al-Adwiya* [« *Le Livre des médicaments* »] ».

---

[565] Les biographies comprenant des médecins contemporains espagnols sont remarquables parce qu'ils offrent un aperçu de la vie médico-sociale dans Cordoue pendant le Xe siècle. Citons, par exemple, la biographie de Mohammed Ibn Al-Jabali Abdun, médecin contemporain et collègue de I.H. Ibn-Juljul à la cour de Cordoue.
M.A. AL-ADADI [m. 976] était un médecin et mathématicien andalou. Il est l'auteur d'un traité mathématique : « *Risala fi al-Taksir* [Traité sur les mesures] », Il est entré au service du calife al-Hakam II [m. en 976].
[566] I.H. IBN-JULJUL, « Tabaqât al-Tibbā wa al-Hukama [Générations de médecins et de sages »] ».
J. VERNET, « Los médicos andaluces en el Libro de las generaciones de los médicos de Ibn Ýulýul ». Anuario de Estudios Medíévales 5, 1968, p. 445-462 & Estudios de Historia de la Ciencia medíévale, Barcelone, 1979, p. 469-486.
[567] NAS E. BOUTAMMINA, « Les Fondateurs de la Pharmacologie », Edit. BoD, Paris [France], novembre 2014.
[568] ALBERTUS MAGNUS aussi connu sous le nom d'Albert le Grand et Albert de Cologne était un évêque catholique allemand sanctifié de l'ordre des dominicain. Il était connu comme *Universalis médecin* et *médecin Expertus*. A. Magnus s'est instruit des sciences médicales à l'Université de Padoue alors sous la férule des savants berbéro-andalous qui dispensaient les cours. Ainsi, il acquiert ses connaissances scientifiques auprès des écrits des maîtres berbéro-andalous et perses à l'instar de ses coreligionnaires.

11 - A.A.H. Ibn-Rachik [1000-1064]

Abu-Ali Hassan Ibn-Rachik est né à Msila [ou Masila - Algérie], éminent auteur et poète, il s'adonna très tôt à la littérature[569]. En 1026, il devient l'érudit de la cour *ziride*[570] et élargit son champ de connaissance à l'histoire de la littérature où il rédige critique et théorie de l'art poétique. En 1051, une satire du juge de la ville de Sabra lui vaut l'exil vers l'Egypte. En 1057, un *panégyrique*[571] en l'honneur du calife ziride le conduit à un deuxième exil, cette fois en Sicile où il demeura. A.A.H. Ibn-Rachik rédigea une vingtaine de livres de critique et d'histoire littéraire, un recueil de poésie.

12 - A.J. Ibn Al-Jazzar [m. 1004]

A.J. Ibn Al-Jazzar [lat. *Algazirah* ou A.J. Ibn Al-Dchessar], natif de Kairouan [Tunisie] est un illustre médecin qui rédigea plus d'une vingtaine d'ouvrages médicaux étonnants[572] et de remarquables traités d'histoire, de géographie et de biographie dont presque la quasi totalité « *disparurent* ». Philanthrope d'une grande piété, il mena une vie austère et consacra sa vie à soigner ses concitoyens sans distinction de rang social. Son intérêt pour les déshérités aboutit à les honorer par la rédaction d'un ouvrage célèbre [également « *perdu* »][573]. Il créa la médecine dite de brousse[574] et il est le pionnier de la médication par

---

[569] M.L. MÉTOUI & B. BACCOUCHE, « Introduction à l'ouvrage Al Onmoudhaj », Edit. Maison tunisienne de l'édition, Tunis, 1986.

[570] *Ziride*. Dynastie berbère sanhajienne qui régna dans l'est de la Berbérie, originaire de l'actuelle Algérie, ils contrôlent une grande partie de la Berbérie entre 972 et 1014 et vont régner sur ma Berbérie jusqu'en 1148.

[571] *Panégyrique*. Discours solennel, officiel qui met en évidence les mérites d'une personne.

[572] R. JAZI, « Millénaire d'Ibn al-Jazzar, pharmacien maghrébin, médecin des pauvres et des déshérités », *in* Revue d'histoire de la pharmacie N° 269, 1986.

[573] IBN AL-JAZZAR, « Kitab al-Tibb al-Fukara [« Livre de la Médecine des indigents »] »

[574] IBN AL-JAZZAR, « Zad al-Musafir [« Viatique du Voyageur »] »

des produits de remplacement lorsque les médicaments font défaut[575]. Ses ouvrages servirent, bien entendu, à la formation des médecins chrétiens qui se servirent de ses travaux pour leur compilation.

13 - A. Ibn Al-Wafid [1008-1075]

Ali Ibn al-Wafid [lat. *Abenguefit* ou *Aben Nufit*][576], père fondateur de l'Agronomie[577], était un botaniste, pharmacologue et médecin qui est né à Tolède [Espagne]. Son œuvre la plus connue en Pharmacologie [578] : « *Kitab al-adwiya al-mufrada* [« *Livre des médicaments simples* »] » fut traduite au Moyen-Âge en version latine par le traducteur et copiste attitré de l'Eglise Gérard de Crémone [1114-1187] et repris maintes fois par divers auteurs chrétiens sous le titre de « *De medicamentis simplicibus* »[579]. Ce traité est une synthèse de la science botanique enrichie de nouvelles données personnelles. Répétons-le, la Botanique est intimement liée à la Pharmacologie et à l'Agronomie.

14 - A.U. Al-Bakri [1014-1094]

Abou-Ubayd Al-Bakri [ou El-Bekri] est né à Huelva [commune au sud-ouest de l'Andalousie] et a vécu à Cordoue, était un historien et géographe. Il voyagea dans diverses régions du monde [Espagne, Italie, Berbérie, Afrique sub-saharienne, etc.] et rédigea de nombreux

---

[575] IBN AL-JAZZAR, « Risala fi ibdal al-Adwiya [« Traité des Médicaments succédanés »] »
[576] E. CALVO, « Ibn Wafid », in L'encyclopédie de l'histoire des sciences, de la technologie et de la médecine dans les cultures non occidentales, Ed. Kluwer Academic Publishers, Dordrecht, 1997.
[577] NAS E. BOUTAMMINA, « Les Fondateurs de l'Agronomie », Edit. BoD, Paris [France], juin 2018.
[578] NAS E. BOUTAMMINA, « Les Fondateurs de la Pharmacologie », Edit. BoD, Paris [France], novembre 2014.
[579] G. SARTON, « Introduction to the History of Science », Vol. I, Edit. The Williams & Wilkins Co., Baltimore, 1927.

ouvrages d'Histoire, de Géographie, ainsi qu'un dictionnaire. On ne dispose que peu de renseignement concernant sa vie.

A.U. Al-Bakri est l'un des représentants le plus fécond de la discipline géographique au côté de A.A.M. Al-Idrisi. Dans ses études, il emploit une méthode objective non seulement topographique [pays, villes] mais également sociologique [us et coutumes, évènements historiques, etc.], ethnologique [groupes de populations], et climatique.

Ses principaux travaux sont :

- « *Al-Kitab al-Masalik wa-al-Mamalik* [« *Le livre des Routes et des Royaumes* »][580] »
- « *Al-Moughrib fi dhikr bilad Ifriqiyah wa-al-Maghrib* [« *Traité sublime sur l'Afrique et le Maghreb* »] »
- « *Al-Kitab al-Muhdjam mastahdjam* [« *Dictionnaire des mots indécis des pays et des villes* »][581] »
- « *Description de l'Afrique septentrionale* [extrait de « *Description géographique du monde connu* »][582] »

15 - I.Y. Ibn-Zarqala *[1029-1087]*

Ibrahim Yahya Ibn-Zarqala [ou Ibn-Zarqali, lat. *Azarquiel*][583], savant et inventeur illustre. Très jeune, il s'adonna à la métallurgie. Il contribua grandement à l'essor de l'Astronomie en perfectionnant de manière importante les instruments astronomiques. Ainsi, il a mis au

---

[580] A. VAN LEEUWEN & A. FERRE, « Kitab al masalik wa-l-mamalik [Livre des routes et des royaumes »] », 2 vol. Carthage, 1992.
[581] F. WÜSTENFELD, « Das geographische Wörterbuch », Göttingen, 1872-1876.
[582] MAC GUCKIN DE SLANE, « Description de l'Afrique septentrionale par Abou-Obeid-El-Bekri », Edit. Maisonneuve », 3ᵉ éd., Paris, 1965.
[583] G. SARTON, « Introduction to the History of Science », Edit. Krieger Publishing Company, Huntington [New York], T. I, 1975.

point un nouveau modèle d'astrolabe [*astrolabe d'Azarquiel*] qui permet d'être fonctionnel sous toutes les latitudes. Il rédigea un traité « *Al-Safiha al-Zarqaliya* » où il explique le mode de fonctionnement de son invention qui fit grande impression dans toute la chrétienté. L'ouvrage fut traduit en version latine par divers auteurs comme l'italien Gérard de Crémone [1114-1187] au XIIe siècle, l'allemand J. Muller von Königsberg [1436-1476] plus connu sous le nom de Regiomontanus au XVe siècle[584]. I.Y. Ibn-Zarqala prouva pour la première fois le déplacement de l'apogée solaire par rapport aux étoiles qu'il fixa à 12.04° par année [valeur réelle : 11.8°][585].

Dans ses « *Tables de Tolède* », il réalisa les travaux sur les mouvements planétaires ; il effectua des données géographiques en calculant que la longueur de la mer Méditerranée est de 42° de longitude. Ses travaux furent très longtemps plagiés en Europe chrétienne, par exemple Nicolas Copernic [1473-1543] sous le titre de « *De Revolutionibus Orbium Celestium* [« *Des révolutions des sphères célestes* »] »[586]. Le roi Alphonse X de Castille [1252-1284] exigea que les écrits de I.Y. Ibn-Zarqala soient traduits en castillan [« *Tables alphonsines* », « *Libros del Saber de Astronomia* », « *Libros de las stratifications de los vii planetas* »].

I.Y. Ibn-Zarqala rédigea d'autres traités :

- « *Al-Aamal bil Safiha al-Zijiya* [« *De l'utilisation de la lamelle astronomique* »] »
- « *Al-Tadbir* [« *De la gestion* »] »

---

[584] J. VERNET, « Al-Zarqali », In Dictionary of Scientific Biograph, vol. 14, *Edit*. Charles Scribners' Sons, New York, 1970-80,

[585] T. HOCKEY & AL, « Zarqali : Abu Ishaq Ibrahim ibn al-Naqqash Yaḥyā al-Tujibi al-Zarqali », In L'Encyclopédie Biographique des Astronomes, New York : Springer, 2007.

[586] T. W. ARNOLD, « The preaching of Islam : a history of the propagation of the Muslim faith », Edit. A. Constable and Co., Westminster, 1896.

- « *Al-Madkhal fi Ilm al-Nujum* [« *Introduction à la science des étoiles* »] »
- « *Rissalat fi Tariqatu Istikhdam al-Safiha al-Mushtarakat li-jamii al*-Urud [« *Thèse sur le mode d'emploi de la planche commune à toutes les projections* »] »
- « *Al-Manach Al-Zarqali* [« *Almanach Al-Zarqali* »] »

16 - M.I. Ibn-Bassal [m. 1085]

Muhammad Ibrahim Ibn-Bassal[587] né au début du XIe siècle à Tolède [Andalousie - Espagne] meurt à Séville à la fin du même siècle. Il fut au départ un célèbre botaniste andalou avant de devenir la grande personnalité promotrice de la discipline qu'est l'Agronomie[588]. Son nom est souvent déformé par les copistes et les transcripteurs par *Ibn-Fassal, Ibn Faddal* ou *Ibn Battal*, bien que son nom correct fût M.I. Ibn-Bassal[589].

17 - A.A.M. Al-Ṭighnari [XIe siècle]

Abou Abdallah Muhammad Ibn-Malik Al-Murrī plus connu sous le nom de nom de A.A.M. Al-Ṭighnari, est né dans la famille noble des Banou Murra originaire d'Alquería de Ṭighnar au nord de Grenade vers la seconde moitié du XIe siècle. Homme de lettre et poète accompli, il s'adonna à l'Agronomie[590] et rédigea un remarquable traité intitulé « *Kitāb zuhrat al-Bostan wa-nuzhat al-*

---

[587] E. GARCIA GOMEZ, « Traducciones alfonsíes de agricultura árabe ». Boletín de la Real Academia de la Historia 181 (3), 1984.
[588] NAS E. BOUTAMMINA, « Les Fondateurs de l'Agronomie », Edit. BoD, Paris [France], juin 2018.
[589] J.M. CARABAZA BRAVO & E. GARCIA SANCHEZ, « Estado actual y perspectivas de los estudios sobre agronomia andalusi ». In : Tawfik et al. (Eds.). El Saber en al-Andalus : Textos y Estudios 3, pp. 101-118. Sevilla : Universidad de Sevilla, 2001.
[590] NAS E. BOUTAMMINA, « Les Fondateurs de l'Agronomie », Edit. BoD, Paris [France], juin 2018.

adhhan [« *Livre de la célébration du jardin et de la quiétude des esprits*[591] »] ». L'auteur servit dans la cour du prince ziride Abdallah Ibn-Bulughghin [règne de 1073 à 1090] mais quitta Grenade pour le royaume Taifa d'Almería, où il mena diverses expériences agronomiques dans les jardins royaux du palais Al-Shumadihiya.

18 - A.O. Ibn-Hajjaj [XIe siècle]

Abou Omar Ahmad Ibn-Muhammad Ibn-Hajjaj Al-Ishbili, né dans l'une des anciennes familles nobles de Séville, est mentionné dans les biographies comme *wazir* [ministre d'État], *khatib* [orateur/celui qui prononce le sermon aux prières du vendredi], et *adib* [homme de lettres]. Un des fondateurs de l'Agronomie[592], il a écrit l'ouvrage intitulé «*Al-Muqni fi al-Filaha* [« *L'essentiel en Agronomie* »] en 1073[593].

19 - A. M. Ibn-Zuhr [1091-1162]

Abou Marwan Ibn-Zuhr[594] [lat. *Avenzoar*] originaire de Pegnaflor [*Peñaflor*][595] près de Séville, est l'un des monuments de la médecine[596], grand clinicien, il est l'un des fondateurs de la médecine clinique [l'autre étant le Perse M.I.Z. Ar-Razi -*Rhazès*- 865-925].

A. M. Ibn-Zuhr est originaire d'une famille d'érudits installés à Séville. Il reçut une solide formation juridique et littéraire et exerça de

---

[591] E. GARCIA SANCHEZ, « Agriculture in Muslim Spain », in Jayyusi, S. K. (Ed.). The Legacy of Muslim Spain, vol. 2, Leiden : Brill. 1992.
[592] NAS E. BOUTAMMINA, « Les Fondateurs de l'Agronomie », Edit. BoD, Paris [France], juin 2018.
[593] J.M. CARABAZA BRAVO & E. GARCIA SANCHEZ, « Códices Misceláneos de Agronomía Andalusí », in Al-Qantara 19, 1998.
[594] G. COLIN, « Avenzoar, sa vie et ses œuvres », Edit. Leroux, Paris, 1911.
[595] *Pegnaflor.* Commune située dans la province de Séville enAndalousie [Espagne].
[596] NAS E. BOUTAMMINA, « Les Fondateurs de la Médecine », Edit. BoD, Paris [France], septembre 2011, 2ᵉ édition mars 2017

hautes fonctions politiques [vizir] sous la dynastie berbère des Almoravides.

A.M. Ibn-Zuhr rédigea six ouvrages dont le plus important est un corpus pratique de thérapie et de diététique qui servit de base aux études médicales dans les Universités chrétiennes.

20 - J. Ibn-Aflah [1100-1160]

Jabir Ibn Aflah [lat. *Geber Hispalensis*][597], originaire de Séville est un érudit qui excella en tant que mathématicien et astronome. Il est le concepteur du *torquetum*[598], instrument qui se diffusa rapidement en Europe. En Mathématiques, ses travaux furent essentiellement axés sur la *trigonométrie sphérique* que plagiat Johannes Müller von Königsberg [1436-1476] plus connu sous le nom latin de Regiomontanus et qu'il transcrivit sous le titre de « *De triangulis omnimodis Libri Quinque* » et imprimé en 1533 à Norimbergae [Nuremberg - Allemagne][599].

J. Ibn-Aflah[600] écrivit un traité astronomique : « *Islah Hilm Alm Al-Zidj* [ou « *Révision des tables astronomiques* »][601] traduit en latin en

---

[597] J.J. O'CONNOR & E.F. ROBERTSON, « *Jabir Ibn Aflah* », in MacTutor History of Mathematics, University of St Andrews, Scotland.

[598] *Torquetum* [ou *turquet*]. Instrument de mesure astronomique conçu pour prendre et convertir des mesures faites dans trois ensembles de coordonnées : horizontal, équatorial, et écliptique. Le torquetum permettait de calculer la position de corps célestes et de fixer l'heure et la date.
R. P. LORCH, « The astronomical instruments of Jābir ibn Aflah and the torquetum », in Centaurus, vol. 20, n° 1, Edit. J. Wiley & Sons, 1976.

[599] J. REGIOMONTANUS, « De triangulis omnimodis Libri Quinque », Bayerische StaatsBibliothek, Munich [Allemagne].

[600] C.C. GILLISPIE, *« Jābir Ibn Aflah Al-Ishb »*, in Dictionary of Scientific Biography. Edit. C. Scribner's Sons, New York, 1970-1980.

[601] NAS E. BOUTAMMINA, « Les contes des mille et un mythes - Volume II », [Edit. Originale 1 vol. août 1999]. Edit. BoD, Paris [France], novembre 2011, 2ᵉ édition février 2017.

1175 par Gérard de Crémone [1114-1187] et imprimé en 1534 à Norimbergae sous le titre « *Astronomia* ».

21 - *A.A.M. Al-Idrisi [1100-1166]*

Abou Abdallah Muhammad Al-Idrisi [lat. *Dreses*] est le père cofondateur de la Géographie. Il était également écrivain et s'adonnait à l'Histoire et à la Botanique. Il était né à Ceuta [ou *Sebta*, commune située sur le côté africain du détroit de Gibraltar] et passa sa jeunesse en Berbérie avant de s'installer à Cordoue[602]. Il appartenait à la célèbre famille noble des Idrissides. Il voyagea beaucoup en péninsule ibérique, en Berbérie, en Asie mineure, en Italie, à Byzance, en Afrique sub-saharienne, etc.[603]. Il rapporta de ses voyages des notes sur la géographie et la flore des régions visitées[604]. Il répertoria et classa trois cent soixante plantes nouvelles et leurs effets curatifs.

A.A.M. Al-Idrisi[605] rédigea un monumental traité géographique descriptif[606] en divisant la terre en sept zones climatiques qui furent à leur tour subdivisées en dix parties représentant chacune une carte minutieuse comprenant des détails topographiques [montagnes, fleuves, rivières, mers, etc.] : « *Al-Kitab nuzhat al-mushtaq fi ikhtiraq al-afaq* [« *Le livre de divertissement de l'homme désireux parcourir le monde* »][607].

---

[602] J-C. DUCENE, « L'Afrique dans le Uns al-Muhagh wa-rawd al-Furagh d'al-Idrīsī ».
[603] P.-A. JAUBERT, « Idrîsî, la première géographie de l'Occident », Edit. GF Flammarion, Paris, 1999.
[604] F. PONS-BOIGUES, « El Idrisi », dans Ensayo bio-bibliográfico sobre los historiadores y geógrafos arábigo-españoles », Madrid S.F. de Sales, Madrid, 1898.
[605] Pour certains historiens, A.A.M. Al-Idrisi naquit à Ceuta, ville située sur le côté africain du détroit de Gibraltar, en face de la péninsule Ibérique : pour d'autres à Mazara del ValloII en Sicile.
[606] J. BROTTON, « A history of the world in twelve maps », Edit. Penguin Books London, 2012.
[607] H. CLAVERO, A. WEIL RUS, J.L. RUIZ GARCIA & J.A. ALARCON CABALLERO, « El mundo del geógrafo ceutí al Idrisi », Edit. Instituto de estudios ceutíes, Ceuta, 2011.

Cet ouvrage plus connu sous le titre de « *Livre de Roger* » contient des illustrations et des commentaires sur un imposant planisphère qui l'accompagne et qui fut rédigé à la demande du Roi normand Roger II de Sicile [1095-1154] en 1138. Il a été imprimé à Rome en 1592 et servit désormais de base et de modèle à toute la Géographie.

Les cartes[608] de Al-Idrisi dont plusieurs en couleur et une pour chaque section consacrée à chaque climat [7] n'avaient pas d'égales pour l'ampleur, l'exactitude et l'étendue. De plus, dans l'introduction, un planisphère y est inclus. La sphéricité de la terre était pour A.M.M. Al-Idrisi comme pour tous les savants musulmans une évidence.

M. Al-Idrisi écrivit également un traité inestimable sur les médicaments, « Al-*Kitab al-Jami-li-Sifat Ashtat al-Nabatat* [« *Le livre réunissant les descriptions abrégées des plantes* »] », rapporté par Ibn Al-Baïtar [1190- 1248] ; chaque médicament est nommé par son synonyme en diverses langues [une douzaine].

22 - A.I.M. Al-Abdari [m. 1228]

Ahmad Ibn-Munim Al-Abdari est un grand mathématicien, natif de Dénia [commune de la province d'Alicante en Andalousie]. Il a demeuré et professé les sciences mathématiques et exercé la médecine à Marrakech.

Ses activités mathématiques où il contribua de façon significative à leur essor[609] se concentrèrent essentiellement dans les domaines de la géométrie et de l'arithmétique. Ses travaux nombreux portent, par exemple, sur la *théorie des nombres*[610], les *carrés magiques*[611].

---

[608] *Ibid.*
[609] H. SELIN, « Encyclopaedia of the History of Science, Technology, and Medicine in Non-Western Cultures », Kluwer Academic, Dordrecht [NL], Boston [USA], 1997 [2ᵉ édition 2008, 3ᵉ 2016[.
[610] *Théorie des nombres.* Branche des mathématiques qui s'occupe des propriétés des nombres entiers qu'ils soient entiers naturels ou entiers relatifs.

Dans la science du calcul, il rédigea un traité « *Fiqh al-hisab* [« *La Science du calcul* »] où il formule des problèmes d'*analyse combinatoire*[612] [tables pour les combinaisons, les permutations, les permutations avec répétitions, etc.].

A.I.M. Al-Abdari énonce également une présentation des coefficients binomiaux dans un triangle faussement attribué sous le nom de *Triangle de Pascal* en l'honneur du plagiaire B. Pascal [1623-1662][613].

23 - A.I.M. Al-Ghafiki [m.1165]

Ahmad Ibn Muhammad Al-Ghafiki[614], connu tout simplement sous le nom de Al-Ghafiki, né à Cordoue, est l'un des fondateurs de la Botanique et de la Pharmacologie[615]. Ce médecin et érudit, spécialiste en Ophtalmologie, a rédigé un codex illustré des connaissances des plantes médicinales à son époque.

Dans son œuvre, il en fait un classement par ordre alphabétique. Ce travail magistral serait la première partie d'une imposante encyclopédie de pharmacologie inventoriant l'utilisation de substances provenant du règne végétal [plantes, aliments] et animal.

---

[611] *Carré magique*. En mathématiques, un *carré magique* d'ordre n est composé de n^2 entiers strictement positifs, écrits sous la forme d'un tableau carré. Ces nombres sont arrangés de manière à ce que leurs sommes sur chaque rangée, sur chaque colonne et sur chaque diagonale principale soient égales. On nomme alors *constante magique* [ou *densité*] la valeur de ces sommes.

[612] *Analyse combinatoire*. Dénommée aussi *combinatoire* est en mathématiques l'étude des configurations de collections finies d'objets ou les combinaisons d'ensembles finis, et les dénombrements.

[613] NAS E. BOUTAMMINA, « Les contes des mille et un mythes - Volume II », [Edit. Originale 1 vol. août 1999]. Edit. BoD, Paris [France], novembre 2011, 2ᵉ édition février 2017.

[614] Prononciation « Rafiki ».

[615] NAS E. BOUTAMMINA, « Les Fondateurs de la Pharmacologie », Edit. BoD, Paris [France], novembre 2014.

24 - A.B.M. Ibn-Tufayl [1105-1185]

Abou-Bakr Muhammed Ibn-Tufayl[616] [lat. *Abubacer*] était un lettré, astronome, mathématicien et médecin qui naquit à Wadi-Asch [actuelle Guadix, province de Grenade - Espagne] dans le Califat almohade. Il exerça la médecine à Grenade et fut un haut fonctionnaire provincial. Il se rendit à Marrakech où il mit son érudition au service du Calife Abou-Yaqub Yusuf [1138-1184][617].

Il a été le protecteur du célèbre M. Ibn-Rushd [lat. *Averroès* - 1126-1198]. A.B.M. Ibn-Tufayl rédigea des ouvrages[618] dans diverses disciplines dont le plus célèbre est « *Hay ibn-Yaqdhan* [« *Hay - Vivant-fils de Yaqdhan* »] » qui est un traité de mystique rédigé sous forme de roman allégorique[619]. Son œuvre fut traduite en latin en 1671 sous le titre de « *Philosophus Autodidactus* » par le britannique E. Pocock [1604-1691]. Un autre britannique, S. Ockley [1678-1720] fit également une traduction en 1708 ; une version française a été effectuée en 1900 par L.M.F. Gauthier [1862-1949].

« *Hayy ibn Yaqdhan* » influença considérablement aussi bien la littérature islamique que celle moderne occidentale[620]. L'œuvre de A.B.M. Ibn-Tufayl a largement influé sur la pensée scientifique du siècle des Lumières.

En effet, les idées de notre auteur furent véhiculées à des degrés divers à travers les travaux, par exemple, de T. Hobbes [1588-1679],

---

[616] L. GAUTHIER, « Ibn Thofaïl, sa vie, ses œuvres », Edit. Vrin, Paris, 1983.
[617] Abu-Yaqub Yusuf est le deuxième calife berbère de la dynastie almohade [dynastie berbère qui gouverne la Berbérie et l'Andalousie entre le milieu du XIIe et XIIIe siècle]. Il régna à Marrakech.
[618] L. GAUTHIER, « Ibn Thofaïl, sa vie, ses œuvres », Edit. Vrin, Paris, 1983.
[619] J.-B. BRENET, « Robinson de Guadix. Une adaptation de l'épître d'Ibn Tufayl, Vivant fils d'Éveillé », Edit. Lagrasse, Verdier, 2020.
[620] G. A. RUSSELL, « The 'Arabick' Interest of the Natural Philosophers in Seventeenth-Century England », Edit. Brill, Leiden, 1994.

J. Locke [1632-1704], I. Newton [1642-1727] et E. Kant [1724-1804][621].

25 - A. Al-Khayr Al-Ishbili [1108-1176]

Abou Al-Khayr Al-Ishbili[622] botaniste[623] renommé de la région de Séville [Ishbiliya - Aljarafe], il est l'un des pères fondateurs de l'Agronomie[624]. A. Al-Khayr Al-Ishbili est surnommé « *Al-Shajjar* », « *l'Arboriculteur* ».

Son traité d'agronomie « *Kitāb al-Filaha* [« *Livre de l'Agronomie* »] » présente des travaux majeurs sur les plantes, les arbres, les techniques agricoles. Il étudia également les animaux de la ferme et la faune nuisible. L'auteur est beaucoup cité par A.Z.Y. Ibn Al-Awwam [m. 1190] qui indique qu'il travaillait dans le jardin expérimental à Séville. L'Agronomie se scinde en deux autres disciplines scientifiques la Zoologie et la Médecine vétérinaire.

A. Al-Khayr Al-Ishbili contribua de manière significative à la Zoologie et à la Médecine vétérinaire[625] en pleine évolution dans le volume III de son célèbre corpus[626]. En effet, A. Al-Khayr Al-Ishbili se consacra à l'aviculture [pigeons, volailles, etc.], en particulier les animaux de la basse-cour, à l'apiculture, au soin apporté aux abeilles. Il fit des études et une classification exhaustive à classer les animaux

---

[621] S. ATTAR, « The Vital Roots of European Enlightenment : Ibn Tufayl's Influence on Modern Western Thought », Edit. Lexington Books, Lanham, 1989.
[622] E. GARCIA GOMEZ, « Sobre la agricultura arábigoandaluza : Cuestiones bibliográficas ». *Al-Andalus* 10, 1945.
[623] Il est l'auteur de la plus importante encyclopédie botanique jamais écrite : « *Umdat al-ṭabīb fī mahrifat al-nabāt li-kull labīb* ».
[624] NAS E. BOUTAMMINA, « Les Fondateurs de l'Agronomie », Edit. BoD, Paris [France], juin 2018.
[625] NAS E. BOUTAMMINA, « Les Fondateurs de la Zoologie et de la Médecine vétérinaire », Edit. BoD, Paris [France], décembre 2018.
[626] A.K. AL-ISHBILI, « Al-Kitāb al-Filaha [« Le livre de l'Agronomie »] ».

sauvages, les animaux « *nuisibles* » [reptiles, rongeurs, insectes , etc.].

A. Al-Khayr Al-Ishbili a été également un philologue et exégète reconnu. Il se distingua par la rédaction de son célèbre et considérable livre bibliographique des livres qui circulaient à son époque [1400 titres] : « *Fihrist* ». Ce catalogue est une mine d'informations précieuses pour l'étude des ouvrages et des traités scientifiques connus et enseignés au temps de l'auteur en Espagne musulmane, ainsi que les travaux et les projets de leurs auteurs.

26 - A.Z.M. Ibn Al-Awwam [m. 1190]

Abou Zakariya Mohammed Ibn Al-Awwam [m. 1190], natif de Séville, est le fondateur de l'Agronomie [627] mais il développa également la Botanique qui en émane. Dans la première partie de son œuvre la plus importante, « *Al-Kitāb al-Filaha* [« *Le Livre de l'Agronomie* »] », il traite de la botanique en étudiant les sols, les engrais, l'eau, les jardins, les arbres, les fruits et leur conservation, etc.

Le travail de A.Z.M. Ibn Al-Awwam couvre 585 plantes, et expose la culture de plus de cinquante arbres fruitiers différents ainsi que des dizaines de plantes en les soumettant à l'opération de la greffe et en y pratiquant diverses méthodes de greffage. A.Z.M. Ibn Al-Awwam est le fondateur de la Zoologie et de la Médecine vétérinaire. Ces deux disciplines prennent leur origine dans la science agronomique que l'auteur scinde pour en faire des spécialités scientifiques distinctes[628].

27 - M. Ibn-Rushd [1126-1198]

Muhammad Ibn-Rushd [lat. *Averroès*] médecin, juriste et théologien, né à Cordoue. Son père, occupant la fonction de juge

---

[627] *Ibid.*
[628] NAS E. BOUTAMMINA, « Les Fondateurs de la Zoologie et de la Médecine vétérinaire », Edit. BoD, Paris [France], décembre 2018.

dans cette ville, lui enseigna la jurisprudence musulmane ; il étudia également la théologie, les mathématiques auprès de A.B.M. Ibn-Tufayl [1105-1185][629] et la médecine sous celle du célèbre médecin A.M. Ibn-Zuhr. M. Ibn-Rushd fut nommé cadi de Séville en 1169 et grand cadi de Cordoue en 1171. En 1182, il devint premier médecin à la cour de Abou-Yaqub Yusuf, le Calife berbère almohade de Berbérie et de la péninsule ibérique. Il fit évoluer par de nouvelles approches les sciences médicales. Bien que M. Ibn-Rushd n'eût jamais soutenu l'existence de deux catégories de vérité, l'une philosophique, l'autre religieuse. Sa pensée, « *Les Commentaires* », fut réinterprétée en ce sens par des philosophes chrétiens sous le titre de « *Commentaires d'Aristote* » ou « *D'Anima* ».

A noter qu'Aristote étant un personnage grec inventé pour l'occasion[630]. M. Ibn-Rushd écrivit aussi des ouvrages de médecine, d'astronomie, de droit et de grammaire. Sa postérité auprès des penseurs d'obédience musulmane sera peu importante, en raison des persécutions dont il avait été victime à la fin de sa vie.

28 - *N. E. Al-Bitruji [m.1204]*

Nur Eddine Al-Bitruji [lat. *Alpetragius*][631] était un astronome et *cadi*[632] natif de Cordoue en Andalousie. Il créa un système astronomique qui établissait la cause physique des mouvements célestes. L'un des aspects originaux du système de N. E. Al-Bitruji était sa description des phénomènes spécifiques des étoiles en

---

[629] L. GAUTHIER, « Ibn Thofaïl, sa vie, ses œuvres », Edit. Vrin, Paris, 1983.

[630] NAS E. BOUTAMMINA, « Comprendre la Renaissance - Falsification et fabrication de l'Histoire de l'Occident », Edit. BoD, Paris [France], août 2013, 2ᵉ édition avril 2015.

[631] J. SAMSO, « Biṭrūjī: Nūr al - Dīn Abū Isḥāq [Abū Jaʿ far] Ibrāhīm ibn Yūsuf al - Biṭrūjī », L'encyclopédie biographique des astronomes, Edit. Springer, New York, 2007.

[632] *Cadi*. Magistrat musulman remplissant des fonctions civiles, judiciaires et religieuses, dont celle de juger les différends entre particuliers.

mouvement. Son œuvre « *Al-Kitab al-Hayhah* [« *Le livre d'astronomie théorique* »] » reste un traité célèbre en Europe dès le XIIIe siècle qui a été traduit en latin par M. Scot [1175-1232] en 1217 sous le titre « *De motibus celorum* » et imprimé à Vienne en 1531[633]. Une traduction hébraïque a été effectuée par Moshe Ben Samuel Ibn Tibbon [1195-1274] en 1259[634].

29 - *A.A. Al-Nabati [1116-1239]*

Abou Abbas Al-Nabati aussi dénommé *al-Hafiz* [« le docte en théologie »] était né à Séville [Espagne] et mourut dans cette même ville. L'auteur met au point la première méthode scientifique en Botanique [635] en introduisant des techniques empiriques et l'expérimentation afin de décrire et d'identifier de nombreux végétaux et plantes médicinales qui enrichiront la Pharmacologie qui à son tour sera mise au service des disciplines médicales. A. A. Al-Nabati élimine les notions infondées de celles dont l'étude est démontrée par des observations et des expérimentations incontestables.

A. Ibn-Mufarraj Ani Al-Khalil, mieux connu sous le nom d'Abou Al-Abbas Al-Nabati[636] est né à Séville en Andalousie et compatriote de A.M.A. Ibn Al-Baïtar [1190-1248]. Brillant botaniste et pharmacologue, il a fait des travaux remarquables au niveau de l'expérimentation analytique [analyse, description, identification]

---

[633] O. PEDERSON, « La science au moyen âge », Edit. Presse universitaire de Chicago, 1978.
[634] J. SAMSO, « Al-Bitruji Al-Ishbili, Abu Ishaq », Dictionnaire de biographie scientifique. New York, *1970–80.*
[635] NAS E. BOUTAMMINA, « Les Fondateurs de la Botanique », Edit. BoD, Paris [France], mai 2017.
[636] C.E. BOSWORTH B. LEWIS & C. PELLAT, « Encyclopédie de l'Islam », Fascicules 5-6, Edit. Brill Publishers, Leiden, 1993.
[636] M.T. HOUTSMA, « Encyclopédie de l'Islam », Vol. 5, Brill Publishers, Leiden, 1993, p. 527.

dans le domaine de la Pharmacologie[637] qu'il enseigna et où il contribua de manière significative à son essor. Son célèbre ouvrage sur les plantes médicinales s'appuie sur ses différentes observations directes qu'il effectua à travers les différents territoires du bassin méditerranéen.

30 - A.M.A. Ibn Al-Baïtar A.M.A. [1190-1248]

Abou Mohamed Abdallah Ibn Al-Baïtar[638] [ou Ibn Al-Baytar - 1190-1248], né à Malaga [Espagne] est l'un des fondateurs de la Pharmacologie[639] et de la Botanique[640]. Célèbre médecin, il rédigea un ouvrage encyclopédique[641] qui demeura l'une des autorités principales jusqu'au XIXe siècle[642] : « *Kitab al-Ghamihli al-Mufradat al-adwiyab wa al-Aghdiya* [« *Livre des médicaments et des aliments simples* »] ».

Son œuvre est une pharmacopée à classement alphabétique où sont inscrits 1400 éléments. L'autre, dont il s'est probablement inspiré, étant l'œuvre de son prédécesseur et compatriote A.I.M. Al-Ghafiki [m. 1165] qu'il cite en référence.

31 - A.M.I. Ibn Al-Raqqam [1250-1315]

Abdallah Muhammad Ibrahim Ibn Al-Raqqam, plus connu sous le nom d'Ibn Al-Raqqam, était un célèbre mathématicien,

---

[637] NAS E. BOUTAMMINA, « Les Fondateurs de la Pharmacologie », Edit. BoD, Paris [France], novembre 2014.
[638] F.R. DIETZ, « Elenchus materiae medicae Ibn Baïtharis »
[639] NAS E. BOUTAMMINA, « Les Fondateurs de la Pharmacologie », Edit. BoD, Paris [France], novembre 2014.
[640] NAS E. BOUTAMMINA, « Les Fondateurs de la Botanique », Edit. BoD, Paris [France], mai 2017.
[641] L. LECLERC, « Etudes historiques et philologiques sur Ebn Beïthar » - « Histoire de la médecine arabe », Edit. Leroux, 1876.
[642] G. SARTON, « Introduction to the history of science », Edit. Krieger Publishing Company, New York, 1975.

astronome[643] et médecin. Selon l'historien andalou Ibn al-Khaib [1313-1374], il était un maître polyvalent [*shaykh*], un personnage exceptionnel pour ses compétences scientifiques pluridisciplinaires : Mathématiques, [arithmétique, géométrie, etc.], Médecine, Astronomie pour ne citer que celles-là.

Originaire de Murcie [Sud de l'Espagne], A.M.I. Ibn Al-Raqqam demeura aussi dans plusieurs endroits en Berbérie, comme le démontre certaines de ses œuvres qui contiennent des tables astronomiques[644] pour les coordonnées de localités en Berbérie[645].

A.M.I. Ibn Al-Raqqam rédigea un imposant traité d'Agronomie[646], le « *Kitāb khulashat al-ikhtissas fi mahrifat al-quwa wa al-khawass* [« *Précis de spécialisation sur la connaissance des forces et des propriétés* »][647] ».

L'ouvrage[648] débute par une table des matières suivies de 15 chapitres qui présentent les principes généraux de l'Agronomie

---

[643] J. CASULLERAS, « Ibn Al-Raqqam ». In : Thomas Hockey *et al.* (Éd.). L'Encyclopédie biographique des astronomes, Springer Reference. New York : Springer, 2007.
[644] E.S. KENNEDY, « Les Tables Astronomiques d'Ibn Al-Raqqam un Scientifique de Grenade ». Zeitschrift für Geschichte der Arabisch-Islamischen Wissenschaften 11 : 35-72. 1977.
[645] J. CARANDELL, « Analemme pour la détermination de l'azimut de la *Qibla* dans le film de Risāla fī ' al-ẓilāl d'Ibn al-Raqqām ». Zeitschrift für Geschichte der Arabisch-Islamischen Wissenschaften 1 : 61-72. 1984.
[646] NAS E. BOUTAMMINA, « Les Fondateurs de l'Agronomie », Edit. BoD, Paris [France], juin 2018.
[647] I.S. ALLOUCHE & A. REGRAGUI, « *Catalogue des manuscrits Arabes de Rabat (Bibliothèque Générale et Archives du Maroc), Deuxième série (1921-1953)* ». Rabat : Éd. Techniques Nord-Africaines. 1958.
[648] E.G. BROWNE, « Une liste manuscrite des manuscrits de Muhammad, y compris tous ceux écrits dans le caractère arabe, préservés dans la bibliothèque de l'université de Cambridge », Cambridge University Press, Cambridge, 1900.

32 - I.B. Al-Marrakushi [1256-1321]

Ibn Al-Banna Al-Marrakushi était un célèbre mathématicien et astronome originaire de Marrakech. Il était professeur de mathématiques à l'Université de Fès[649] et auteur de plusieurs dizaines de traités dont divers domaines comme l'algèbre, la géométrie, la logique, l'astronomie ou la linguistique.

Pionnier dans la formulation de la fraction comme étant l'expression sous la forme A/B du rapport de deux nombres, de deux expressions algébriques, en particulier inférieur à l'unité.

Les principaux travaux de I.B. Al-Marrakushi traitent :

- des fractions, les sommes de carrés et de cubes, etc. « *Talkhis amal al-hisab* [« *Sommaire des opérations arithmétiques* »] »
- du calcul des racines carrées, et de la théorie des fractions continues « *Raf al-Hijab* [« *Lever du voile sur les opérations du calcul* »] »

I.B. Al-Marrakushi a écrit d'autres ouvrages en matière juridique « *Tanbih al-Abab* » : explications mathématiques des lois islamiques sur l'héritage, calculs des taxes légales à diverses échéances, etc.

33 - A.O.S. Ibn-Luyun Al-Tujibi [1282-1349]

Abou Othman Sahd Ibn-Luyun Al-Tujibi est mentionné dans les sources biographiques comme un ascète, philosophe, juriste, mathématicien et poète originaire d'Almería[650].

Il a beaucoup voyagé en Berbérie et au Moyen-Orient. A.O.S. Ibn-Luyun Al-Tujibi a écrit près d'une centaine d'œuvres[651]. Il a

---

[649] J.J. O'CONNOR & E.F. ROBERTSON, « Ibn al-Banna' al-Marrakushi », in MacTutor History of Mathematics archive, université de St Andrews.
[650] J.M. CARABAZA BRAVO & E. GARCIA SANCHEZ, « Códices Misceláneos de Agronomía Andalusí »., in Al-Qantara 19, 1998.

développé de façon notoire la science de l'Agronomie[652] avec son remarquable traité :

« Kitab sur les Prémices de la beauté et apogée de la sagesse concernant les fondements de l'art de l'Agronomie »] ».

34 - I.A.L. Ibn-Battuta *[1304-1368]*

Ibn-Abdallah Lawati Ibn-Battuta[653] natif de Tanger est un célèbre explorateur qui était issu d'une famille aisée d'érudits. Il étudia le *Fiqh* [Droit] à l'Ecole Malikite.

I.A.L. Ibn-Battuta[654] a sillonné à travers la péninsule ibérique, la Berbérie, traversé le Sahara, l'Afrique sub-saharienne [Empire du Mali, Niger, jusqu'au Soudan, etc.], le Moyen-Orient [Egypte, Syrie, Palestine, Liban, Iraq, Perse], pays de l'Asie centrale [Anatolie, Caucase, Crimée, etc.], à l'Est Samarkand, l'Inde, les Maldives, Ceylan, le Bengale, Sumatra, la Malaisie et la Chine jusqu'à Pékin.

Les mémoires I.A.L. Ibn-Battuta furent rassemblées par l'érudit et poète de Grenade [Andalousie] Ibn-Juzay Al-Kalbi [1321-1357] sous le titre de « *Tuhfat al-nuzar fi haghaib al-amshar wa-ghara' ib al-asfar* [« *Un cadeau à ceux qui contemplent les splendeurs des cités et les merveilles des voyages* »]. Le manuscrit[655] est plus connu sous le titre de « *Rihla* [« *Voyages* »].

---

[651] H. L. FLEISCHER, « Über Ibn Loyon's Lehrgedicht von Spanischarabischen Land und Gartenbau », Kleinere Schriften, III, Leipzig, 1888.
[652] NAS E. BOUTAMMINA, « Les Fondateurs de l'Agronomie », Edit. BoD, Paris [France], juin 2018.
[653] R.E. DUNN, « The Adventures of Ibn Battuta. A Muslim Traveler of the 14th Century », Edit. Berkeley University, California, 2004.
[654] P. CHARLES-DOMINIQUE, « Notice » in Voyageurs arabes, Edit. Gallimard, coll. Pléiade, Paris, 1995.
[655] C. DEFREMERY & B.R. SANGUINETTI, « Ibn Battuta - Voyage », Traduction de l'arabe, Edit. Collection FM/La Découverte, Paris, 1982.

Celui-ci est une précieuse source d'informations sociologiques, ethnologiques, topographiques et climatiques sur les diverses régions que l'explorateur parcourt. De même, il révèle la vie des communautés musulmanes dans ces contrées. Cette œuvre, « *Rihla* [« *Voyages* »], influença singulièrement la pensée européenne et la Renaissance.

35 - Ibn-Juzay Al-Kalbi [1321-1357]

Ibn-Juzay Al-Kalbi, originaire de Grenade [Andalousie - Espagne], était un lettré versé dans la poésie, le droit et l'histoire. Il fut au service des dirigeants de Grenade et de Fès. Il rédigea des recueils de poésie, des livres de jurisprudence et d'histoire[656].

Ibn-Juzay Al-Kalbi s'est distingué en mettant par écrit le récit des voyages de l'explorateur I.A.L. Ibn-Battuta : « *Rihla* [« *Voyages* »].

36 - A. Ibn-Khatima [1324-1369]

Ali Ibn-Khatima[657], outre un médecin[658] andalous renommé, il fut également un homme de lettres, un grammairien, un exégète et un historien célèbre qui rédigea des traités de grande valeur.

Son talent s'exprima particulièrement dans la médecine[659] où il innova le domaine de l'*Epidémiologie*[971]. L'auteur formula les règles générales de cette discipline médicale naissante en étudiant les causes

---

[656] F.N. VELAZQUEZ BASANTA, « Retrato jatibiano de Abu Bakr Ya'far Ahmad ibn Yuzayy, otro poeta y qadi al-yama'a de Granada », Edit. Anales de la Universidad de Cadiz, IX-X, Cadix, 1992/1993.
[657] M. ULLMANN, « Die Medizinim Islam », Edit. E.J. Brill, Leiden/Köhl, 1970.
[658] NAS E. BOUTAMMINA, « Les Fondateurs de la Médecine », Edit. BoD, Paris [France], septembre 2011, 2ᵉ édition mars 2017
[659] A. IBN-KHATIMA, « Tahsil gharad al-qasid fi-tafsil al-marad al-wafid [« Parvenir à clarifier la maladie des ravageurs »] », N° 1785 - Bibliothèque d'El Escorial [Espagne] - Bibliothèque nationale de Madrid N° CCLXVIII - Deutsche Staatsbibliothek N° 6369 – Berlin [Allemagne].

et les effets de l'épidémie de peste[972] qui survint de 1348-49[660] et qui se déclencha à Almeria [Andalousie - Espagne][973]. Ses travaux servirent aux générations de médecins spécialistes de maladies contagieuses.

---

[660] L. M. CAMBRA, « El tratado de la peste de IbnJatima (I). Cuestiones I-VI. Logos Verlag », Berlin, 2014.

Conclusion

Sur ce substratum berbère s'est s'incorporé pour de longs siècles dans les provinces méridionales l'empreinte des occupants phéniciens et romains, certains caractères socioculturels et urbains, sans modifier, d'une manière sensible, l'ensemble de la race autochtone.

En résumé, ces conquêtes, ces transformations dans les les lois et les mœurs, n'ont pas empêché l'ethnie autochtone berbère de demeurer inchangée dans le fond, c'est à dire libyque.

Jusqu'à présent, de l'histoire de la Berbérie, les historiens n'ont concentré leur attention que sur Carthage. Dès lors que la puissance phénicienne décline et la curiosité se déplace alors vers les princes indigènes, et les Berbères, qui n'ont paru jusqu'ici que comme acteurs de second plan, des figurants. Dès lors, ces souverains vont s'appliquer à discipliner leurs compatriotes, à les fixer au sol et à les initier à des méthodes plus perfectionnées de culture. Ainsi, les Berbères vont désormais occuper la scène [politique, socioculturelle, etc.] non seulement de la Berbérie mais également l'étendre bien au delà de ses frontières.

Une question fondamentale se pose : « *Pourquoi depuis l'Antiquité les tribus Berbères ne se sont jamais fédérés sous une même enseigne en tant que nation unie alors que tous les éléments [ethnique, socioculturel, linguistique, géographique, culinaire, etc.] s'y prêtent ?* »

L'homogénéisation globale des Berbères sous un seul étendard n'a, malheureusement, jamais été bien complète, toujours émiettée, dissoute au cours d'interminables années de guerres intestines surtout lors de la disparition de la puissance régionale qu'a été Carthage. « *Divide ut regnes* [« *Diviser pour mieux régner* »] » est une stratégie de l'occupant qui cherche à semer la discorde et à opposer les éléments berbères pour les affaiblir et à user de son pouvoir pour les influencer.

Cela permet de réduire des concentrations de pouvoir d'un chef, d'un roi en éléments qui ont moins de puissance que celui, en l'occurrence l'occupant, qui met en œuvre la stratégie et permet de régner sur la population berbère alors que cette dernière, si elle était unie, aurait les moyens de faire tomber le pouvoir en question.

En effet, par exemple Rome n'a jamais cessé de conspirer à coup d'alliances, d'accords, d'associations, de coalitions, d'ententes et de connivences, etc. avec les différents chefs de tribus berbères afin que ceux-ci ne puissent jamais établir soit un Etat [dit *unitaire*] afin que toutes les tribus soient soumis au même et unique pouvoir tout en reconnaissant des divisions territoriales ou régionales ; soit une fédération de royaumes uni ou Etat fédéral. Ce dernier composé de plusieurs entités autonomes, les tribus, dotées de leur propre gouvernement sous la responsabilité d'un chef ou d'un roi, et dont le statut de ces entités ne peut être remis en cause par une décision unilatérale.

L'élément berbère unificateur s'est dispersé, du fait d'une action lente et ne se retrouve ou ne se reconnaît que dans les montagnes élevées de l'Atlas [Aurès, Tidirhine, etc.] et dans l'extrême sud ; partout ailleurs, il n'y a plus ni Berbères, ni sentiment d'union, de fédération, de cohérence, d'adaptation, de connexion, mais seulement une population hétéroclite, qui, en maints endroits, va acquérir ou s'est déjà imaginée de nouveaux noms, inventé des caractéristiques exclusives, une généalogie incontestable dirons-nous.

Index alphabétique

A

Abbassides, 177
Abou Al-Qasim Zahrawi [936-1013], 201
Adherbal, 100
Adrien de Canterbury [m. 710], 145
Aedemon [Ier siècle], 160
Africa Nova, 102
Afrique aux Africains, 97
Afrique berbère, 38
Afrique noire, 37
Afrique proconsulaire romaine, 30
Afrique sub-saharienne, 204, 221
Agronomie, 207, 208, 214, 215, 219, 221
Aguellid [rois] \, 35
Aguelmane, 25
Ahtilal Birr égyptien, 62
Al-Abdari A.I.M. [m. 1228], 211
Al-Andalus étymologie, 185
Al-Bakri A.U. [1014-1094], 204
Al-Bitruji N.E. [m.1204], 216
Al-Dinawari A.H. [815-895], 195
Algèbre, 196
Algérie, 19, 71
Al-Ghafiki A.I.M. [m.1165], 212
Al-Idrisi A.A.M. [1100-1166, 210
Al-Jayani M.I.M. [989-1079], 200
Al-Jezirah, 189
Al-Khayr Al-Ishbili A. [1108-1176], 214
Alm Al-Zidj, 209
Al-Majriti A.Q. [950-1007], 198
Al-Marrakushi I.B. [1256-1321], 220
Al-Nabati A.A. [1116-1239], 217
Alphabet libyque, 73
Alphabet phénicien, 73
Alphabet touareg archaïque, 74
Alphabets touaregs, 71
Al-Qalsadi A.H. [m. 891], 196
Al-Tighnari A.A.M. [XIe siècle], 207
Al-Wafid A. [1008-1075], 204
Alypius de Thagaste [360-430], 143
Analyse combinatoire, 212
Anatolie, 221
Anatomie, 201
Andalousie, 185, 187, 200
Anévrisme, 201
Animaux « nuisibles », 215
Animaux de la ferme, 214
Antalas [VIe siècle], 168
Antiquité gréco-romaine, 194
Aoureba, 77
Aourès [Aurès], 77
Apiculture, 214
Apogée solaire, 206
Appien d'Alexandrie [95-165], 151
Apulée [125-170], 151
Arabe omeyyade, 54
Arabes, 58
Arabion [m. Ier siècle av. J.-C.], 105
Arabisation, 53
Arabophonisation, 54
Arbres culture des, 215
Arianisme, 137
Arithmétique, 196
Arithmétique commerciale, 198
Arius [250-336], 135
Arnobe [240-305], 155
Ar-Razi -Rhazès- M.I.Z. [865-925]., 208
Art poétique, 203
Astrolabe, 206
Astrolabe d'Azarquiel, 206
Astronomie, 195, 198, 216, 219, 220

Astronomiques instruments, 205
Auguste [63 av. J.-C.-14 ap. J.-C.], 44, 102
Augustin d'Hippone [354-430], 141
Augustinisme, 141
Aurélien [214-275], 186
Aurès, 31, 170, 178, 187
Aviculture, 214
Awendlus, 187
Awendlus étymologie, 186
Awendlusia, 187

B

Baptême, 134
Basses Steppes, 21
Bataille de Cillium, 169
Bataille de Covadonga, 189
Bataille de Guadalete, 185
Bataille de Mammès, 170
Bataille de Marta, 169
Bataille de Scalas Veteres, 171
Bataille de Thacia, 169
Bataille de Thapsus, 102
Bataille de Zama, 94
Bataille des chameaux, 181
Bataille des Champs de Caton, 171
Bataille des Grandes Plaines, 38
Bataille du Guadalete, 189
Bengale, 221
Beni-Falene, 78
Berbèrabe langue, 48, 187
Berbère autochtone, 47
Berbère étymologie, 47
Berbère langue, 70
Berbère les Libou, 85
Berbère origine, 47
Berbères
    Mauri, 48, 159
Berbères et Chrizstianisme, 131

Berbères ethnographie, 61
Berbères fondateurs des Sciences, 191
Berbères habitants de Berbérie, 81
Berbères latinisés, 131
Berbérie, 19
Berbérie « Libye », 81
Berbérie [Afrique proconsulaire], 105
Berbérie centrale, 19
Berbérie climat, 22
Berbérie et l'eau, 24
Berbèrisation, 54
Berghouata, 79
Birr égyptien, 62, 75
Bistouris, 202
Bocchus, 33
Bocchus Ier, 42
Botanique, 196, 201, 207, 212, 214, 218
Britannia, 127
Burgondes, 186
Byblos, 87
Byzacène, 131, 168
Byzantins, 159, 168

C

Cabaon [VIe siècle], 167
Calcul de l'héritage, 220
Calcul des racines carrées, 220
Calendrier lunaire musulman, 199
Califat arabe, 177
Califat omeyyade, 176, 177
Calife berbère, 182
Calife omeyyade, 174
Cananéens, 53
Canule d'aspiration, 202
Capsien, 74
Caracalla [188-217], 116
Carrés magiques, 211
Cartes, 211

Carthage, 30, 93, 131, 133
Carthaginois, 32, 72, 98
Carthagisation, 54
Casae Nigrae à Negrine, 138
Catalogne, 189
Catéchète, 133
Caucase, 221
Celtes, 74
Celtibères, 56, 76
Cercle des Scipions, 153
Césarée de Maurétanie, 103
Chaouis, 186
Cherchell [Est de l'Algérie], 119
Chiffres de A.H. Al-Qalsadi ou « alqalsadiens », 196
Chimie, 195
Chine, 221
Chirurgie, 201
Christianisme, 155
Christianisme occidental latin naissance, 131
Cicéron chrétien, 155
Cirta, 30, 96
Cirta [actuelle Constantine], 41, 154
Civilisation de Carthage, 48
Civilisation méditerranéenne, 19
Civilisation punique, 48
Cléopâtre [69 av. J.-C.-30 av. J.-C.], 103
Cléopâtre Séléné [Cléopâtre VIII - 40 av. J.-C.-5 ap. J.-C.], 103
Cléopâtre VII, 44
Collo, 93
Colonialisme, 159
Colotomie, 201
Commode [161-192], 114
Concile d'Arles, 140
Confessions, 142
Consécration épiscopale, 132
Constant II Héraclius [630-668, 145

Constantin Ier [272-337], 137
Constantin IV [650-685], 178
Constantin l'Africain, 197
Constantine, 30, 77
Contrastes thermiques, 23
Coran, 175
Cordoue, 188
Crimée, 221
Crise donatiste, 137
Culturation, 54
Cyprien de Carthage [200-258], 134
Cyrénaïque, 22

D

Daïate, 25
Danemark, 56
Danube, 115
Déclaration de schismes, 134
Dépression de Nefza, 20
Deuxième Guerre punique, 98
Dialogue philosophique « Octavius », 154
Dictionnaire, 205
Dihya [m. 703], 109, 180
Dioclétien [244-311], 156
Djebel-Rached, 78
Djeraoua, 77
Domnin [m. 380], 140
Donatistes, 138, 140
Donatus Magnus [270-355], 138
Droit, 221, 222
Dux, 169

E

Ecarteurs, 202
Ecriture celtibère [ou hispano-celtique], 75

Ecriture ibérique, 75
Ecriture libyque, 70
Ecriture libyque antique, 72
Ecriture paléo-hispanique, 75
Ecriture tifinagh, 72, 73
Ecriture touarègue, 71
Ecrivains berbères d'expression latine, 149
Edit de Caracalla, 117
Edit de Milan, 137
Edrisides-Hammoudites, 78
Education raçoulienne, 173
Église d'Angleterre, 145
Église de Berbérie, 139
Église de Rome, 132
Égypte, 55
Egyptien ancien, 47
Egyptisation, 54
El-Khroub, 98
Emilien [207-257], 123
Empereurs d'origine berbère, 113
Empereurs et gouverneurs berbères de Rome, 113
Empire de Numidie, 94
Empire du Mali, 221
Empire romain, 47
Encyclopédie médicale, 201
Engrais, 215
Envahisseur omeyyade [mercenaires syro-égyptiens], 173
Epidémiologie[971], 222
Erudits berbères, 192
Espagne, 75
Ethnologique méthode, 205
Etoile Regulus, 198
Etoiles en mouvement, 217
Eudes d'Aquitaine [m. 735], 189
Européocentrisme, 159
Evêque de Rome, 137
Evêques d'Orient, 132

Expérimentation analytique, 217

F

Faits historiques, 199
Faune nuisible, 214
Fès, 78
Fêtes Sed [ou Heb-Sed], 87
Fiqh, 221
Firmus [m. 372], 161
Florus [70-140], 149
Florus sophiste, 149
Fondateurs du Califat berbère de la péninsule ibérique, 185
Formulation de la fraction, 220
Foyer culturel berbèro-andalou, 193
Foyer culturel mésopotamien, 193
France méridionale, 75
Frexes, 168
Fronton de Cirta [95-166], 150
Fruits culture des, 215

G

G. de Cremone [1114-1187], 201
Gaïa, 98
Gaïa [m. 206 av. J.-C.], 93
Garamantes, 105, 164
Garmul [m. 578], 108, 166
Gaule méridionale, 74
Généalogie de Pasenho, 85
Géographie, 205, 210
Gépides, 186
Gérard de Crémone [1114-1187], 204
Geta [189-211], 117
Gétules, 105, 152
Gildon [m. 398], 162
Gnostique, 132

Goths, 123, 186
Gotique, 186
Grand Prêtre d'Amon à Thèbes, 88
Grande Berbérie, 19
Grande-Bretagne, 75, 125
Greffage, 215
Greffe fleurs et arbres fruitiers, 196
Grenade, 207
Guebli, 24
Guérillas, 170
Guerre de Jugurtha, 33, 41
Gynécologie, 201

H

Hadrien [76-138], 149, 150
Hammadites, 77
Haut-Danube, 123
Hautes Plaines, 21
Hentata, 79
Herennius Etruscus [227-251], 123
Hérésie pélagienne, 144
Hérétiques, 134
Hiempsal, 100
Hiempsal Ier, 41
Hippo Regius, 93
Hippone, 101, 131, 141
Histoire, 199, 205
Histoire de la Médecine, 202
Histoire des Sciences, 192
Histoire orthodoxe, 174
Homo novus, 127
Horloge hydraulique, 195
Houra, 76
Hycsos, 55

I

Iaudas [ou Iabdas]- m. VIe siècle], 107, 170

Ibères, 56, 74
Ibères et Berbères, 57
Ibérie [Espagne], 36
Ibn Al-Awwam A.Z.M. [m. 1190], 215
Ibn Al-Baitar, 11, 218
Ibn Al-Jazzar A.J. [m. 1004], 203
Ibn Al-Raqqam A.M.I. [1250-1315], 218
Ibn al-Wafid [lat. Abenguefit ou Aben Nufit], 204
Ibn-Aflah J. [1100-1160], 209
Ibn-Bassal M.I. [m. 1085], 207
Ibn-Battuta I.A.L. [1304-1368], 221
Ibn-Firnas A. [810 - 887], 195
Ibn-Hajjaj A.O. [XIe siècle], 208
Ibn-Hayan A.M. [987-1076], 199
Ibn-Imran O.I. [m. 908], 197
Ibn-Juljul I.H. [944-994], 202
Ibn-Juzay Al-Kalbi [1321-1357], 222
Ibn-Khatima A. [1324-1369], 59, 222
Ibn-Luyun Al-Tujibi A.O.S. [1282-1349], 220
Ibn-Rachik A.A.H. [1000-1064], 203
Ibn-Rushd M. [lat. Averroès - 1126-1198], 213, 215
Ibn-Samjun A.B.H. [m. 1002], 201
Ibn-Tufayl A.B.M. [1105-1185], 213
Ibn-Zarqala I.Y. [1029-1087], 205
Ibn-Zuhr A.M.· [1091-1162], 208
Ifrene, 76, 78
Ifuraces, 169
Iloumene, 77
Inde, 221
Ingénierie, 195
Inscriptions celtibères, 76

Inscriptions libyques, 47
Inscriptions punico-libyques, 94
Ishbili A. Al-Khayr Al [1108-1176], 214
Islam, 58, 173
Italie, 75

J

Jardins, 215
Jardins royaux, 208
Juba I [85-46 av. J.-C.], 34, 101
Juba II [52-25 av. J.-C.], 44, 102, 160
Jugurtha [m. 104 av. J.-C.], 41, 100
Julia Domna [160-217], 114
Jurisprudence, 222
Jurisprudence musulmane, 216

K

Kabylie, 162
Kahina -Al-, 180
Kalaa, 77
Ketama, 76, 77
Kharidjisme, 174
Kharidjite, 182
Khenchela, 180
Kītab al-Malikhuliya, 197
Koceïla [m. 688], 109, 178

L

Lactance [250-325], 155
Langue « maghrébine » ou « berbèrabe, 48
Langue afro-asiatique, 70
Laouta, 76
Lapsi, 134
Larhouate, 78

Légat de légion, 128
Légat propréteur, 128
Leptis Magna, 39, 114
Libou étymologie, 81
Libyco-berbère, 70
Libyco-punique, 71
Libye, 19
Libye antique, 81
Libye étymologie, 81
Libyens ou Libyques, 81
Libyque langue, 70
Ligures, 74
Linguistes, 70
Littérature, 203
Livre de Roger, 211
Loi de conservation de la matière, 198
Lucius Alfenus Senecio [m.211], 124
Lucius Aurélius Vérus [130-169], 151
Lusius Quietus [m. 118], 125

M

M. Al-Khwarizmi [800-847], 198
Machaouach, 82, 84
Machrek, 174
Macrin [165-218], 119
Maghraoua, 77
Maître des soldats, 169
Maladies contagieuses, 223
Maladies mentales, 197
Malaisie, 221
Maldives, 221
Marc Aurèle [121-180], 151
Marcellin d'Embrun [m. 374], 140
Marmarides, 169
Maroc, 19
Marrakech, 220
Masmouda, 79

Massæsyles, 32, 94
Massaesyli, 44
Massinissa, 32, 37, 98
Massyles, 32
Massyli, 44
Mastanabal, 40
Masties [449-494], 106
Mastigas [m. VIe siècle], 108
Masuna [m. Ve siècle], 106
Mathématiques, 196, 198, 209, 211, 216, 218, 220
Maure, 53, 159
Maurétanie, 29, 44, 102
Maurétanie césarienne, 45, 131, 161
Maurétanie sétifienne, 131
Maurétanie tingitane, 45, 131, 161
Mausolée d'Atban, 71
Maximien Galère [250-311], 156
Maysara al-Matghari [VIIIe siècle], 181
Médecine, 197, 211, 216, 219, 222
Médecine clinique, 208
Médecine de brousse, 203
Médecine vétérinaire, 214, 215
Médicaments, 211
Mélancolie Livre, 197
Mer Méditerranée, 30
Mercenaires omeyyades, 181
Mercenaires syro-égyptiens, 174
Merdjate, 25
Mérenptah, 84
Mésopotamisation, 54
Message divin, 174
Messénien, 26
Métallurgie, 205
Méthode scientifique en botanique, 217
Micipsa [m. 118 av. J.-C.], 41, 99
Migratoire humaine à partir du Birr égyptien, 65

Miknaça, 79
Militaires berbères [Libyens], 82
Minucius Félix [m. 250], 154
Monastère bénédictin, 145
Monique [332-387], 139
Montagnes de l'Atlas, 43
Montanisme, 132
Monts du Hodna, 21
Moulouya, 35
Mouvements célestes., 216
Moyen Atlas, 21
Moyen-Age chrétien, 194
Moyen-Orient, 221
Muawiya [Muawiya Ier - 602-680], 175
Municipe, 141
Munuza [VIIIe siècle], 189
Mur d'Antonin, 127
Mur d'Hadrien, 124
Mystique, 213

N

Navigateurs phéniciens, 49
Nefzaoua, 76
Negrine, 131
Niger, 221
Nimlot 1, 86
Nimlot II, 91
Nombres entiers, 196
Non-arabes populations, 54
Nubiens, 86
Numides, 47, 159
Numidie, 29, 43, 142
Numidie centrale, 161
Numidie militaire, 131
Numidie unifiée, 94

O

Obstétrique, 201
Octavie, [69 av. J.-C.-11 ap. J.-C.], 102
Odontologie, 201
Omeyyades, 175
Ophtalmologie, 212
Oran, 78
Ordre des chanoines réguliers, 145
Ordre notion, 174
Ordre sénatorial, 127
Origine des Berbères, 55
Origines de Carthage, 50
Orogenèse, 19
Orthaïas [m. VIe siècle], 107
Osorkon 1 [924-890 av. J.-C.], 86
Osorkon II [m. 837 av. J.-C.], 90
Ouacine [Zenètes], 77
Ouadjeidjene, 78
Ouarhmert, 78
Ouemannou, 77
Oulhaça, 77
Ouvrages médicaux, 203

P

Paléoberbère, 70
Paléographes, 70
Panégyrique, 150
Pape Miltiade [m. 314], 137
Pape Victor Ier [m. 199], 132
Pâque quartodécimaine, 132
Parthes, 120
Pasteurs semi-nomades, 43
Pélagianisme, 142
Péninsule Ibérique, 185, 187
Pentapole de Libye, 136
Père divin, 85
Père et le Fils, 136
Pères de l'Église, 156
Perses, 191
Pescennius Niger [140-194], 115
Petite Kabylie, 31
Pharaons de la XXIIe dynastie, 86
Pharaons berbères, 81
Pharmacologie, 196, 212, 217, 218
Phéniciens, 74
Physique, 195
Pinces coudés, 202
Planeur, 195
Planisphère, 211
Planisphères, 195
Plantes médicinales, 212, 217, 218
Plio-villafranchiens, 20
Poésie, 222
Pompée, 101
Portugal, 75
Possidius de Calame [370-437], 144
Préfet du prétoire, 119
Presbytre, 135
Préteur, 126
Prétoire d'Afrique, 108
Proconsul, 127
Profession de foi, 137
Psousennès I [1043-1091], 89
Psousennès II [m. 943 av. J.-C.], 82
Psousennès II de Tanis, 84
Psychiatrie, 197
Psychose maniaco-dépressive, 198
Ptolémée de Maurétanie [v. 13-40 ap. J.-C.], 44, 104

Q

Quintus Lollius Urbicus [110-160], 126

R

Règle de saint Augustin, 143
Religion animiste, 47
Renaissance, 152
Résolution des équations, 196
Rétablisme, 178
Révoltes juives, 126
Révolutionnaires berbères, 159
Rhéteur, 150, 155
Rhétorique, 143
Rif-Tell, 20
Rirha, 77
Roger II de Sicile [1095-1154], 211
Rois de Berbérie, 93
Romains, 159
Roman, 152
Roman allégorique, 213
Roman latin, 152
Romanisation, 54
Rome, 41, 120
Royaume de Massylie, 93
Royaume des Maures et des Romains, 166
Royaume massyle, 36
Royaume vandale, 168
Royaume wisigoth, 185
Ruissellement, 26

S

Sahara, 72
Sahel, 72
Saint Augustin d'Hippone [354-430], 139
Salinité des sols, 26
Samarkand, 221
Sanhadja, 76
Sanhadja-au-Litham, 79
Savants berbères, 192
Schismatique, 138
Schisme de Donatus, 139
Scie rachitome, 202
Science définition, 191
Sciences et savants grecs inexistants, 193
Sciences origine des, 193
Scipion, 38
Scipion Émilien [185-129 av. J.-C.], 99, 153
Scipion l'Africain, 98
Sedouikch, 77
Sémanticiens, 70
Sens de l'écriture, 75
Septime Sévère [146-211], 113
Séthi Ier, 83
Sétif, 77
Séville, 207
Sheshonq I [m. 924 av. J.-C.], 83
Sheshonq II [m. 885 av.J.-C.], 88
Sheshonq III, 91
Siècle des Lumières, 213
Siège apostolique, 144
Sindjas, 78
Site de Dougga, 71
Sociologique méthode, 205
Sols différents, 215
Soudan, 221
Strabon, 37
Stratégie de guérilla, 165
Suède, 186
Suffètes, 96
Sumatra, 221
Symbolisme algébrique, 196
Syphax [250-202 av. J.-C.], 37, 98
Syphax I, 95
Syrianisation, 54

T

Tables alphonsines, 206
Tables astronomiques, 198, 219
Tables de Tolède, 206
Tacfarinas [m. 24], 163
Tactique art, 180
Taïfas, 200
Takélot I [m. 872 av. J.-C., 89
Takélot II, 91
Tamahou [hommes blonds], 55
Tanis, 88
Tarif Ibn-Malik [VIIIe siècle, 188
Tariq Ibn-Ziyad [m. 720], 187
Taxes légales, 220
Temple d'Amon, 83
Térence [190-159 av. J.-C.], 153
Tertullien [160-220], 133
Thagaste, 131, 139
Théologie, 216
Théoriciens berbères fondateurs du Christianisme, 131
Théorie des fractions continues, 220
Théorie des nombres, 211
Tifinagh, 47
Tifinagh étymologie, 73
Tifinagh saharien, 74
Tin Hinan [m. Ve siècle], 109
Tlemcen, 78
Tolède, 188
Torquetum, 209
Trachéotomie, 201
Traditionalistes arabes, 60
Trajan [Marcus Ulpius Trajanus - 53-117], 125
Trajan Dèce [201-251], 123
Traumatologie, 201
Trésor califal, 178
Triangle de Al-Abdari, 212
Tribu berbère des Mauri, 165
Tribu des Jubaleni, 162
Tribun de la plèbe, 128
Tribun militaire, 127
Tribus berbérie au XIe siècle, 76
Trigonométrie sphérique, 200, 209
Tripolitaine, 33, 131
Triumvir capitalis, 150
Troisième guerre punique, 39
Troubles somatiques, 198
Troupes auxiliaires, 163
Tunisie, 19

U

Uppland Suède, 186

V

Valentinien Ier [321-375], 161
Valérien [195-260], 123
Vallée de l'Ubaye, 141
Vandales, 159, 185
Vendel étymologie, 185
Vermina, 39
Vexillatio, 125
Vincent de Digne [m. 394], 140
Visibilité du croissant lunaire, 199
Voyages, 222

W

Wisigothe, 188

X

XXIIe dynastie pharaonique, 82

Z

Zenata, 59
Zirides de Kaïroua, 76
Zoologie, 214, 215

Table des matières

Dans les mêmes éditions

Introduction

I - La Berbérie [*Maghreb*] - Situation géopolitique 19
  A - Généralités 19
    1 - Situation géopolitique 19
    2 - Relief et structure 19
    3 - Climat 22
    4 - L'eau dans un milieu fragile 24

II - Berbérie : Numidie - Maurétanie 29
  A - La Numidie 29
    1 - Étymologie du terme Numide 34
    2 - Quelques mots d'histoire 35
      a - Deux royaumes concurrents 35
      b - Alliances avec Carthage et Rome 37
    3 - Unification de la Numidie sous Massinissa et ses successeurs 38
      a - Les successeurs de Massinissa 40
  B - La Maurétanie 43

III - Berbère et Berbérie - Notions succinctes 47
  A - Origine des Berbères - Thèses classiques 47
    1 - Distribution géographique 47
      a - Arabisation - Arabophonisation 53
    2 - Autres thèses sur l'origine des Berbères 55
  B - Thèse néo-anthropologique sur l'origine des Berbères 61
    1 - Aspect ethnographique des Berbères 61
    2 - Aspect linguistique et graphique des Berbères 70
      a - Représentation graphique de la langue berbère 70
        • Ecriture libyque 70
        • Ecriture tifinagh 72
      b - Berbère - ibère - Celtibère - Europe occidentale 74
  C - Principales populations en Berbérie au XIe siècle 76
    1 - En Tunisie 76

2 - Dans la province du Constantinois 77
3 - Dans la Berbérie centrale 77
4 - Dans la Berbérie extrême 78
5 - Dans le grand désert 79

IV - Pharaons berbères maîtres de l'Egypte antique 81
1 - Psousennès II [m. 943 av. J.-C.*]* 82
2 - Sheshonq I [m. 924 av. J.-C.] 83
3 - Osorkon 1 [924-890 av. J.-C.*]* 86
4 - Sheshonq II [m. 885 av.J.-C.*]* 88
5 - Takélot I [m. 872 av. J.-C.] 89
6 - Osorkon II [m. 837 av. J.-C.*]* 90
7 - Autres pharaons et rois berbères de la XXIIe dynastie 91

V - Rois de Berbérie 93
1 - Gaïa [m. 206 av. J.-C.] 93
2 - Massinissa [238-148 av. J.-C.] 94
3 - Syphax [250-202 av. J.-C.] 98
4 - Micipsa [m. 118 av. J.-C.] 99
5 - Jugurtha [m. 104 av. J.-C.] 100
6 - Juba I [85-46 av. J.-C.] 101
7 - Juba II [52-25 av. J.-C.] 102
7 - Ptolémée de Maurétanie [v. 13-40 ap. J.-C.*]* 104
8 - Autres rois et reines berbères 105
  a - Arabion [m. Ier siècle av. J.-C.] 105
  b - Masties [449-494] 106
  c - Masuna [m. Ve siècle] 106
  d - Iaudas [m. VIe siècle] 107
  e - Orthaïas [m.VIe siècle] 107
  f - Mastigas [m. VIe siècle] 108
  g - Garmul [m. 578] 108
  h - Tin Hinan [m. Ve siècle] 109
  i - Koceïla [m. 688] 109
  j - Dihya [m. 703] 109

VI - Ere et sphère berbéro-romaines - Empereurs et gouverneurs berbères de Rome 113
  1 - Septime Sévère [146-211] 113
  2 - Caracalla [188-217] 116
  3 - Geta [189-211] 117
  4 - Macrin [165-218] 119
    a - Chronologie de la dynastie des Sévères [193-235] 121
  5 - Emilien [207-257] 123
  6 - Lucius Alfenus Senecio [m.211] 124
  7 - Lusius Quietus [m. 118] 125
  8 - Quintus Lollius Urbicus [110-160] 126

VII - Quelques théoriciens berbères fondateurs du Christianisme 131
  1 - Pape Victor Ier [m. 199] 132
  2 - Tertullien [160-220] 133
  3 - Cyprien de Carthage [200-258] 134
  4 - Arius [250-336] 135
  5 - Pape Miltiade [m. 314] 137
  6 - Donatus Magnus [270-355] 138
  7 - Monique [332-387] 139
  8 - Marcellin d'Embrun [m. 374] - Domnin [m. 380] - Vincent de Digne [m. 394 140
  9 - Augustin d'Hippone [354-430] 141
  10 - Alypius de Thagaste [360-430] 143
  11 - Possidius de Calame [370-437] 144
  12 - Adrien de Canterbury [m. 710] 145

VIII - Quelques écrivains berbères célèbres d'expression latine 149
  1 - Florus [70-140] 149
  2 - Fronton de Cirta [95-166] 150
  3 - Apulée [125-170] 151
  4 - Térence [190-159 av. J.-C.] 153
  5 - Minucius Félix [m. 250] 154
  6 - Arnobe [240-305] 155
  7 - Lactance [250-325] 155

IX - Quelques révolutionnaires berbères célèbres luttant contre l'occupant romain, vandale et byzantin 159
   1 - Aedemon [Ier siècle] 160
   2 - Firmus [m. 372] 161
   3 - Gildon [m. 398] 162
   4 - Tacfarinas [m. 24] 163
   5 - Garmul [m. 578] 166
   6 - Cabaon [VIe siècle] 167
   7 - Antalas [VIe siècle] 168
   8 - Iaudas [VIe siècle] 170

X - Quelques Berbères illustres luttant contre l'envahisseur omeyyade [mercenaires syro-égyptiens] 173
   1 - Koceïla [m. 688] 178
   2 - Dihya [m. 703] 180
   3 - Maysara al-Matghari [VIIIe siècle] 181

XI - Personnages principaux fondateurs du Califat berbère de la péninsule ibérique 185
   1 - Tariq Ibn-Ziyad [m. 720] 187
   2 - Tarif Ibn-Malik [VIIIe siècle] 188
   3 - Munuza [VIIIe siècle] 189

XII - Quelques Berbères renommés fondateurs des Sciences 191
   A - Quelques preuves ou faits irréfutables de l'inexistence des sciences et des savants grecs 193
   B - Quelques savants à l'origine des sciences 195
   1 - A. Ibn-Firnas [810 - 887] 195
   2 - A.H. Al-Dinawari [815-895] 196
   3 - A.H. Al-Qalsadi [m. 891] 196
   4 - O.I. Ibn-Imran [m. 908] 197
   5 - A.Q. Al-Majriti [950-1007] 198
   6 - A.M. Ibn-Hayan [987-1076] 199
   7 - M.I.M. Al-Jayani [989-1079] 200
   8 - A.B.H. Ibn-Samjun [m. 1002] 201
   9 - Abou Al-Qasim Zahrawi [936-1013] 201
   10 - I.H. Ibn-Juljul [944-994] 202

11 - A.A.H. Ibn-Rachik [1000-1064] 203
12 - A.J. Ibn Al-Jazzar [m. 1004] 203
13 - A. Ibn Al-Wafid [1008-1075] 204
14 - A.U. Al-Bakri [1014-1094] 204
15 - I.Y. Ibn-Zarqala [1029-1087] 205
16 - M.I. Ibn-Bassal [m. 1085] 207
17 - A.A.M. Al-Tighnari [XIe siècle] 207
18 - A.O. Ibn-Hajjaj [XIe siècle] 208
19 - A. M. Ibn-Zuhr [1091-1162] 208
20 - J. Ibn-Aflah [1100-1160] 209
21 - A.A.M. Al-Idrisi [1100-1166] 210
22 - A.I.M. Al-Abdari [m. 1228] 211
23 - A.I.M. Al-Ghafiki [m.1165] 212
24 - A.B.M. Ibn-Tufayl [1105-1185] 213
25 - A. Al-Khayr Al-Ishbili [1108-1176] 214
26 - A.Z.M. Ibn Al-Awwam [m. 1190] 215
27 - M. Ibn-Rushd [1126-1198] 215
28 - N. E. Al-Bitruji [m.1204] 216
29 - A.A. Al-Nabati [1116-1239] 217
30 - A.M.A. Ibn Al-Baïtar A.M.A. [1190-1248] 218
31 - A.M.I. Ibn Al-Raqqam [1250-1315] 218
32 - I.B. Al-Marrakushi [1256-1321] 220
33 - A.O.S. Ibn-Luyun Al-Tujibi [1282-1349] 220
34 - I.A.L. Ibn-Battuta [1304-1368] 221
35 - Ibn-Juzay Al-Kalbi [1321-1357] 222
36 - A. Ibn-Khatima [1324-1369] 222

Conclusion 227

Index alphabétique 231

Table des matières 243

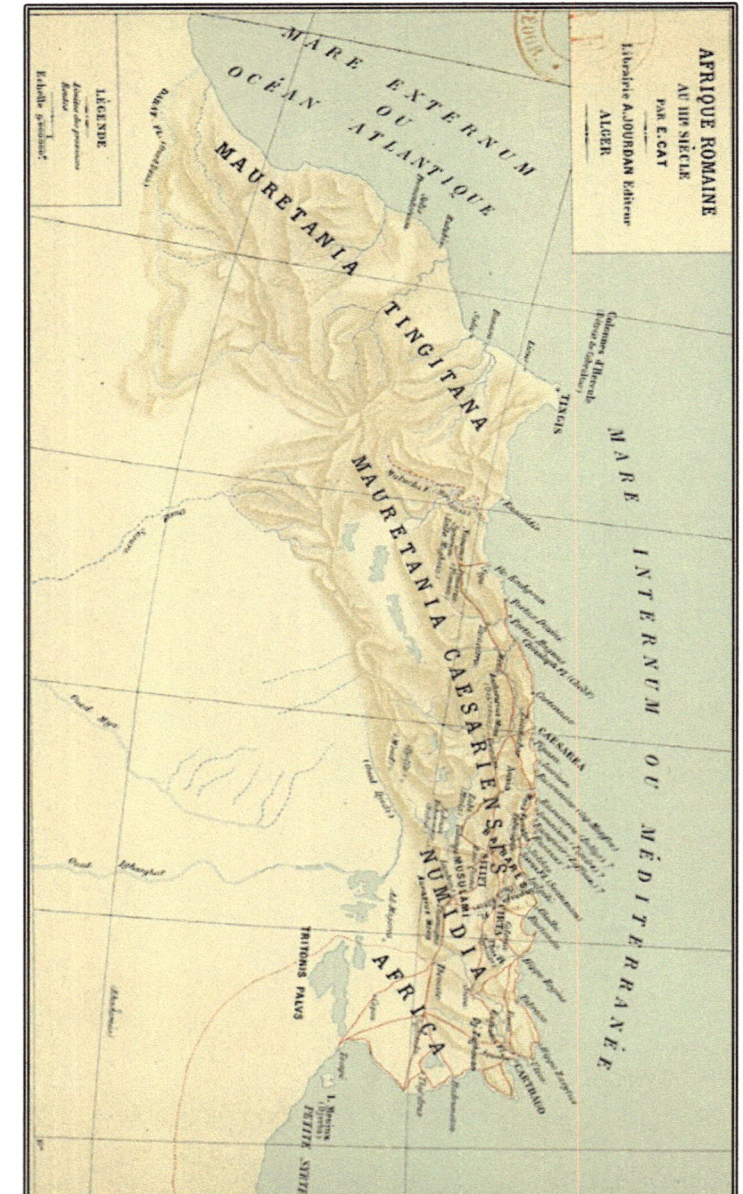